申丹 总主编

"北京大学人文学科文库"编委会

顾问：袁行霈

主任：申　丹

副主任：阎步克　张旭东　李四龙

编委：（以姓氏拼音为序）

曹文轩　褚　敏　丁宏为
付志明　韩水法　李道新
李四龙　刘元满　彭　锋
彭小瑜　漆永祥　秦海鹰
荣新江　申　丹　孙　华
孙庆伟　王一丹　王中江
阎步克　袁毓林　张旭东

方李邦琴北京大学人文学科文库出版基金赞助

北大外国哲学研究丛书

知识归属的语境敏感性

A Study on the Context-Sensitivity
of Knowledge Ascriptions

李麒麟 著

图书在版编目（CIP）数据

知识归属的语境敏感性 / 李麒麟著. — 北京：北京大学出版社，2021.4
（北京大学人文学科文库·北大外国哲学研究丛书）
ISBN 978-7-301-32086-0

Ⅰ.①知… Ⅱ.①李… Ⅲ.①语言哲学–研究 Ⅳ.①H0

中国版本图书馆CIP数据核字（2021）第055234号

书　　名	知识归属的语境敏感性
	ZHISHI GUISHU DE YUJING MINGANXING
著作责任者	李麒麟　著
责任编辑	田　炜
标准书号	ISBN 978-7-301-32086-0
出版发行	北京大学出版社
地　　址	北京市海淀区成府路205号　100871
网　　址	http://www.pup.cn　新浪微博:@北京大学出版社
电子信箱	pkuwsz@126.com
电　　话	邮购部 010-62752015　发行部 010-62750672
	编辑部 010-62750577
印刷者	三河市北燕印装有限公司
经销者	新华书店
	720毫米×1020毫米　16开本　13.75印张　211千字
	2021年4月第1版　2021年4月第1次印刷
定　　价	55.00元

未经许可，不得以任何方式复制或抄袭本书之部分或全部内容。
版权所有，侵权必究
举报电话：010-62752024　电子信箱：fd@pup.pku.edu.cn
图书如有印装质量问题，请与出版部联系，电话：010-62756370

总 序

袁行霈

　　人文学科是北京大学的传统优势学科。早在京师大学堂建立之初，就设立了经学科、文学科，预科学生必须在5种外语中选修一种。京师大学堂于1912年改为现名，1917年，蔡元培先生出任北京大学校长，他"循思想自由原则，取兼容并包主义"，促进了思想解放和学术繁荣。1921年北大成立了四个全校性的研究所，下设自然科学、社会科学、国学和外国文学四门，人文学科仍然居于重要地位，广受社会的关注。这个传统一直沿袭下来，中华人民共和国成立后，1952年北京大学与清华大学、燕京大学三校的文、理科合并为现在的北京大学，大师云集，人文荟萃，成果斐然。改革开放后，北京大学的历史翻开了新的一页。

　　近十几年来，人文学科在学科建设、人才培养、师资队伍建设、教学科研等各方面改善了条件，取得了显著成绩。北大的人文学科门类齐全，在国内整体上居于优势地位，在世界上也占有引人瞩目的地位，相继出版了《中华文明史》《世界文明史》《世界现代化历程》《中国儒学史》《中国美学通史》《欧洲文学史》等高水平的著作，并主持了许多重大的考古项目，这些成果发挥着引领学术前进的作用。目前北大还承担着《儒藏》《中华文明探源》《北京大学藏西汉竹书》的整理与研究工作，以及《新编新注十三经》等重要项目。

　　与此同时，我们也清醒地看到，北大人文学科整体的绝对优势正在减弱，有的学科只具备相对优势了；有的成果规模优势明显，高度优势还有待提升。北大出了许多成果，但还要出思想，要产生影响人类命运和前途的思想理论。我们距离理想的目标还有相当长的距离，需要人文学科的老师和同学们加倍努力。

我曾经说过：与自然科学或社会科学相比，人文学科的成果，难以直接转化为生产力，给社会带来财富，人们或以为无用。其实，人文学科力求揭示人生的意义和价值、塑造理想的人格，指点人生趋向完美的境地。它能丰富人的精神，美化人的心灵，提升人的品德，协调人和自然的关系以及人和人的关系，促使人把自己掌握的知识和技术用到造福于人类的正道上来，这是人文无用之大用！试想，如果我们的心灵中没有诗意，我们的记忆中没有历史，我们的思考中没有哲理，我们的生活将成为什么样子？国家的强盛与否，将来不仅要看经济实力、国防实力，也要看国民的精神世界是否丰富，活得充实不充实，愉快不愉快，自在不自在，美不美。

一个民族，如果从根本上丧失了对人文学科的热情，丧失了对人文精神的追求和坚守，这个民族就丧失了进步的精神源泉。文化是一个民族的标志，是一个民族的根，在经济全球化的大趋势中，拥有几千年文化传统的中华民族，必须自觉维护自己的根，并以开放的态度吸取世界上其他民族的优秀文化，以跟上世界的潮流。站在这样的高度看待人文学科，我们深感责任之重大与紧迫。

北大人文学科的老师们蕴藏着巨大的潜力和创造性。我相信，只要使老师们的潜力充分发挥出来，北大人文学科便能克服种种障碍，在国内外开辟出一片新天地。

人文学科的研究主要是著书立说，以个体撰写著作为一大特点。除了需要协同研究的集体大项目外，我们还希望为教师独立探索，撰写、出版专著搭建平台，形成既具个体思想，又汇聚集体智慧的系列研究成果。为此，北京大学人文学部决定编辑出版"北京大学人文学科文库"，旨在汇集新时代北大人文学科的优秀成果，弘扬北大人文学科的学术传统，展示北大人文学科的整体实力和研究特色，为推动北大世界一流大学建设、促进人文学术发展做出贡献。

我们需要努力营造宽松的学术环境、浓厚的研究气氛。既要提倡教师根据国家的需要选择研究课题，集中人力物力进行研究，也鼓励教师按照自己的兴趣自由地选择课题。鼓励自由选题是"北京大学人文学科文库"的一个特点。

我们不可满足于泛泛的议论，也不可追求热闹，而应沉潜下来，认真钻研，将切实的成果贡献给社会。学术质量是"北京大学人文学科文库"的一大追求。文库的撰稿者会力求通过自己潜心研究、多年积累而成的优秀成果，来展示自己的学术水平。

我们要保持优良的学风，进一步突出北大的个性与特色。北大人要有大志气、大眼光、大手笔、大格局、大气象，做一些符合北大地位的事，做一些开风气之先的事。北大不能随波逐流，不能甘于平庸，不能跟在别人后面小打小闹。北大的学者要有与北大相称的气质、气节、气派、气势、气宇、气度、气韵和气象。北大的学者要致力于弘扬民族精神和时代精神，以提升国民的人文素质为己任。而承担这样的使命，首先要有谦逊的态度，向人民群众学习，向兄弟院校学习。切不可妄自尊大，目空一切。这也是"北京大学人文学科文库"力求展现的北大的人文素质。

这个文库目前有以下17套丛书：

"北大中国文学研究丛书"　　　　　（陈平原 主编）
"北大中国语言学研究丛书"　　　　（王洪君 郭锐 主编）
"北大比较文学与世界文学研究丛书"（张辉 主编）
"北大中国史研究丛书"　　　　　　（荣新江 张帆 主编）
"北大世界史研究丛书"　　　　　　（高毅 主编）
"北大考古学研究丛书"　　　　　　（赵辉 主编）
"北大马克思主义哲学研究丛书"　　（丰子义 主编）
"北大中国哲学研究丛书"　　　　　（王博 主编）
"北大外国哲学研究丛书"　　　　　（韩水法 主编）
"北大东方文学研究丛书"　　　　　（王邦维 主编）
"北大欧美文学研究丛书"　　　　　（申丹 主编）

"北大外国语言学研究丛书"	（宁琦 高一虹 主编）
"北大艺术学研究丛书"	（彭锋 主编）
"北大对外汉语研究丛书"	（赵杨 主编）
"北大古典学研究丛书"	（李四龙、彭小瑜、廖可斌 主编）
"北大古今融通研究丛书"	（陈晓明、彭锋 主编）
"北大人文跨学科研究丛书"	（申丹、李四龙、王奇生、廖可斌主编）[1]

这 17 套丛书仅收入学术新作，涵盖了北大人文学科的多个领域，它们的推出有利于读者整体了解当下北大人文学者的科研动态、学术实力和研究特色。这一文库将持续编辑出版，我们相信通过老中青学者的不断努力，其影响会越来越大，并将对北大人文学科的建设和北大创建世界一流大学起到积极作用，进而引起国际学术界的瞩目。

2020 年 3 月修订

---

[1] 本文库中获得国家社科基金后期资助或入选国家社科基金成果文库的专著，因出版设计另有要求，因此加星号标注，在文库中存目。

"北大外国哲学研究丛书"序言

北京大学是中国最早系统开设外国哲学课程,从事外国哲学研究的教育和学术机构。而在近代最早向中国引进和介绍外国哲学的先辈中,北大学者乃属中坚力量。自北大开校以来一百二十多年的历史中,名家辈出,成绩斐然,不仅有功于神州的外国哲学及其他思想的研究,而且也有助于中国现代社会的变迁。自 20 世纪 80 年代以降,北大外国哲学研究进入了一个新时期,学术领域不断拓展,学术视野日趋开阔,不同观点百家争鸣,学术风气趋向自由。巨大的转变,以及身处这个时代的学者的探索与努力带来了相应的成果。一大批学术论文、著作和译著陆续面世,开创了新局面,形成了新趋势。

21 世纪初,在上述历史成就的背景之下,有鉴于北大外国哲学研究新作迭出,新人推浪,成果丰富,水平愈高,我们决定出版"北京大学外国哲学研究丛书",计划陆续推出北大外国哲学研究领域有价值、有影响和有意义的著作,既展现学者辛勤劳作的成果,亦使读者方便获得,并有利于与国内外同行交流。

中国的外国哲学研究是一项巨大的学术事业,国内许多大学和科学院的哲学机构都大力支持和促进这项事业的发展,使之在纵深和高度上同时并进。而在今天,中国的外国哲学研究亦越来越国际化,许多一流的国际学者被请至国内各大学开设课程,做讲演,参加各种会议和工作坊。因此,研究人才的水平迅速提高,研究成果的质量日益升华。在这样一个局面之下，北京大学的外国哲学研究虽然依然保持领先地位，但要维持这个地位并且更上层楼，就要从各个方面加倍努力，本套丛书正是努力的一个体现。

北京大学外国哲学研究丛书第一辑在商务印书馆出版，发行之后，颇得学界肯定。第二辑移至北京大学出版社出版，亦得到学界好评。此套丛书只是展现了北大外国哲学研究的一个侧面，因为它所收录的只是北京大学外国哲学研究者的部分著作，许多著作因为各种原因未能收入其中。当时的计划是通过持续的努力，将更多的研究著作汇入丛书，以成大观。

北京大学人文学部于2016年启动了"北京大学人文学科文库"，"北京大学外国哲学研究丛书"被纳入了这个文库之中，进入了它第三辑的周期。与前二辑不同，按照"北京大学人文学科文库"的准则，本辑只收录著作，而不包括论文集。我们希望，通过这个文库，有更多的外国哲学研究的优秀著作在这个丛书中出版，并在各个方面都更上层楼，而为北京大学的外国哲学研究踵事增华。

韩水法

2019年6月1日

目 录

第一章 导 言 ·· 1
  1.1 一些澄清和分类 ·· 1
  1.2 本书的章节安排 ·· 4

第二章 关于知识归属的二元的认知语境主义理论 ························· 9
  2.1 刘易斯关于知识归属的语境主义理论 ································· 9
  2.2 知识归属的语境敏感性与可分等级的形容词 ···················· 24
  2.3 科恩对于认知归属的语境敏感性议题的捍卫 ···················· 36
  2.4 认知语境主义的相关案例与实验哲学 ······························· 40
  2.5 认知恒定主义的相关解释 ··· 48

第三章 对比主义：关于知识归属的三元的认知语境主义理论 ······· 54
  3.1 沙弗尔关于知识归属的对比主义 ······································ 56
  3.2 沙弗尔理论的相关挑战与困难 ·· 60

第四章 语境主义与怀疑论问题 ·· 74
  4.1 语境主义中的假定平衡与知识描述的间接让步 ················ 74
  4.2 语境主义及其据称的对我们日常知识的保护 ···················· 88
  4.3 语境主义与怀疑论：一个简要的总结 ······························· 99

第五章　语境主义与认知封闭原则 ································ 100
- 5.1　关于知识的封闭原则：一种准备性的概述 ············ 100
- 5.2　所谓"封闭原则失败"的两种情况 ······················ 106
- 5.3　语境主义与认知封闭原则 ································ 124
- 5.4　认知封闭原则与怀疑论问题 ······························ 149

第六章　语境主义与可错主义 ··· 154
- 6.1　怀疑论问题与可错主义 ····································· 154
- 6.2　科恩论语境主义与可错主义 ······························ 155
- 6.3　对语境主义化的可错主义的理论挑战 ·················· 162
- 6.4　关于（PF）听上去的古怪性的理论解释 ··············· 171
- 6.5　语境主义与人类知识的可错性 ···························· 185
- 附录6.1　可能性算子的辖域歧义与（PF）听上去的古怪性 ······ 186
- 附录6.2　另一种关于（PF）听上去的古怪性的语用论解释 ······ 188

第七章　结论与结语 ··· 190

参考文献 ··· 200

第一章 导 言

围绕认知语境主义（epistemic contextualism）的哲学研究是当代知识论中的一个热点问题。认知语境主义是知识归属（knowledge ascription）的语义理论，该理论主张，"知道"（know）一词是语境敏感的词项：根据该理论，形式为"某人 S 知道 p"的句子在一种语境中被说出（uttered）的时候，该语句是真的（true），而在另一种语境中被说出的时候，则可以是假的（false）。尽管认知语境主义者一般说来都认为关于知识归属的陈述是语境敏感的（context-sensitive），但是，不同的语境主义者主张以不同的方式来捕捉"知道"一词的语境敏感性。因此，我们首先应当进行一些初步的澄清和分类，这无疑对于后续的理论探讨具有重要意义。

1.1 一些澄清和分类

在本书中，我们主要将讨论两种关于"知道"的语境主义理论：二元的认知语境主义（binary epistemic contextualism）与对比主义（contrastivism）。持有前一种理论立场的代表人物包括斯图尔特·科恩（Stewart Cohen）、基思·德罗斯（Keith DeRose）和大卫·K.刘易斯（David K. Lewis）等；而对比主义的主要倡导者则是乔纳森·沙弗尔（Jonathan Schaffer）。这两类哲学家对于"知道"的语境敏感性功能给予了不同的理论刻画。正如科恩所指出的那样，存在着两种基本的方法可以实现关于认知归属的语境敏感性主张（Cohen 1999，61）：（1）知识是一名认知主体和一条目标命题之间的二元关系，该关系对认知归属的语境具有敏感性。从这个意义上说，"知道"一词的语境敏感性功能类似于"高"（tall）、"平"（flat）等语境敏感的词项。（2）知识是认知主体、目标命题和其他（语义）参数之间的三元关系；其中的相关语义参数可以是诸如知识归属标准、替代选项（alternative）或者可供参照的错误的可能性（contrast error possibility），这些相关的语义参数反映了语境的相关特征。

关于知识归属的语境敏感性的第一种理论刻画方案，是以索引词（indexical）为模型来描述知识归属语境敏感性现象的，持有此种理论主张的学者包括科恩、德罗斯和刘易斯（参见 Cohen 1988；DeRose 1992；Lewis 1996）。按照这种理论主张，知识归属的语境敏感性源于以下的事实：动词"知道"是一种索引性的词项，因此，"知道"可以在不同语境中表示主体和目标命题处于不同种类的知识关系之中。例如，在怀疑论的语境中，"知道"所表示的二元知识关系是如此苛刻，以至于在这种情况下，我们无法真正将知识归于任何人类的个体。相比之下，在通常的认知语境中，"知道"所表示的关系的相关认知要求则较低，因此我们通常能够真正地将知识归属于那些处于该认知语境中的认知主体。换言之，持有此类语境敏感性理论主张的知识论学者其实是承诺了某种认知的多元论（epistemic pluralism）立场，该立场主张，存在着多种类型的知识关系，其中的一些知识关系比其他的知识关系提出了更高的认知要求。

第二种刻画"知道"语境敏感性的理论方法则是由沙弗尔所建构的对比主义。按照对比主义的理论，"知道"所代表的认知关系，不仅涉及认知主体与目标命题，还涉及第三项关系主目（argument），因此这里的"知道"是一种三元关系词项，当我们将该三元关系明确表达出来的时候，第三项关系主目就会被一条对比子句（contrast clause）所占据，在不同的语境中,填充在第三项关系主目的对比子句也会有所差异。在某一给定的语境中,相应的对比子句表示一种关于认知的目标命题的替代选项(alternative),当该替代选项在给定的语境中被认知主体的证据(evidence)所排除的时候,相关认知主体就在给定语境中获得了关于相应目标命题的知识。根据沙弗尔的主张,我们通常使用的所谓二元的知识主张实际上是关于三元"知道"关系的一种缩写(或者伪装)版本。在给定的语境中,当指定了对比子句之后,我们就得到了被清晰表达的三元的知识归属的完整说明。这种理论为对比主义者提供了一种策略,使得对比主义者似乎可以解释我们的日常知识归属与在怀疑论背景下所谓的无知之间的区别。例如,在日常情况下,当我们真实地说出"摩尔知道他有手"("Moore knows that he has hands")时,我们实际上将(P_1)归属于摩尔:

(P_1)摩尔知道他有手而不是有残肢。(Moore knows that he has hands rather than that he has stumps.)

通过明确指出"摩尔有残肢"("Moore has stumps")的对比子句,我们承认摩尔有足够的证据排除他只有残肢这一替代选择。但是,如果摩尔在"缸中之脑"(BIV)的怀疑论情形中拥有相同数量或者相同等级的证据时,那么,我们将(P_2)归属于摩尔就是错误的:

(P_2)摩尔知道他有双手,而不是无手的缸中之脑。(Moore knows that he has hands rather than that he is a handless BIV.)

这是因为当摩尔处于怀疑论的环境中时,他所拥有的证据不足以让他排除成为无手的缸中之脑这种怀疑论性质的替代选择。沙弗尔认为,正是他对"知道"的对比主义理论描述,为知识归属的语境敏感性提供了最为合理的理论解释。

在本书的后续讨论中,笔者将第一种认知语境主义(即科恩、德罗斯和刘易斯等学者所持的观点)称为"关于知识归属的二元的认知语境主义主张";而将"对比主义"作为第二种类型的认知语境主义理论的代表（即知识归属的三元的语境主义主张）。笔者将会用"认知的语境主义"这一术语来刻画那些共享上述两种理论类型之中关于"知道"的语境敏感性的理论"公约数"意义上的内容与精神。

在做出上述理论类型的区分之后，我们接下来要做的就是仔细检查关于知识归属的二元的认知语境主义和对比主义提供的关于"知道"的语言模型，这可以帮助我们评估相关的语言模型是否真的与我们的日常认知实践和知识归属相匹配。这将构成本书第一部分的核心研究内容。

另一方面，关于知识归属的二元的认知语境主义者和对比主义者都声称，与非语境主义者对知识归属的论述相比，相关的认知语境主义理论具有一些重要的理论优势。认知语境主义者一般而言都特别强调，认知语境主义对当代知识论研究而言，存在着三大贡献：（1）认知语境主义为知识的怀疑论问题提供了一种很好的解决方案，既成功解释了怀疑论相关直觉，又保留和捍卫了我们所具有的日常知识；（2）认知语境主义在认知封闭原则和认知谦逊（epistemic modesty）之间保持了很好的平衡；（3）认知语境主义为知识的可错主义（fallibilism）提供了令人满意的辩护。在本书的第二部分，我们将详细讨论上述三个主题。

1.2　本书的章节安排

本书的目的是对认知语境主义进行彻底的考察，并最终得出结论：认知语境主义的前景并不像其倡导者所暗示的那样有希望；相反，认知语境主义相较于其理论竞争对手——认知的恒定主义（epistemic invariantism）——并没有明显的、实质的理论优势。

如前一节所述，本书主体内容可以分为两个部分：第一部分包括第二章和第三章。第一部分旨在评估认知语境主义的相关语言模型的有效性，在此基础上，我们将进一步评估，认知语境主义者是否提供了一些良好的、独立的、实质的理论动机或者理论理由来让我们合理地接受关于"知道"

的认知语境主义。

本书的第二章从两个角度论述和评估了关于知识归属的二元的认知语境主义主张。一方面，我们评估和批评了一种关于知识归属的索引词模型，并将详细论证该模型并没有充分的理由以索引词为模型：通过将"知道"一词比拟于诸如"高""平"等语境敏感词项，这种做法仅仅是提供了类比论证，而不足以提供令人信服的理由来指称关于知识归属的索引词模型。另一方面，我们在这一章中还将展示，关于知识归属的所谓语境主义直觉受到了质疑。当代的二元语境主义者提出了两个系列的案例研究（即科恩的"机场案例"和德罗斯的"银行案例"）来支持所谓的"知道"的语境敏感性主张。这些认知语境主义者认为，上述案例所说明的直觉最好由关于知识归属的语境主义理论来解释。然而，来自实验哲学和心理学研究的数据并不支持这种认知语境主义的主张。关于"知道"的所谓"语境主义"的直觉很可能是有偏见的，因为它们与实验哲学家和心理学家所发现的关于知识归属的大众实践（folk practice）不符。由于语境主义知识论者所引用的直觉和预测无法获得经验数据的支持，因此，以关于"知道"的所谓"语境主义"的直觉作为促发认知语境主义最重要的独立动机是可疑的。由于二元语境主义的两个独立动机都是有问题的，因此，我们可以得出结论，第一种类型的认知语境主义相对于其理论对手——恒定主义——没有明显的理论优势。

第三章专门介绍沙弗尔的对比主义，并对该理论进行了批判性的反思。我们可以合理地论证，对"知道"一词三元关系主义的解释也不是一个更优的理论选择。我们甚至可以发现，对比主义所占据的理论地位很可能要比关于知识归属的二元认知语境主义更为糟糕——对比主义甚至无法有效捕捉关于"知道"的所谓语境敏感性的相关直觉。正如我们在该章中将要看到的那样，如果我们承认"知道"是语境敏感的词项的话，那么形式为"认知主体 S 知道 p 而非 q"（S knows that p rather than q）这种明确将对比子句清晰表述出来的语句，依旧是语境敏感的；换言之，对比主义关于"知道"的三元刻画并没有成功地将关于"知道"的所谓语境敏感性彻底表达出来。这就意味着相较于关于知识归属的二元认知语境主义而言，由三元的对比主义所提出的语言模型更加成问题。

因此,在第一部分的结尾处,笔者将得出结论:认知语境主义的两种语言模型都是有问题的,认知语境主义所假定的独立动机、所接受的关于"知道"的语境敏感性的相关根据与理由都是可疑的。在有关语言使用的语用学和心理学理论的协助下,认知恒定主义作为语境主义的竞争理论,至少在理论地位上似乎并不逊于认知语境主义。

但是,正如一些哲学家(例如,欧内斯特·索萨[Ernest Sosa]、理查德·费尔德曼[Richard Feldman]、斯蒂芬·希弗尔[Stephen Schiffer]等)所论证的那样,认知语境主义更为严重的问题其实是:作为知识归属的语义理论,认知语境主义对知识论研究没有提供任何真正重要的理论洞见——关于知识归属的认知语境主义仅仅指出诸如"认知主体 S 知道 p"这样的句子在什么语境中是真的,在什么语境中是假的;该理论并不能帮助我们理解知识的本质,也不能帮助我们真正解决围绕着"知道"所展开的知识论难题。但是,语境主义者可能会认为,上述这类抱怨与批评是不可接受的,因为认知语境主义在为怀疑论难题提供解决方案、保留知识的封闭原则、保持认知谦逊、捍卫可错主义等方面都有所作为,而上述这些在知识论研究中都是十分棘手的理论问题,因此,认知语境主义理论对知识论的相关研究其实是做出了重要贡献的。在本书的第二部分中,我们将分别考察认知语境主义所声称的这些对于知识论研究的理论贡献。

本书的第二部分主要包括第四章、第五章和第六章。

第四章评估了认知语境主义对怀疑论的解决方案,我们最终得出的结论是,认知语境主义并不能成功解决怀疑论难题。在这一章中,我们将看到,认知语境主义者面临如下理论困境:如果认知语境主义者想要对怀疑论直觉进行妥协,那么,相关的妥协会导致即使在日常语境中怀疑论者最终也会赢得胜利并由此剥夺我们的日常知识;如果认知语境主义者希望保持我们的日常知识,不愿向怀疑论直觉做出妥协的话,那么,我们将可以合理地论证,认知语境主义的理论并不具备明显优于其竞争对手(例如,新摩尔主义[neo-Mooreanism])的那些所谓的优势。

第五章则主要评估了认知封闭原则与认知谦逊在认知语境主义框架中并存的可能性。我们首先以对比主义为例来说明认知封闭原则与认知谦逊之间的张力。然后，我们从上述关于对比主义的考察中总结出了一项总体性的教训，并将该教训扩展到那些非对比主义的认知语境主义理论之上。这样的话，如果非对比主义的认知语境主义者想要保留认知封闭原则，就有一种通用的、一般性的方法来构建破坏认知谦逊的反例；如果他们想保持认知上的谦逊，那么就会出现一些反例，这些反例说明了认知语境主义理论并不能对我们知识归属的日常实践提供合理的解释。

我们将在第六章中进一步考察以科恩为代表的认知语境主义者所提出的、以"知道"的语境敏感性为核心要素的对于可错主义的捍卫。我们在这一章将会得出结论，认知语境主义并不能为可错主义提供可持续的辩护与捍卫，这是因为认知语境主义无法应对如下的两个挑战：（1）科恩对可错主义的语境主义解释将会导致关于可错主义的某些不可接受的误解；（2）科恩对可错主义的语境主义描述无法解释可错主义的古怪之处（oddity）。通过使用语用论的解释以及相关心理学理论的支持，我们可以论证，认知上的恒定主义实际上比认知上的语境主义更有利于解释和捍卫可错主义的理论立场。

在本书最后一章中，我们最终将得出结论，综合从第二章到第六章所得出的所有理论结论，我们可以合理地指明，认知语境主义面临着严重的理论危机。当我们从综合而全面的角度考虑相关问题，并在此基础上，从前述章节总结、归纳和概括相关的理论经验教训时，我们能够揭示出认知语境主义者所采用的一种至关重要的方法策略：实际上，认知语境主义者使用导向最佳解释的推理（inference-to-the-best-explanation）策略来支持其理论立场；也就是说，认知语境主义者声称，他们所提出的关于"知道"的语境敏感性理论，在处理相关现象或者相关素材数据方面，更优于相关的竞争理论（例如，恒定主义理论）。但是，通过系统的论述，我们发现认知语境主义者的相关方法论策略其实是非常可疑的，因为他们所声称的那些作为原始的、假定的素材数据的相关现象本身就存在问题，而认知语境主义者并没有为我们提供令人满意的理由或者动机以论证的方式证明相关现象数据本身的真实存在性。

简言之,通过本书的分析、论证与评价,我们有充分的理由相信,就目前所提供的理论资源而言,认知语境主义并不真正具有其宣称的理论优势。

第二章　关于知识归属的二元的认知语境主义理论

本章主要研究关于知识归属的二元的认知语境主义的几种代表性理论，持有此类二元的认知语境主义的学者一般都将"知道"视为认知主体 S 与其目标命题 p 之间的二元的语境敏感性关系。我们将从刘易斯对知识归属的语境主义描述开始本章的相关理论考察。

2.1　刘易斯关于知识归属的语境主义理论

大卫·刘易斯（David Lewis），最著名的认知语境主义者之一，对知识归属进行了非常详尽的语境主义式语义描述。他关于知识归属的语境主义理论的发展可以大致分成两个阶段。1979 年，刘易斯在《语言游戏中的计分》（"Scorekeeping in a Language Game"）一文中提出了关于对话规则的语境主义理论，该理论为他关于知识归属的语境主义理论描述提供了一般性的语言基础。他在该篇论文中提出的关键规则被称为"会话分数的调适规则"（rules of accommodation for conversational score），其总体方案可以表述如下：

> 如果在时间 t 某件被说出的事情是真的或者是可接受的，而且所言说的内容要求对话分数的组分 s_n 的值在域 r 中取值；如果 s_n 在 t 时刻之前未在域 r 内进行取值；并且如果如此这般的（such-and-such）的进一步的条件也成立；那么，在 t 时刻，分数的组分 s_n 就在域 r 内取相关数值。（Lewis 1979，347）

对于上述这一抽象的原则，我们可以利用刘易斯自己的例子来加以例示说明。假设刘易斯有两只猫，分别叫布鲁斯（Bruce）和阿尔伯特（Albert）。布鲁斯与刘易斯一起在美国居住，阿尔伯特目前与刘易斯的朋友——克莱斯韦夫妇（Mr. and Mrs. Cresswell）一起生活在新西兰。现在，您在刘易斯的美国的家中拜访他，这时刘易斯用手指着布鲁斯，开始对您说出如下的话语：

> 那只猫（the cat）在纸箱里。那只猫永远不会遇到我们的另一只猫，因为我们的另一只猫住在新西兰，我们在新西兰的猫与我的新西兰朋友克莱斯韦夫妇一起生活。而且它（it）会留在那边的，因为如果那只猫（the cat）离开的话，他们会很难过。（Lewis 1979，348）

显然，第一句和最后一句中明确的限定性摹状词"那只猫"（the cat）指的是不同的猫。刘易斯认为，随着对话的不断进行，明确描述"那只猫"的会话得分（即在给定情况下的指称）会逐渐变化。当刘易斯说"那只猫在纸箱里"时，布鲁斯对于会话者双方来说是突出的（salient）。但是，通过使用"我们的另一只猫""我们在新西兰的猫"等说法，刘易斯逐渐使阿尔伯特在谈话中变得突出了。刘易斯认为，"会话分数的调适规则"能够成功解释为什么最后一句话中的"那只猫"指的是阿尔伯特。

粗略地说，通过采用这种方案，刘易斯提供了一种非常灵活的语境转换机制。按照刘易斯的理论主张，如果将上述规则应用于知识归属问题的讨论，我们就会发现，由于考虑了不同的可能性，关于知识归属的会话语境很容易发生变化。例如，在通常的情况下，您可以在 t_1 时刻说"我知道 p"；但是，怀疑论者很容易在很短的时间里，通过暗示您可能被邪恶的精灵所欺骗，在随后的 t_2 时刻挫败并剥夺您关于 p 的知识。通过提出这种怀疑论场景的可能性，怀疑论者扩大了您所需要考虑的犯错可能性的域的范围。因此，在无法排除相关怀疑论可能性的情况下，您无法在 t_2 时刻知道 p，即使您在 t_1 时刻确实是知道 p 的。刘易斯明确指出，怀疑论者似乎在挫败和剥夺我们的知识方面具有某种优势，这是由于事实上"调适规则不是完全可逆的"（"the rule of accommodation is not fully reversible"，Lewis 1979，348）。因此，我们需要一些更详细的规则来指定和揭示知识归属的真实本质。

刘易斯在另一篇著名的论文《难以捉摸的知识》（"Elusive Knowledge"）中提供了关于知识归属的更详细的语境主义描述：

> S 知道 p，当且仅当，S 的证据排除了每一种"非-p"的可能性——嘘！注意，除了我们恰当地忽略的那些可能性。（"S knows that p if and only if S's evidence eliminates every possibility in which not-p—Psst!—except for those possibilities that we are properly ignoring." Lewis 1996，554）[1]

在以上定义中，最关键的术语之一是"恰当地忽略"，该术语明确表达了有关知识归属的语境主义观念。因此，如果我们想正确地理解刘易斯的理论主张，就需要仔细研究这一术语。粗略地说，我们至少可以在两种基本意义上使用"忽略"一词：首先，"某人 S 忽略某事物"这一陈述可能意味着 S 实际上没有意识到被讨论的那一事物；换句话说，该事物并没有进入 S 的意识之中。例如，当驾驶员没有注意到高速公路上的路标时，他会错过高速公路的出口。从这个意义上讲，我们可以说驾驶员"忽略"了路标，即他没有意识到该路标。这种忽略是非自主的（involuntary）。但是，"忽略"也可以在另一种含义上使用。例如，有一位新闻记者素来以她的批判态度而著称，每个人都知道她总会提出一些棘手而令人尴尬的问题。

---

[1] 为了与本书其他章节相关内容在表述上保持一致，笔者在此对刘易斯相关表述中的符号进行了改写。

在一次新闻发布会上，为了避免出现尴尬的情况，新闻发布会的主持人从不给这名记者任何提问的机会，即使主持人明确地看到这名记者举起了手，也会有意地"忽略"她。从这个意义上讲，我们也可以说主持人无视这名记者。[1] 因此，从第二个意义上讲，当我们忽略某一事物的时候，即使明确地意识到了该事物，我们也不会对其做出回应；换句话说，当我们从第二个意义上忽略某一事物或者某一事情的时候，其实就是不理会它。因此，第二种"忽略"总是故意的。

现在，我们的问题是：刘易斯究竟是在什么意义上使用"忽略"的呢？根据刘易斯的相关表述，他所讨论的真正的"忽略"主要是第一种类型。刘易斯还进一步指出，故意的忽略应该被称为"假装的忽略"（make-believe ignoring）或"自我欺骗性的忽略"（self-deceptive ignoring），而这种类型的忽略则不是他的论文讨论的重点。正如 I. T. 奥克利（I. T. Oakley）所建议的那样，对于刘易斯所使用的"忽略"一词，应当采取如下的理解：

> 忽略 X 就是在某人当下意识中没有 X，就是没有把 X 呈现在他的心灵面前。（Oakley 2001，318）

在明确了"忽略"的含义之后，我们接下来就需要考虑什么是"恰当地忽略"了。刘易斯认为，"恰当地忽略"应该提供一系列对话规则来加以刻画。相关的规则可分为两类：允许性的规则（permissive rules）和禁止性的规则（prohibitive rules）——前者告诉我们可以忽略的东西是什么，而后者则告诉我们不能被忽略的内容是什么。以下就是三条允许性的规则：

（1）可靠性规则（The Rule of Reliability）：我们可以恰当地忽略那些暗示通常来说是可靠的认知过程（例如感知、记忆和证言）会失

---

[1] 在这里需要澄清的是，是否让那位刁钻尖锐的记者提问应当是新闻发布会的主持人能力范围之内的操作；换言之，如果出于某种原因，该主持人并没有能力来决定是否让该记者提问的话，我们通常也不会认为，该主持人是忽略了这位记者的。

败的可能性——"我们有权理所当然地接受〔这些可靠的认知过程〕"。（Lewis 1996，558）

（2）方法规则（The Rule of Method）：我们可以恰当地忽略那些暗示我们的样本不具有代表性或关于我们的证据的最佳解释不是真实的那些可能性。这也就是说"我们有权恰当地忽略在上述这两种非演绎推论的标准方法中可能出现的失败"。（Lewis 1996，558）

（3）保守主义规则（The Rule of Conservatism）：我们可以恰当地忽略那些我们周围人都会普遍忽略的可能性。（Lewis 1996，559）

刘易斯明确地指出，上述三种允许性的规则的力度相对较弱，还有其他一些更强的规则可以挫败或者推翻这三种允许性的规则。那些更为强有力的规则主要是禁止性的规则：

（4）关于事实性的规则（The Rule of Actuality）：那些被实际上达成的可能性永远不能被恰当地忽略。（Lewis 1996，554）

（5）关于信念的规则（The Rule of Belief）：那些被认知主体相信被达成的可能性是不能被恰当地忽略的，不论该主体的相关信念是否是正确的。（Lewis 1996，555）

（6）关于相似性的规则（The Rule of Resemblance）：鉴于"一种可能性与另一种可能性是显著相似的……如果其中的一种可能性不能被恰当地忽略，则另一种可能性也不能被恰当地忽略"。（Lewis 1996，556）

（7）关于关注的规则（The Rule of Attention）："某种根本没有被忽略的可能性，事实上也不能被恰当地忽略"，"不论某种可能性有多么的牵强，不论我们在其他的某些语境中是如何恰当地忽略了它，如果在当下的这种语境（this context）中，我们实际上不是在忽略它而是在关注它的话，那么对我们而言，这种可能性就是一个相关的替代选项（relevant alternative）。"（Lewis 1996，559）

刘易斯使用上述七项规则和他对知识的定义来对知识归属的语境敏感性做出了全面的阐述。刘易斯认为，在不同的语境中，存在不同的关于可能性的集合，其中每一种可能性都代表了一种需要根据认知主体所拥有的证据来排除的"非-p"的情形。因此，我们也必须注意刘易斯在其语境主义的知识定义中的"每一（种/个/……）"（every）这一表达式。刘易斯本人也清楚地认识到，关于知识归属的语境主义描述最重要的理论动机之一，就是要对相关可能性进行全称量化（universal quantification）处理。刘易斯认为，自然语言中有关全称量化的事实有力地支持了他对知识归属的语境敏感性的论述：

> 排除了每一种"非-p"的可能性究竟是什么意思呢？诸如"每一"这样量化的术语，通常是被约束在某一有限的域（limited domain）上的。如果我说："每一个杯子都是空的，所以正是时候进行下一轮饮酒了"，毫无疑问，我和我的听众一直都忽略了那些存在于整个世界之中的大多数的杯子。那些杯子并不在域中。那些杯子与我所讲内容的真（truth）是无关的。与此类似，如果我说在每一个未被排除的可能性中 p 都是成立的，这一说法在词语上也不过表示了，我无疑会忽略所有那些存在的但尚未被排除的替代的可能性中的一些。这些可能性也不在域之中；因此这些可能性也与我所说的内容的真（truth）是无关的。（Lewis 1996，553）

从这个意义上讲，上述七项规则明确指出了如何在给定的语境中找出那些与知识归属相关的可能性的"有限的域"。刘易斯的语境主义对知识归属的描述来自两个重要的主张：（1）在不同的语境中，自然语言量化通常被限定于不同的有限的域；（2）知识归属的定义涉及对可能性的全称量化。由于自然语言量化是语境敏感的，因此，看上去似乎可以合理地主张"知道"也是语境敏感的。

乍看上去，关于语境敏感的自然语言的量化模型似乎可以支持刘易斯关于知识归属的语境主义解释。然而，对自然语言量化模型更深入的研究则表明，如果刘易斯确实认为"知识"的语境敏感性可以建立在关于全称量化的语境敏感性的基础之上，那么他关于知识归属的语境主义描述就会产生一系列严重的理论问题。

正如许多语言哲学家所观察到的那样，"语境补充（contextual supplementation）起效于语句或者话语组分层次上，而不是起效于语句或话语本身的层次"（Soames 1986，357）。这一规则也同样适用于自然语言中的量词"每一（种 / 个 /……）"。我们不妨来考虑如下这个例子：

> 每一个人都在睡觉，并且都被研究助手所监控。（"Everyone is asleep and is being monitored by a research assistant." Soames 1986，357）

在上面的语句中，全称量词是通过"每一个人"一词来实现其效力的。很明显，研究助手并不处于上述全称量词所统辖的论域（domain of discourse）之中，因为如果研究助手处于该论域之内的话，该研究助手也就必须在睡觉，因而无法在任何真实的（或者实际的）情况下监控任何人了（相关的细节论述参见 Soames 1986，357-359）。另一个更有趣的现象是，"每一（种 / 个 /……）"的不同出现位置都可能与不同的论域相关联，即使这些量化表达式都出现于同一条语句之中。例如：

> 轮船驶离码头，每一名男子向每一名女子挥手，每一名女子向每一名男子挥手，每一个孩子向每一个孩子挥手。（"As the ship pulled away from the dock, every man waved to every woman, every woman waved to every man, and every child waved to every child." Stanley & Williamson 1995，294）

对于最后一条子句"每一个孩子向每一个孩子挥手"，我们可以很自然地将其解释为"船上每一个孩子都向码头上的每一个孩子挥手"。按照相关研究者的说明，任何一位胜任的英语使用者不会倾向于"〔暗示〕如果两个孩子都在码头上（或两个都在船上），那么他们之间会互相挥手，更不用说暗示他们向自己挥手了"（Stanley & Williamson 1995，294）。由于一个句子中全称量词出现的不同位置可能与不同的论域相关联，因此我们在同一条语句中既可以针对出现在该语句某一位置上的某一全称量词进行否定性的断言,也可以针对该语句另一处位置上的另一个全称量词进行肯定性的断言,而这样的操作并不会给我们带来矛盾或者不便,我们也不会对上述操作感到惊讶。举例来说:

> 尽管我们所有人都望着窗外,但并不是每一个人都看到每一个人都打起了雨伞。(Although we all looked out of the window, not everyone saw everyone putting up their umbrellas.)[1]

对于上面这句话的自然解释是:出现于语句开头部分"我们所有人都望着窗外"中的"所有人",作为量词统辖的论域包括了通过窗户向外看的、处于建筑物内部的人员;在语句后半句中处于"并不是每一个人都看到……"的"每一个人"的论域范围则包括了从建筑物内部向外进行观察的人员,而处于"……每一个人都打起了雨伞"之中的"每一个人"的论域范围则是指位于建筑物外部的那些人员。因此,上述语句实际上表示的内容是:并非每个处于建筑物内部的人都看到处于建筑物外部的所有的人都打起了雨伞。因此,即使在"并不是每一个人都看到每一个人都打起了雨伞"的语句中,我们虽然对前一项"每一个人"进行了否定性的断言(即"并不是每一个人……")而对后一项"每一个人"进行了肯定性的断言(即"……每一个人都打起了雨伞"),这二者却不会使我们陷于矛盾之中。

但是,即使我们接受了刘易斯关于知识归属的语境敏感性的语境主义主张,我们依旧无法在涉及"知道"的相关语句或者表述行为中观察到与前述相关案例相类似的现象。我们可以借用詹森·斯坦利(Jason Stanley)的例子来说明相关问题。我们可以考虑如下的一组语句:

> (1a)如果比尔(Bill)有手,则比尔知道他有手,但比尔不知道他不是缸中之脑(以下简称 BIV)。

---

[1] 该例句改写自 Stanley & Williamson 1995,294。

（1b）如果比尔有手，比尔不知道他不是没有身体的 BIV，但是比尔知道他有手。（Stanley 2004，138）

根据刘易斯的理论，如果说"知道"的语境敏感性确实是基于自然语言中的量化表达式的语境敏感性，那么我们就可以期望（1a）和（1b）都可以被认定为可断言的或可接受的语句，因为相关陈述中较早出现的"知道"所涉及的相关替代选项的可能性的论域可以不同于相关陈述中较晚出现的"知道"所涉及的相关替代选项的可能性的论域。如果刘易斯关于"知道"的相关语境敏感性说法是正确的，那么作为胜任的英语或者汉语的熟练使用者，我们应该认为上述的（1a）和（1b）这两种陈述都是可以接受的。然而，情况并非如此。正如德罗斯的评论所指出的，（1a）和（1b）其实都将导致"令人憎恶的合取式"（abominable conjunction）[1]的问题，因此（1a）和（1b）都是不可接受的。但是，如果"知道"以刘易斯所主张的量化表达式的方式来实现其语境敏感性的话，那么（1a）和（1b）为什么不会产生类似于斯科特·索姆斯（Scott Soames）和斯坦利等学者所列举的相关现象呢？在这种意义上，（1a）和（1b）的不可接受性，在刘易斯的理论框架下，反而成了一个谜，因为根据刘易斯的理论模型，在语句不同位置出现的"知道"，当分析其语义内容的时候，最关键的要素是相关全称量化表达式的语境敏感性，而这些全称量化表达式应当允许其相关替代选项的可能性的潜在论域发生语句内的变化才对。

　　如果更为深入地研究刘易斯的知识归属理论，我们还会发现刘易斯关于"知道"的语境敏感性的理论主张中隐藏着一个更加令人困扰的问题。我们可以考虑以下的语句：

　　（*）S 知道 p，但是 S 不知道非-q（其中 q 是 p 的一个不相容的替代项）。（S knows that p but S does not know that not-q ［where q is one inconsistent alternative to p］.）

---

[1] 术语"令人憎恶的合取式"是指类似于如下语句的那类合取式："某一认知主体 S 不知道他自己不是无手的缸中之脑，但是他却知道自己是有手的"（S does not know that he is not a handless brain-in-a-vat but S knows that he has hands）。关于"令人憎恶的合取式"的相关讨论，可以参见 DeRose 1995, 27-29。

根据刘易斯的说法，如果说"知道"继承了量词"每一（种/个/……）"的语境敏感性的话，那么接受刘易斯主义的知识论学者就应该能够得出结论，在某些语境中，（*）是一个真正可断言的陈述，因为，可以设想在某种语境中，q 是与 p 无关的替代选项（an irrelevant alternative），因此 S 在这种语境中不必排除 q。如前文所述，刘易斯主义知识论学者可以采取如下的说明：在给定的语境中，因为 S 并没有意识到 q（即 S 忽略了 q），因此 q 是与 p 无关的替代选项。在这种意义上，（*）应该是可断言的。但是，随之就会出现一个严重的问题：同一位刘易斯主义的知识论学者恰恰不能真诚地断言（*），因为一旦这位刘易斯主义的知识论学者断言了（*）的话，在他的断言中，他一方面认可了 S 关于 p 的命题知识，但同时他也认可了存在着一个尚未被排除的、可以破坏 S 关于 p 的命题知识的替代选项 q。从这个意义上说，并不存在某一可想象的语境，在该语境下，刘易斯主义的知识论学者能够真诚地断言（*）。在这种情况下，刘易斯主义的知识论学者就必须找到一种方法来解释（*）的不可断言性。正如我们在第四章中会看到的那样，我们可以对（*）的不可断言性进行一种语用论的解释，但是，这样的解释注定会破坏我们接受"知道"作为语境敏感词项的相关的理论动机。

如果索姆斯、斯坦利、蒂莫西·威廉姆森（Timothy Williamson）等语言哲学家的观点是正确的，我们就必须得出结论：刘易斯通过诉诸自然语言的量化表达式的语境敏感性来解释和刻画"知道"的语境敏感性的理论尝试是失败的。正如我们前文所展示的那样，关于"知道"的所谓语境敏感性与自然语言的量化表达式的语境敏感性之间存在着显著的差异，因此，刘易斯是无法合理地通过自然语言的量化表达式的语境敏感性来解释和刻画关于"知道"的语境敏感性的。

但是，那些同情刘易斯想法的哲学家可能会提出一些建议来挽救刘易斯的理论框架——如果刘易斯放弃自然语言中的量化表达式的语境敏感性模型，那么他关于"知道"的语境敏感性的解释似乎就可以存活下来。由于刘易斯毕竟提供了七项特定的规则来解释如何恰当地忽略某些"非-p"的可能性，因此刘易斯式的语境主义者仍然有希望开发出一种独立于自然语言中的量化表达式的语境敏感性模型的、关于"知道"的语境敏感性的新的语言模型。例如，刘易斯主义者似乎可以使用"关于关注的规则"来发展出关于"知道"的语境敏感性的语义理论。刘易斯主义者可能会主张，通过关注不同的替代选项的可能性，我们可以在不同的会话语境中拥有不同的知识归属。从这个意义上讲，我们可以将注意力集中在不同的替代选项的可能性上，这似乎可以帮助我们揭示不同语境下"S 知道 p"的不同语义内容。为了更好地例示这里的"关于关注的规则"，我们不妨先来看涉及"关注"的一般性的语境敏感性现象。在此我们可以比较以下两条语句：

（2a）约翰（John）知道［菲尔（Phil）］$_A$ 打了杰克（Jack）。
（2b）约翰知道菲尔［打了］$_A$ 杰克。

这里的记号"[]$_A$"表示需要关注的不同替代选项的可能性。例如，当约翰拥有充分的证据排除诸如"马克打了杰克""大卫打了杰克"等替代选项的可能性时，语句（2a）就是真的。与此类似，如果约翰拥有充分的证据排除了诸如"菲尔拥抱杰克""菲尔撕咬杰克"等替代选项的可能性，语句（2b）就是真的。因此，我们可以看到，由于在不同的语境中，我们关注的是不同的替代选项的可能性，因此，（2a）和（2b）才会分别在各自的语境中都为真。[1]

这里应该注意的是，在刘易斯版本的语境主义对"知道"的解释中，"知道"一词仍然是认知主体与目标命题之间的二元关系。即使"知道"在刘易斯的意义上是语境敏感的，句子（2a）和（2b）其实已经充分表达了知识归属的全部语义成分，因此（2a）和（2b）并不是关于其他一些可

---

[1] 毫无疑问，如果要正确断言约翰知道菲尔打了杰克，我们必须排除掉所有约翰不能恰当地忽略的那些错误的可能性。从这个意义上讲，我们实际上需要全面了解约翰的知识，即：

约翰知道［菲尔］$_A$［打了］$_A$［杰克］$_A$

这表明需要考虑一系列错误的可能性，例如：

大卫（而不是菲尔）打了杰克、菲尔拥抱（而不是打了）杰克、菲尔打了大卫（而不是杰克）、大卫（而不是菲尔）拥抱（而不是命中）杰克、大卫（而不是菲尔）打了菲尔（而不是杰克）、菲尔拥抱（而不是打了）大卫（而不是杰克）、大卫（而不是菲尔）拥抱（而不是打了）菲尔（而不是杰克），等等。

但是，为了方便当前的讨论，笔者在这里仅选取（2a）和（2b）作为代表来讨论相关问题。

以进一步充分发展或者补充的陈述的缩写形式。这是刘易斯版本的"知道"的语境主义语义主张与其他关于"知道"的语境敏感性语义主张（例如，我们在下一章即将看到的对比主义）之间的关键区别，对比主义将"知道"视为主体、目标命题和反映语境变化的第三项语义成分之间的三元关系。[1]

在明确了上述要点之后，我们可以继续考察通过诉诸关注的语境敏感性方式来刻画"知道"的语境敏感性这种刘易斯主义的理论描述。在语言学的研究中，当代的一些语言学家对关注的语境敏感性或者焦点的语境敏感性现象曾经展开过深入的讨论。例如，词项"仅"（only）是具有上述类型语境敏感性性质的词项之一。正如劳伦斯·霍恩（Laurence R. Horn）所描述的那样，"仅"一词可以转换我们所关注的信息。例如，语句"穆里尔（Muriel）仅投票给休伯特（Hubert）"就可以通过如下的两种方法来澄清其含义：

(3a) 穆里尔仅投票给［休伯特］_A。
(3b) 穆里尔仅［投票］_A 给休伯特。（Horn 1969，100-101）

根据霍恩的观点，(3a) 可以重新解释为"穆里尔将选票仅投给了休伯特"（Muriel voted only for Hubert）或者"穆里尔的投票对象仅为休伯特"（Muriel voted for only Hubert）。在(3a)中，我们的关注是集中在"休伯特"上的，在这种意义上，针对(3a)的一种可能的替代选项则是"穆里尔投票支持路西法（Lucifer）"。按照上述这种解释，(3a)实际上表达了这样一个命题：穆里尔只投票给休伯特，而她并没有投票给路西法。另一方面，(3b) 则揭示了另一种不同于(3a)的其他被关注到的信息，即"投票"；在这种情况下，关于(3b)的可能的替代选项则是"穆里尔帮助休伯特组织竞选"（Muriel campaigned for Hubert）。因此，我们可以将(3b)解释为穆里尔只是投票给了休伯特，但她没有帮助休伯特组织竞选。鉴于

---

[1] 正如上一条脚注所展示的那样，关于"知道"的语境敏感性的语义理论甚至可以将"知道"刻画为五元的关系。但是，为了当前讨论的简洁性，我们在此就忽略了这类复杂的问题。

上述（3a）与（3b）之间的语义差异，我们可以生成以下融贯的合取式：

（4）穆里尔只投票给［休伯特］_A，尽管她当然不仅［投票］_A给休伯特。（Muriel only voted for [Hubert]_A, although of course she did not only [vote]_A for him.）

对（4）的合理解释可能是：穆里尔是休伯特的坚定支持者——她没有投票给除了休伯特以外的任何候选人，穆里尔甚至还在帮助休伯特组织竞选活动。因此，（4）是可以接受的，也是可以真实地被断言的，因为由不同的关注或焦点所引起的替代选项的集合不是可比较的子集（subset-comparable）。换句话说，作为第一个合取支的语句所断定的内容并不蕴涵作为第二个合取支的语句所否定的内容，同样地，作为第二个合取支的语句所否定的内容也不蕴涵作为第一个合取支的语句所肯定的内容。由于作为第一个合取支的语句所断定的内容与作为第二个合取支的语句所否定的内容是不同的，因此大多数胜任的英语或者汉语的使用者都会发现（4）是可以恰当地被接受的。

但是，当我们想为知识归属建立类似的合取式时，就会发现这样类型的语句通常是有问题的。考虑如下的语句：

（5）??约翰知道［菲尔］_A打了杰克，尽管约翰当然不知道菲尔［打了］_A杰克。

根据基于关注的刘易斯版本的语境主义对知识归属的描述，（5）应当被解释为如下的内容：由于约翰拥有充分的证据排除了诸如"马克打了杰克""大卫打了杰克"等替代选项的可能性，因此，语句（5）当中的第一项合取支语句就是真的；另一方面，约翰拥有充分的证据来排除诸如"菲尔拥抱杰克""菲尔撕咬杰克"等替代选项的可能性，因此，语句（5）当中的第二项合取支的语句也真的。按照上述解释，大多数胜任的英语或者汉语的使用者也都应该发现语句（5）是可以恰当地被接受的。但事情情况却并非如此。笔者认为，对于大多数胜任的英语或者汉语的使用者来说，语句（5）是一个矛盾句。[1]从这种意义上讲，我们在这里无法观察到基于关注的刘易斯版本的关于"知道"的语境主义理论所预测的结果——那种在（3a）（3b）（4）等语句中呈现的现象在语句（5）当中是完全无法发现的。

另一个值得注意的要点是，"关于关注的规则"实际上最终支持刘易斯关于"知道"的著名结论——"知识是难以捉摸的"（knowledge is elusive）、"知识在知识论研究中无法幸存"（knowledge cannot survive in epistemological studies）的关键性规则。刘易斯曾经写道：

> 知识论……已成为关于"如何忽略可能性"的研究。但是，要研究关于这些可能性的忽略本身实际上就导致无法忽略这些可能性。除非这项研究是一种关于知识论的完全的非典型样本（an altogether atypical sample），否则，如下的情况将是不可避免的：知识论必定会毁灭知识。这就是知识表现为难以捉摸的方式。一旦我们要检视知识的话，知识就会直接消失。（Lewis 1996, 559-560）[2]

当然，刘易斯为何接受"关于关注的规则"是可以理解的，他需要此规则来解释怀疑论带来的相关挑战。刘易斯对知识归属的语境主义的描述确实可以使怀疑论者通过改变关注内容，从而引发相关对话语境的变迁，由此轻松地影响我们的知识主张。通过提及某种怀疑论的替代选项可能性，这种怀疑论的替代选项可能性就被我们意识到了，我们也因此不能再恰当地忽略这种怀疑论的替代选项的可能性了。这就是为什么我们会在怀疑论的背景下丧失我们的知识。但是，"关于关注的规则"是否因此就真正抓住了知识归属的本质呢？我们恐怕会得出否定性的结论。正如许多知识论学者所建议的那样，知识是一种信念，这种信念在认知上是强健的（robust）。这种认识上的强健性恰恰意味着知识应该可以通过仔细的检视而存活下

---

[1] 相关的更为详尽的理论说明，请参见 Gillies（un.）。
[2] 在这里，我们可以回想一下对"忽略"的两种不同含义的讨论。很明显，刘易斯主要是在第一种意义上即非自主的、未被意识到的层面来使用"忽略"一词的。

来。[1] 我们经常通过思考一些反事实的情形，来评估我们的知识。我们之所以考虑这些反事实的情形是因为我们想揭示知识的本质，即使我们以前可能从未清晰地意识到反事实的情形。但是，仅提及某些尚未排除的、过去未曾考虑过的替代选项的可能性，并不直接意味着知识归属的语境发生了变化，更不可能通过提及和关注相关替代选项的可能性就自动剥夺我们已有的命题知识。我们不妨回顾一下关于知识归属相关替代选项（relevant alternative）的理论。在该理论中，为了在给定的情形中明确界定哪些替代选项是相关的而哪些替代选项是无关的，我们必须提及一些十分牵强的替代选项，从而让我们可以解释为什么这些牵强的替代选项在给定的情形中与相关的目标命题以及相关的知识归属是无关的。在这里，我们需要归纳的理论洞见是，必须将可以合理言说的内容与仅仅是可能被言说的内容区分开来。在给定的语境中，我们需要考虑的主要是那些可以被合理言说的替代选项。但是，我们发现刘易斯所主张的"关于关注的规则"却完全破坏了这种至关重要的区别。

    一个更深层的问题是，"关于关注的规则"实际上不能很好地解释怀疑论的所谓的相关直觉。应该注意的是，怀疑论的场景不仅仅是针对目标命题的逻辑上的替代选项的可能性，而且是经过精心设计和设置的。因此，我们应该能够评估不同怀疑论场景的优劣，进而将好的怀疑论场景、好的怀疑论论证与不好的怀疑论场景、不好的怀疑论论证区分开来。[2] 但是"关于关注的规则"恰恰是模糊了相关的区分，因为根据该规则，怀疑论者唯一需要做的就是简单地提及任何一种可能的怀疑论场景的可能性——进而仅仅引起我们的关注——就足够了。

    "关于关注的规则"的另一个负面影响是，该规则使我们在知识方面的许多分歧或者一致意见都变为肤浅的。就像刘易斯版本的认知语境主义理论解释我们确实具有日常知识与怀疑论者否认我们具有知识之间并不存

---

[1]　尼古拉斯·格里芬（Nicholas Griffin）教授提供的评论帮助笔者进一步加深了相关的认识，谨致谢忱。
[2]　实际上，这种批评通常可以普遍地应用于各种关于知识归属的认知语境主义观点。知识归属的语境主义在相关区分方面亏欠我们一种理论解释，在认知语境主义框架下，由于缺乏相关理论刻画的细节，我们很难依据认知语境主义的理论主张来区分一个好的（或成功的）怀疑论假设与一个坏的（或不成功的）怀疑论假设区分开来。关于成功的怀疑论假设和不成功的怀疑论假设之区别的讨论，请参阅 Cross 2010。

在真正的张力一样，许多关于知识的分歧也可以被认为是彼此相容的，因此也就不存在任何关于知识的真正分歧，因为在该理论主张下，不同的两个人针对某一知识归属所形成的彼此"不同意"的状态可能是因为他们关注到了不同的替代选项的可能性，这意味着他们是在不同的意义上使用"知道"一词的，因此他们之间也就没有真正的分歧与争议了。

  一种更为糟糕的情况是，在这种理论框架下，我们甚至无法与他人安全地就知识主张达成共识了，因为我们总是可能关注到不同的替代选项的可能性，因而，当我们就某一知识主张达成共识的时候，其实只是"表面上看起来"以相同的意义来使用"知道"，关于我们是否真正在同一意义上使用"知道"一词依旧是可疑的。关于"知道"存在着一种重要的语用论主张，即：当我们断言 S 知道 p 的时候，我们也在语用层面、暗含地传达了我们也知道 p。但是，如果"知道"是刘易斯意义上的语境敏感词项的话，那么我们就不得不放弃上述关于知识主张的语用层面的使用，因为将关于 p 的知识归于 S 的语境及其相关的用法可能与我们自己所处的语境以及相关的用法完全不同；所以"知道"具有不同的意义（sense）。上述的思考表明，如果我们要保持关于知识主张的语用层面的使用，就必须拒斥刘易斯关于"知道"的认知语境主义的相关理论描述。

  至此，我们已经完成了对刘易斯版本的关于"知道"的认知语境主义相关理论的评估。在本章的下一节中，我们将继续研究知识归属的语境敏感性的另一种模型，该模型试图表明知识归属的语境敏感性类似于诸如"高的""平的""大的""小的"等可分等级的形容词（gradable adjectives）的语境敏感性。

2.2 知识归属的语境敏感性与可分等级的形容词

  根据认知语境主义，知识归属语句的真值在不同的语境中可能有所不同，因为知识归属的标准（或强度）在不同的语境中亦有所变化。[1] 根据

---

[1] 例如，科恩、德罗斯和刘易斯都在不同场合下提出了类似的主张或说明。

这种理论观点，知识归属的语境敏感性类似于诸如"高的""平的""大的""小的"等可分等级形容词的语境敏感性。根据科恩的说法，"很多的（如果不是大多数的话）自然语言中的谓词具有如下的特点：由这些谓词构成的语句的真值取决于语境中被确定的标准（contextually determined standards），例如，'平的'（flat）、'秃的'（bald）、'富有的'（rich）、'快乐的'（happy）、'悲伤的'（sad）……"（Cohen 1999，60）。[1] 例如，为了弄清楚给定的表面是不是平的，我们必须弄清楚在什么语境中对相关的"平的程度"进行了评估，因为"语境将决定某一表面需要达到怎样的平坦程度才能够被算作是平的"（Cohen 1999，60）。另一个经典的例子是将"高的"归属于某人。通常说来，关于"高的"的归属是敏感域语境中突显的高度的测定尺度（a contextually salient scale of height）。例如，当我们谈论职业篮球运动员的身高时，相较于"在日常情况下谈论一般人的身高"而言，我们此时可能对"高的"采用更高的标准。认知语境主义者认为，这类关于可分等级的形容词的事实为知识归属的语境敏感性提供了一个很好的语言模型。因为在他们看来，知识归属会根据所处的语境而有不同程度的强弱差异，语境也将决定有关知识归属的相应标准，这些关于知识归属的敏感性描述看上去似乎是很直观的。根据这类语境主义者的观点，"直观地"的知识归属也是可分等级的，因此，就像那些可分等级的形容词一样，"知道"也是因其可分等级的性质而具有语境敏感性的。但是，这种理论主张能成立吗？接下来我们就将集中讨论这种类型的语境主义理论。

大多数语言学家认为，可分等级的形容词至少具有两个定义性的（defining）特征。首先，"可分等级的形容词可以通过诸如'很'（quite）、'十分'（very）、'相当地'（fairly）等等级副词（degree adverbials）加

---

[1] 显然，科恩在这句话中并没有特别注意他在引文结尾处所列出的形容词之间的区别。实际上，这些形容词之间确实存在一些重要的差异。例如，"秃的"是模糊的（vague）谓词，"富有的"是具有某种隐含的比较类（comparison class）的可分等级形容词，但"富有的"通常不能作为绝对词项（absolute term）。还有一可分等级形容词有时则可被视为绝对词项，例如"平的""空的"。实际上，认知语境主义者（例如科恩、德罗斯等人）主要是以诸如"平的""高的"（tall）等可分等级形容词作为典范的语言学模型来刻画"知道"的所谓语境敏感性。因此，在本节的其余部分中，我们将主要讨论的是诸如"平的""高的"等可分等级的形容词。

以修饰"（Kennedy 1999，xiii）。从这个意义上讲，可分等级的表达式可以允许使用修饰项（modifier）。但是，通常情况下，那些等级副词是不适于对非可分等级的表达式或词项进行修饰的。例如：

（6a）这表面是十分平坦的。（The surface is very flat.）

（6b）这表面相当平坦。（The surface is fairly flat.）

（6c）这表面真的很平坦。（The surface is really flat.）

（6d）约翰十分高。（John is very tall.）

（6e）约翰相当高。（John is fairly tall.）

（6f）约翰真的很高。（John is really tall.）

（6g）?? 乔尔达诺·布鲁诺是十分死的。（Giordano Bruno is very dead.）

（6h）?? 我希望新飞船是很八角形的。（I want the new spacecraft to be quite octagonal.）

（6i）?? 卡特是一位相当地前总统，林肯是一位极其地前总统。（Carter is a fairly former president, and Lincoln is an extremely former president.）[1]

（6a）—（6f）听起来完全是恰当的，而且对胜任的英语（或者汉语）的使用者来说也都是合适的；但（6g）—（6i）听起来就颇为古怪（odd）了。作为对比，我们可能不会认为"知道"可以通过与此类似的测试，因为诸如"非常""相当"之类的经典修饰语无法适当地修饰"知道"。相应的副词也不能修饰"已知"（known）。请看下面的例子：

（7a）?? 约翰十分知道特朗普是第 45 任美国总统。（John very knows that Trump is the 45th President of the United States.）

（7b）?? 约翰相当知道特朗普是第 45 任美国总统。（John fairly knows that Trump is the 45th President of the United States.）

---

[1] （6a）—（6f）改编自 Stanley 2004，124；而（6g）—（6i）则来自 Kennedy1999，xiv。

（7c）?? 十分已知的是，特朗普是第 45 任美国总统。（It is very known that Trump is the 45th President of the United States.）

（7d）?? 相当已知的是，特朗普是第 45 任美国总统。（It is fairly known that Trump is the 45th President of the United States.）

关于（7c）和（7d），一些语境主义者可能会抱怨它们的生硬是由于修饰项选择不当所导致的。例如，修饰语"广泛地"（widely）可以适用于修饰"已知"的：

（7c*）广泛已知的是，特朗普是第 45 任美国总统。（It is widely known that Trump is the 45th President of the United States.）

然而，这里应该强调的关键点是，我们要考察"知道"及其派生词（如"已知"）能否被经典的**等级**修饰语（*degree* modifiers）所修饰。显然，修饰词"广泛地"并不是一个恰当的等级修饰词，"广泛地"不能被用来表征所谓的知识等级或者针对目标命题的认知立场的强弱程度。"广泛地"一词仅表示形成了关于目标命题的知识的人员数量或者范围。从这个意义上讲，（7c*）实际上意味着大多数而不是只有少数人知道特朗普是第 45 任美国总统。因此，即使我们所有人都接受（7c*）是一个恰当的陈述，这也不会帮助相关的认知语境主义者建立其预期的关于知识归属的语境敏感性的语言模型。因此，在给定（7a）—（7d）的情况下，我们关于经典的等级修饰语不能恰当地修饰"知道"（及其派生词项，例如"已知"）的主张仍然是合理的。

但是，假设相关的认知语境主义者被（7a）—（7d）的例子所说服。他们可能会建议利用修饰语"真正地"（really）来进行相关测试，因为"真正地"似乎可以恰当地对"知道"进行修饰。[1] 由于在某些情况下，修

---

[1] 注意：有趣的是，"已知"一词却不能被"真正地"一词恰当地修饰。笔者相信，应该不会有人认为如下陈述是恰当的：

（7d*）?? 真正已知的是，特朗普是第 45 任美国总统。（It is really known that Trump is the 45th President of the United States.）

饰语"真正地"确实是等级修饰语,因此,如果可以用"真正地"来修饰"知道"的话,则似乎有理由认为"知道"是可分等级的。下面是科恩提供的机场案例。

机场案例:

玛丽和约翰在洛杉矶机场考虑乘坐某次航班前往纽约。他们想知道该航班是否会在芝加哥中转停留。他们无意中听到有人问起是否有人知道该航班在芝加哥中转停留。有一位名叫史密斯的乘客回答说:"我知道。我刚才看了一下我的航班行程表,该航班会在芝加哥中转停留。"原来,玛丽和约翰有一项非常重要的商业业务必须在芝加哥机场进行处理。玛丽说:"那张航班行程表到底有多可靠呢?行程表可能会出现印刷错误。相关航班可能在行程表印刷完毕之后又变更了行程,等等。"玛丽和约翰一致认为,史密斯并不真正地知道飞机会根据行程表在芝加哥中转停留。他们决定向航空公司代理进行核实。(Cohen 2000,95)。

我们应仔细解释科恩的上述案例。实际上,根据科恩的说法,上述案例说明了当代价或者成本变高时,相关的认知语境是如何变化的。在常规的情形中,玛丽和约翰在芝加哥机场并没有任何紧急的事务需要解决,此时他们便可以将相应的知识归属于史密斯。也就是说,史密斯只需要从航班行程表中查找信息,便知道飞机将在芝加哥中转停留。但是,当玛丽和约翰的相关代价或者成本变得很高的时候,他们必须确证飞机是否真的会在芝加哥中转停留,会采用更高的知识归属的标准,因此,在这种更高的知识归属的标准下,玛丽和约翰会否认史密斯拥有相应的知识。但是,值得注意的是,在上述情况下,科恩明确说明了"玛丽和约翰一致认为,史密斯并不真正地知道飞机会根据行程表在芝加哥中转停留"的原因——"行程表可能会出现印刷错误。相关航班可能在行程表印刷完毕之后又变更了行程,等等"。此时,相关的认知语境主义者会主张,由于"知道"可以被"真正地"所修饰,因此"知道"也是一种可分等级的语境敏感的表达式。

值得注意的是，修饰语"真正地"至少可以以两种方式被加以使用：在某些情况下，"真正地"是等级修饰语，例如，"桌子的表面是真正地平坦的"。但是，在某些其他情况下，"真正地"是起"强调"作用的语言风格意义上的修饰语，此时，"真正地"就类似于"实际上"（actually）或"真实地"（genuinely），例如，"这张画作真正地是毕加索绘制的"（This painting is really drawn by Picasso）。在后一种情况下，"真正地"根本不是等级修饰语。因此，我们必须确定在科恩案中所使用的"真正地"一词是否是正牌的等级修饰语而不是强调性的修饰语。正如斯坦利所言，有一种方法可以测试"真正地"是否被用作等级修饰语——也就是说，"关于'真正地'等级修饰语用法的否定式可以与未加修饰的形式的断言共同使用，而不会出现矛盾"（"negations of degree-modifier uses of 'really' can be conjoined with assertions of the unmodified forms without inconsistency", Stanley 2004，125）。我们可以先来看一下斯坦利自己所举的例子：

（8a）约翰是高的，但他不是真正地高。（John is tall, but not really tall.）

（8b）密歇根州是平坦的，但它并非真正地平坦。（Michigan is flat, but not really flat.）

（8a）与（8b）的说法都是可以接受的。但是我们无法在知识归属中找到类似的现象。对于胜任的英语或者汉语的使用者而言，以下说法听起来都是很古怪的：

（9）?? 尽管史密斯通过阅读行程信息知道航班会在芝加哥中转停留，但史密斯并不真正地知道飞机将在芝加哥中转停留。（Although Smith knows that the plane will stop in Chicago by reading the information from the itinerary, Smith doesn't really know that the plane will stop in Chicago.）

我们必须说，即使我们不认为（9）是矛盾的，也至少会认为（9）听上去是很古怪的。因此，当我们将（8a）（8b）与（9）进行比较时，（9）的古怪性表明，在（9）和科恩的机场案例中出现的"真正地"恐怕不是等级修饰语。如果上述现象分析和比较是正确的，我们则可以得出结论：就等级修饰语测试而言，关于知识归属的假定的语境敏感性和可分等级形容词所具有的语境敏感性之间存在重要差异。

可分等级形容词的第二个重要特征是它们可以出现在某些诸如等级结构的复杂句法环境中。根据克里斯托弗·肯尼迪（Christopher Kennedy）的说法，"等级结构是由形容词和等级词素（a degree morpheme）所构成的结构，其中包括英文中的-er结构表达更多（more）、更少（less）、等同（as）、也（too）、足够（enough）、很（so）、多么（how）等元素"（Kennedy 1999，xiv）。例如，如下这些主张对于胜任的英语或者汉语的使用者来说都是完全可接受的：

（10a）约翰比迈克更高。（John is taller than Mike.）
（10b）我的手表比约翰的更便宜。（My watch is less expensive than John's.）

但是，如下这些陈述则令人深感困惑：

（11a）??约翰比玛丽更知道特朗普是第45任美国总统。（John knows that Trump is the 45th President of the United States more than Mary knows it.）
（11b）??约翰知道特朗普是第45任美国总统要比他知道奥巴马是第44任美国总统更多。（John knows that Trump is the 45th President of the United States more than he knows that Obama is the 44th President of the United States.）[1]

但是，需要说明的是，（11a）和（11b）之类的情况需要区别于以下情况：

---

[1] 这两个例子均改编自Stanley 2004，125。

（11c）约翰比玛丽知道得更多。（John knows more than Mary does.）

毫无疑问，（11c）是完全可以接受的。但这并不意味着（11c）中存在着关于知识归属的等级结构的建构。为了澄清上述的观点，我们可以考虑以下情况：假设在给定的语境中存在一组目标命题，可以刻画为命题集合：$\{p_1, p_2, p_3, p_4, p_5\}$。在某一认知语境中，约翰知道所有的这些命题。而在该语境中，玛丽只知道 p_1, p_2 和 p_3 这三项。从这个意义上讲，约翰比玛丽知道得多。但是，这并没有为相关的认知语境主义理论提供任何支持，因为（11c）中的"知道"与（11a）和（11b）中的"知道"的使用方式完全不同。在（11c）这样的情况下，我们实际上表达的是"对于给定的目标命题而言，约翰知道更多数量的目标命题"。但是，如果语境主义者想要建立他们的"知道"可分等级的语言模型，就必须确立"约翰在等级上更多地知道给定的目标命题的集合"（John more knows the given set of target propositions）才行，而这样的说法听起来是十分古怪乃至不恰当的。特别明显的是，当我们借助诸如（11c）的语句来考察认知语境主义关于怀疑论直觉的语境主义解释时，相关的语句却恰恰不能为认知语境主义提供帮助。如果认知语境主义关于怀疑论直觉的相关说明是正确的，则相关的认知语境主义者应该能够针对某一个单一的目标命题建立他们关于"知道"的语境敏感性的语言模型。如果我们只涉及某一个单一的目标命题，笔者推测我们不能以任何合理的方式正确地说明"关于 p，约翰知道得比玛丽更多"（John knows more that p than Mary does）。而且我们同样永远也无法恰当地做出如下断言："约翰更多地知道 p"（John knows more that p）。因此，如果相关的认知语境主义者想要挽救他们的理论计划，就必须在其他地方寻求证据支持。

另一个关于（11c）知识归属的语境主义的有趣观察是，如果认知语境主义关于怀疑论直觉的解释是正确的，（11c）可以被视为关于知识归属的语境主义语言理论的重要反例，这恰恰表明了存在于"知道"和可分等级形容词之间的一个重要的理论区别。正如伊戈尔·杜文（Igor Douven）

所观察到的那样，当我们从某个角度比较两个对象时，对于可分等级的形容词存在着一种比较原则，该原则可以这样来表述：

比较原则（Principle of Comparison，以下简称 PC）
　　对于所有 x 和 y 以及可分等级的形容词 A 而言：如果在某一对话语境中 x 比 y 更为 A 为真的 / 假的，那么在该语境中的任何变化下，相关陈述仍然为真的 / 假的。（Douven 2004，315）

我们可以通过如下案例来示例上述 PC 原则。假设约翰和玛丽都是普通人，在常规情况下他们都很高。但是，约翰比玛丽更高。现在假设一名职业篮球队的主教练既见过约翰也见过玛丽，这位教练却不认为他们中任何一个的身高是高的。在这种情况下，对话语境就发生了变化，职业篮球队的主教练对"身高是高的"相关判断使用了更高的标准，因此约翰和玛丽都无法满足该标准，所以在这一语境中两个人都不是高的。但是，一个不可否认的事实是，即使我们在职业篮球队主教练的语境中，采用教练所使用的身高标准，约翰仍然比玛丽更高。这一案例正好印证了 PC 原则。但是，在讨论"知道"的时候，即使假定了前述的关于目标命题集合 $\{p_1, p_2, p_3, p_4, p_5\}$ 的设定与澄清，相关 PC 原则似乎依旧不适用于讨论"知道"的情形。正如杜文所指出的那样，当知识归属的语境转换到怀疑论的场景时，约翰和玛丽都是完全无知的（参见 Douven 2004，317-320）。在怀疑论的语境中，约翰和玛丽都不知道任何目标命题，因此如果有人主张约翰比玛丽知道得更多，那么相关的主张似乎是毫无意义或令人费解的。由于约翰和玛丽都处于怀疑论场景之中，因此他们二人所知道的目标命题的集合都是空集。从这个意义上讲，我们可以看到关于"知道"的所谓可分等级的语境敏感性理论也无法通过等级结构与 PC 原则的相关测试。

　　在知识归属和可分等级形容词之间还有另一个有趣的比较。正如许多哲学家所指出的那样，可分等级形容词的使用可能是相当"奇怪的"。也就是说，在某些情况下或者某些语境中，可分等级形容词的使用可以不满足该词项的正常使用规则所指示的相关要求。例如：

杰克是我十岁的小表弟，他的成长总是比同龄男孩的成长慢得多。因此，他比同龄男孩的平均身高矮很多。通常，一个高个子的男孩至少应该比同龄男孩的平均身高要更高一些。从这个意义上说，杰克并不高。假设在今天下午之前，我和母亲几个月都没有见过杰克。但是我今天下午碰巧在街上遇见了他。我对他这几个月的成长感到惊讶。然而，杰克仍然比同龄男孩的平均身高要矮一点，尽管他在这几个月中成长得很快。当我回到家时，我告诉妈妈说："杰克现在长得很高了。"我妈妈对此也很惊讶。即使我也告诉她杰克仍然比同龄男孩的平均身高矮一点，但是我们俩都同意杰克现在长得很高了。[1]

可以肯定的是，最后一个陈述"杰克现在长得很高了"中"高"一词的使用是非常个人化的，在这个案例中，"我"作为说话者为"高"选择了一个不同于常规情形的参照类（reference class）。通常，一个高个子男孩至少应比他这个年龄的男孩的平均身高要更高，才能算很高。但是"我"在上述情况下选择了不同的参照类，即相对于杰克以前的身高来说，杰克现在的身高已经很高了。在上述案例中，即使"我"不使用常规的参照类，大部分英语或汉语的胜任的使用者应该都会认为上述案例中"我"所作出的陈述是合理且可以接受的。在这种情况下，"我"实际上是将"高"的标准降低于常规情况中关于"高"的规范性所要求的水平的。但值得注意的是，上述案例中的陈述仍是可以接受的，因为"高"是语境敏感的可分等级的形容词；在上述案例所创造的独特环境与语境中，当"我"和"我的母亲"都同意"杰克现在长得很高了"的时候，"我"和"我的母亲"并没有犯下任何可怕的语言错误。从这个意义上讲，通过介绍上述示例，我们可以向大家证明的结果是：对于一个真正的可分等级形容词，我们可以自由地在不同的语境中为其选择不同的参照类。

但是，很难想象我们可以以类似于上述案例的方式来对待和处理知识归属的问题。笔者认为，没有任何一个理性的、胜任的英语或汉语的使用

---

[1] 佐坦·甘德勒·扎博（Zoltán Gendler Szabó）教授在与笔者的电子邮件讨论中提出了相关的意见，该案例改编自他在电子邮件中所讨论的内容。谨致谢忱。

者可以通过简单地将知识归属标准降低到令人难以置信的低水平而轻易地将知识归属于她自己或者相关的目标主体——我们是无法通过将相关认知标准下降到令人震惊的低的标准的方式，来将相关目标命题归属给我们自身或者目标主体的；这种将认知标准下降到过低水平的操作是无法得到合理辩护的。即使我们承认某人现在使用的知识归属标准比起她之前使用的标准变得高了，只要当下的知识归属标准依旧低于我们常规认定的知识的归属标准，我们就不能承认相关的知识归属是有效的。

上述讨论的关键要点在于：将"知道"与经典可分等级的形容词进行比较时，我们发现它们之间存在显著差异。对于像"高"这样真正可分等级的形容词，我们可以自由地决定其参照类，从而使得我们要讨论的几乎所有东西都可以满足该形容词的要求。例如，我们可以十分自然地讨论某一个侏儒在相关的侏儒群体当中是否是"高的"。但是，我们却不能以类似的方式来对待和处理"知道"。例如，暗示相对于某个白痴群体来说某人 S 知道 p 的说法听起来总是荒谬的。

看起来，我们必须得出结论：可分等级形容词的语境敏感性与假定的知识归属的语境敏感性之间存在显著差异。可分等级形容词不能作为知识归属的语境主义理论合适的语言模型。

关于知识归属的可分等级性的最后一个问题是，许多以英语为工作语言的哲学家对所谓的知识归属的可分等级性并没有任何直接的感受。对于这些哲学家来说，命题知识的归属与其本质是不可分等级的，甚至是绝对的。例如，弗雷德·德雷茨克（Fred Dretske）和彼得·昂格（Peter Unger）都认为知识是绝对概念。因此，"〔'知道'〕并不像'富有的'或者'合理的'那样，知道某事是如此这般的，不是等级程度的问题"（Dretske 1981, 107）。根据这些学者的观点，命题知识归属的叙实性（factivity）是不允许进行比较的，因此命题知识归属无法按照可分等级形容词的相关比较方式进行对比。从这个意义上说，"如果我们俩都知道那个球是红色的，那么说你比我更知道这一点是没有意义的"（Dretske 1981, 107）。一些哲学家认为，即使是将命题知识归属"S 知道 p"简单地分为强的或者弱的这种关于"知道"的分等级的尝试也是完全不可行的。例如，索尔·克里普克（Saul A. Kripke）就论证过，将"知道 p"区分为强的、弱的两种程度，会让"知道"在语义上变成歧义词，这种令人惊讶的所谓的"歧义现象"，会进而要求我们将强的"知道 p"与弱的"知道 p"在语义层面进行区分（参见 Kripke 1977，267-269）。克里普克认为，语境主义者没有提供任何令人信服的（语言）证据来支持他们关于叙实性的（factive）命题知识是可分等级性的语境主义主张。根据克里普克的观点，尽管语境主义者认为在某些语境中我们拥有相对稳定的命题知识属性，这些命题可以经受住更多的质疑，而在其他语境中，我们的知识归属的属性却不那么稳定，相关知识归属可以轻易被击败——但这并不意味着事实命题知识具有两种感觉，因为还有其他解释相关现象的方法。克里普克写道：

> 假设在关于知识归属的某些案例中，没有任何未来的证据会导致我改变主意，而在另一些案例中我会改变主意。这并不表示"知道"一词已经在两种意义上使用了，这就像我们将美国人区分为富裕的美国人和贫穷的美国人并不表明我们是在两种意义上使用"美国人"一词的。任何类（class）都能够以各种有趣的方式来划分为进一步的子类。为什么我们不采取如下的这种说法呢？一般来说，知道并不蕴涵着没有未来的证据会导致我失去知识，但是在某些我确实拥有知识的案例中，"没有未来的证据会导致我改变主意"不过是事实而已（而不是因为"知道"的某种特殊的意义）。（Kripke 2011a，42）

克里普克总结说："在我看来，事实性的命题知识具有两种不同意义的说法不过是混淆视听（a red herring）。"（Kripke 2011a，42）如果要捍卫语境主义者对可分等级知识归属的简单描述（即"知道"只有强、弱两种含义）都很难辩护，那么捍卫涉及两种以上关于"知道"的更为复杂意义的理论版本将更具挑战性。考虑到以上哲学评论，我们可以看到语境主义者必须提供更有说服力的论据，才能支持语境主义对知识归属是可分等级的描述。语境主义者还必须解释那些非语境主义者的相关叙述中出现了哪些错误。否则，我们没有任何理由接受命题知识归属的语境主义描述。

但是，某些语境主义者并不认为他们的计划会陷入僵局，他们认为，即使准备放弃声称知识是可分等级的主张，他们仍然可以保留对知识归属的语境主义描述。在下一节中，我们将研究科恩用来挽救语境主义知识归属理论的策略，以评判他的方法是否真的是有希望的。

2.3 科恩对于认知归属的语境敏感性议题的捍卫

根据科恩的说法，命题知识的归属是否是分等级的，对于语境主义的观点而言并不是关键性的问题。他是如此看待相关问题的：

> 知识是可分等级的吗？大多数人说不（尽管大卫·刘易斯说是）。但这并不重要。因为在我看来，辩护（justification）或有充分的理由是知识的组成部分，而辩护当然是可分等级的。因此，语境将决定为了达成辩护，得到辩护的相关信念必须是什么状态的。这为语境主义者关于知识的主张的真实性提出了进一步的论证。由于辩护是知识的组成部分，因此知识的归属包括辩护的归属。出于上述原因，关于辩护的归属是语境敏感的。（Cohen 1999，60）

粗略地说，科恩想从辩护的语境敏感性中得出知识归属的语境敏感性，其理由是辩护不仅是知识的组成部分，而且是分等级的。然而，对科恩的处理方案的一个直接的批评意见是：如果说辩护的可分等级性和语境敏感性在科恩所主张的知识归属以及正确解决怀疑论问题等方面起核心作用的话，那么有关知识归属的假定的语境敏感性在他的理论中扮演的仅是"空转轮"（an idle wheel）的角色。从这个意义上讲"知道"是不是语境敏感的语词就不再是至关重要的论题了，关于"知道"的整个语境主义计划都将崩溃。

对于科恩相关提议的另一个反对意见是，科恩不能合理地论证他所持有的关于"知道"是不是可分等级的观点本身"并不重要"的说法。为了说明这一点,让我们将科恩的论证概括为如下的形式(参见 Stanley 2004,131):

前提 1（P_1）："可分等级的表达式是语境敏感的。
前提 2（P_2）："得到辩护地相信 p"（being justified in believing that p）是一个可分等级的表达式;
中间结论（IC）："得到辩护地相信 p"是语境敏感的。（来自 P_1 和 P_2）
前提 3（P_3）："S 得到辩护地相信 p"是"S 知道 p"的概念组成部分（a conceptual component）。（"知道"的定义）
前提 4（P_4）："S 知道 p"可以从其概念组成部分中继承语境敏感性的属性。
结论（C）："S 知道 p"是语境敏感的。（来自 IC、P_3 和 P_4）

如果上述论证是正确的,则科恩声称"知道"是不是可分等级的观点本身"并不重要"的说法就是错误的,因为我们可以设计一种类似于上述论证的平行论证来证明相关主张实际要求"知道"是可分等级的。为了清晰展示相关论证内容,我们应该首先澄清在（P_1）中的"语境敏感"这一术语。根据科恩的说法,辩护可分等级性是敏感于语境上突显的衡量标度（scale）的,因此,在（P_1）中对语境敏感性的充分且清晰的表述实际上是:可分等级的表达式是敏感于语境上突显的衡量标度的。在充分考虑了语境敏感性之后,我们可以得到一个更详细的论证:

（P_1^*）：可分等级的表达式是敏感于语境上突显的衡量标度的。
（P_2^*）："得到辩护地相信 p"是一个可分等级的表达式;
（IC^*）："得到辩护地相信 p"是敏感于语境上突显的衡量标度的。（来自 P_1^* 和 P_2^*）
（P_3^*）："S 得到辩护地相信 p"是"S 知道 p"的概念组成部分。

（"知道"的定义）

（P_4^*）："S 知道 p"可以从其概念组成部分中继承语境敏感性的属性。

结论*："S 知道 p"是敏感于语境上突显的衡量标度的。（来自 IC^*、P_3^* 和 P_4^*）

因此，如果科恩认为他的第一个论证是正确的，那么他就不能最终否定"知道"也是可分等级的结论。因此，科恩未能通过悬置或者放弃"知道"是可分等级的角度来挽救语境主义。正如斯坦利所言，科恩的论证本身也不是可靠的（sound）。（P_1）/（P_1^*）和（P_4）/（P_4^*）中存在一些严重问题。首先，（P_1）和（P_1^*）都不成立，因为我们可以找到一些语境不敏感的可分等级的表达式。这是斯坦利的例子："高于六英尺"（being taller than six feet）。由于"高于六英尺"这一表达可以通过一些经典的修饰语进行修改，例如"很多"（much）、"有点儿"（a little bit）等，因此我们可以合理地表明"高于六英尺"这一表达式是可以分级的。但是"高于六英尺"却绝对是语境不敏感的。因此，不加限定地把（P_1）和（P_1^*）作为全称陈述都是错误的，因为"可分等级性并不意味着语境敏感性"（Stanley 2004，132）。如果（P_1）和（P_1^*）都不为真，那么从相应的前两个前提中推导出（IC）或（IC^*）就是不可靠的。

（P_4）和（P_4^*）带来了另一个严重的问题——科恩没有提供明确的理由（更不用说是令人信服的理由）让我们认为（P_4）和（P_4^*）是正确的。在这种情况下，（P_4）或（P_4^*）犯下了组合谬误（the fallacy of composition）。当人们以关于某个整体的某部分（甚至是每个真子部分）的真陈述为前提，推导得出关于该物作为整体的相关陈述的结论时，就会出现组合谬误。例如，一组自然数所构成的集合中以数字 2 作为其元素之一，我们知道 2 具有偶数的性质，但是我们不能推断出整个自然数集都具有偶数的性质。科恩可能会建议（P_4）或（P_4^*）在两个重要方面与上述举例存在着明显不同：（i）科恩可能会强调，辩护是"知道"的必要的概念组成部分。换句话说，如果我们进行"知道"的概念或语义分析，辩护必定是被"知道"所蕴涵的。[1]（ⅱ）科恩在此只是讨论了语境敏感性的问题，因此他并没有就知识的概念组成部分的一些其他属性是否可以传递到知识归属上提出一般性的主张。

但是，上述策略并不能真正解决问题。正如斯坦利所建议的那样，如下的主张似乎是错误的："针对某一词项 t，分析它所表达的内容中包含了一个由语境敏感的词项 t' 所表达的属性，由此事实就可以得出，t 是语境敏感的。"（Stanley 2004, 132）斯坦利还提供了两个例子来说明上述主张的错误所在。第一个词项是"真空"（vacuum）。对"真空"概念的合理分析将包含"绝对地空的"（absolutely empty）。但是，"空"（empty）一词通常被认为是语境敏感的。但是，这并不意味着"真空"一词也会是语境敏感的。斯坦利的第二个例子是"约翰的敌人"（John's enemy）这一表达式，就其字面含义来说，"约翰的敌人"是语境不敏感的。但是，正如斯坦利所说的，"分析'成为约翰的敌人'（being John's enemy）这一概念会诉诸'成为敌人'（being an enemy）的概念，而该概念则是由语境敏感的语词'敌人'（enemy）表达的（在一种语境中，它意味着 x 的敌人 [an enemy of x]，而在另一种语境中，则意味着 y 的敌人）"（Stanley 2004, 133）。斯坦利所举的反例表明，科恩无法指明一种有效的方式，以从"辩护"的语境敏感性（或可分等级性）中得出"知道"的语境敏感性（或可分等级性）。

因此，科恩挽救知识归属的语境主义的策略并不成功。即使我们假定辩护是可分等级的，我们依旧可以合理地认为辩护是语境不敏感的。如果我们在知识论中将"得到辩护的"（being justified）用作规范性术语，那么就不能通过自由地选择太低的辩护标准来轻松满足"得到辩护的"这一要求。如果"得到辩护的"在知识论上具有规范性的维度，我们可以将"得到辩护的"视为某种类似于"高于 x"（being higher than x，其中"x"代表规范性标准）的表达式。在这里，思考如下的对比将是有帮助的：即使我们可以合理地谈论"得到强辩护的"（being strongly justified）和"得

---

[1] 笔者认为这种策略并不适用于科恩的计划，因为自然数集可以由数字 1、2 和后继关系构成。从这个意义上讲，我们依旧可以主张 2 也是自然数必要的概念组成部分。

到弱辩护的"（being weakly justified），却这并不意味着"得到辩护的"是语境敏感的表达式，而是"得到辩护的"是可分等级的，因为我们也可以通过使用"比 1 米高得多"和"比 1 米高一小点儿"来谈论"比 1 米高"的可分等级性，但是"比 1 米高"在任何情况下都不是语境敏感的表达式。从这个意义上说，语境敏感性和可分等级性之间存在很大的差异。此外，即使我们接受辩护是对语境敏感的，仍然很难从"得到辩护的"的语境敏感性中直接得出"知道"的语境敏感性。

在本节中，我们论证说明了为什么科恩挽救语境主义的策略是不成功的。因为科恩对"知道"的语境敏感性的相关正面论证是有缺陷的，该论证的某些重要前提是错误的，因此该论证是不可靠的。但是，其他语境主义者可能会认为，即使科恩的论证不可靠，也不会造成太大的损失，因为语境主义者还可以找到其他方法来捍卫语境主义。例如，语境主义者可能会放弃前述所有的语言策略，但仍认为某些关于"知道"的直觉明确告诉我们"知道"一词是语境敏感的。他们可以通过一些思想实验或例子来引出这种关于"知道"假定的语境敏感性现象。在这种情况下，即使语境主义者无法为"知道"的语境敏感性指定令人满意的语言模型，"'知道'是语境敏感的"这一理论核心似乎仍然可以得到捍卫，因为当我们考虑语境主义者提供的这些思想实验或者案例的时候，我们可以（以某种方式）直觉到关于"知道"的语境敏感性。因此，在下一节中，我们将仔细研究这些语境主义者所提出的案例。

2.4 认知语境主义的相关案例与实验哲学

如 2.2 所示，科恩曾经提供了著名的"机场案例"，用以说明知识归属在不同的语境中并不相同，从而证明"知道"是语境敏感的词项。但是，科恩的机场案例并没有通过设置不同案例场景来明确说明语境的转变。科恩仅仅是隐含地比较了知识归属语境的差异。另一位语境主义者德罗斯认为，语境主义者为了证明"知道"的语境敏感性，最好是提供一组明确反

映语境差异的案例。因此,德罗斯提出了他的"银行案例"[1]:

银行案例(The Bank case)A:

基思(Keith)和他的妻子莎拉(Sarah)在周五下午开车回家。他们计划在回家的路上去银行存工资。但当他们开车经过银行时,他们发现,正如周五下午经常出现的那样——银行里面排队的队伍非常长。虽然基思和莎拉一般都喜欢尽快存入工资,但在这种情况下,马上存入工资并不是特别重要,所以基思建议直接开车回家,然后在周六上午存入工资。莎拉说:"你知道银行明天会开门吗?"而基思回答说:"是的,我知道银行周六上午会开门。两周前的星期六我刚去过那里。它一直开到中午。"

银行案例 B:

基思和他的妻子莎拉在周五下午开车经过银行,就像(银行案例 A)所展示的那样,他们注意到银行里面排队的队伍很长。基思建议他们在周六上午存入工资支票,他解释说,两周前他才在周六上午去银行,发现银行营业到中午。但在当下的这个案例中,他们刚刚写了一张非常大的、非常重要的支票。如果他们的工资没有在周一早上之前存入支票账户的话,他们写的那张重要支票就会跳票,这会使他们的处境非常糟糕。(当然,银行在周日是不开门的。)莎拉提醒基思一定要注意到上述的这些事实。莎拉接着说:"银行确实会改变营业时间。你真的知道银行明天会开门吗?"这时,基思回答说:"我想你是对的。我不知道银行明天会不会开门。我还是今天去把工资存进去吧。"

当我们比较银行案例 A 和银行案例 B 时,我们注意到它们之间的两个重要区别:(1)利害关系(stake)是不同的。在银行案例 A 中,基思和莎拉没有特别的或重要的理由立即进行存款。但是在银行案例 B 中,如果他们未能及时存入薪水,他们写的重要支票就会跳票。因此,我们也可以将银行

---

[1] 两个案例均改编自 DeRose 1992,913。针对银行案例的相关讨论,另请参阅 DeRose 2002,168-170。

案例 A 视为低利害关系案例，银行案例 B 视为高利害关系案例。（2）引入替代选项（alternative）的方式不同。在银行案例 B 中，莎拉明确提出银行可能不会在第二天营业，因为银行确实会改变营业时间，这也可能被看作破坏了基思原本认为银行将会营业的理由或者证据。但是在银行案例 A 中，莎拉没有提及其他的替代选项。由于上述差异，语境主义者提出语境在银行案例 A 与银行案例 B 之间发生变化的主张似乎是合情合理的。由于在银行案例 B 中，不仅利害关系很重大，而且指出了明确的替代选项，基思否认自己知道该银行明天（星期六）营业是很合理的。根据语境主义者的说法，只要我们发现上述案例在直觉上是合理的，这些案例就可以支持认知语境主义的论证，即"知道"是语境敏感的词项。如果语境主义的相关分析是正确的话，我们实际上对"知道"的语境敏感性有一种直觉的把握（尽管为"知道"的语境敏感性指定一个具体的语言模型仍然很困难）。

令人惊讶的现象是，大多数（如果不是全部）语境主义者似乎从来不怀疑自己对银行案例的相关直觉是否被其他人所共享，因为他们从不引用或提供任何证据表明自己的相关直觉对其他人（即其他非语境主义哲学家甚至是非哲学家的普通人）也是成立的。因此，我们有必要研究一下语境主义的直觉是否为大家所共享。

最近二三十年以来，当代哲学有一个新兴的分支学科，它对用于构建思想实验所反映或者引发的哲学直觉产生了很大的怀疑，这就是所谓的"实验哲学"（experimental philosophy）。从事实验哲学的哲学家通常向大学生、非哲学专业的普通人发放有关哲学案例的问卷，并询问他们对案例的直观反应。通过分析统计数据，实验哲学家可以看到案例中的哲学直觉是否真的被其他人所共有。

早在 2001 年，乔纳森·温伯格（Jonathan M. Weinberg）、肖恩·尼科尔斯（Shaun Nichols）和史蒂芬·斯蒂奇（Stephen Stich）共同测试了西方人和东方人在认知直觉上是否因文化多样性而存在重大的差异。测试的主体人员是亚洲（中国和韩国）学生和美国学生，分别代表东方人和西方人。结果表明，认知直觉中存在显著的文化多样性，这导致亚洲学生和美国学生对盖梯尔案例中的主题是否具有知识有不同的评价。尽管温伯格、尼科尔斯和斯蒂奇没有就"知道"的语境敏感性直觉中是否因文化多样性而存在重大的差异进行调查，但他们的确做出了预测——在关于"知道"的语境敏感性直觉中，也会因文化多样性而存在重大的差异。[1]但是，语境主义者可能会发现他们的预测并不令人信服，因为相关的预测并不是基于任何统计数据的。更重要的是，由于知识归属的语境主义是在西方哲学传统中发展的，因此只要将语境主义理论仅限于西方哲学（Western philosophy），就不会因文化多样性的证据而对"知道"的语境敏感性产生严重挑战。

约书亚·梅（Joshua May）、沃尔特·辛诺特-阿姆斯特朗（Walter Sinnott-Armstrong）、杰伊·赫尔（Jay G. Hull）和亚伦·齐默尔曼（Aaron Zimmerman）则针对相关问题进行了更详细的研究。他们想测试关于"知道"的语境敏感性的语境直觉，并将调查问卷随机分发给"在加利福尼亚大学圣塔芭芭拉分校的一个班级或校园内的大学学生（主要为18—24岁的学生）"（May，Sinnott-Armstrong，Hull and Zimmerman 2010，269）。为了逐一检测每个因素的影响（利害关系与替代选项），他们从德罗斯的"银行案例"中进一步分化出了一系列案例（May，Sinnott-Armstrong，Hull and Zimmerman 2010，268-269）[2]：

低利害关系-无替代选项（Low Stakes-No Alternative, LS-NA）：

基思和他的妻子莎拉在星期五的下午开车回家。他们计划在回家的路上顺路到银行存入工资支票。他们这样做并不重要，因为他们没有即将到期的账单。当他们开车经过银行时，他们注意到银行里面的队伍（就像通常在星期五下午一样）排得很长。基思指出，他在两周前的星期六上午来过银行，那时银行是正常营业的。基思意识到是否立即存入他们的薪水支票不是很重要，于是他说："我知道银行明天会营业，因此我们可以明天早上再来存入薪水。"

---

[1] 相关细致的讨论请参见 Weinberg, Nichols and Stich 2001。
[2] 为了保持行文一致，笔者对案例中的人名进行了修改。

高利害关系-无替代选项（High Stakes-No Alternative, HS-NA）：

基思和他的妻子莎拉在星期五的下午开车回家。他们计划在回家的路上顺路到银行存入工资支票。由于他们有即将到期的账单，而且目前账户中的余额很少，因此在周六之前存入工资非常重要。当他们开车经过银行时，他们注意到银行里面的队伍（就像通常在星期五下午一样）排得很长。基思指出，他在两周前的星期六上午来过银行，那时银行是正常营业的。基思说："我知道银行明天会营业，因此我们可以明天早上再来存入薪水。"

低利害关系-有替代选项（Low Stakes-Alternative, LS-A）：

基思和他的妻子莎拉在星期五的下午开车回家。他们计划在回家的路上顺路到银行存入工资支票。他们这样做并不重要，因为他们没有即将到期的账单。当他们开车经过银行时，他们注意到银行里面的队伍（就像通常在星期五下午一样）排得很长。基思指出，他在两周前的星期六上午来过银行，那时银行是正常营业的。莎拉指出，银行确实会改变工作时间。尽管如此，意识到立即存入他们的薪水支票并不是很重要，基思说："我知道银行明天会营业，因此我们可以明天早上再来存入薪水。"

高利害关系-有替代选项（High Stakes-Alternative, HS-A）：

基思和他的妻子莎拉在星期五的下午开车回家。他们计划在回家的路上顺路到银行存入工资支票。由于他们有即将到期的账单，而且账户中的余额很少，因此在周六之前存入工资支票非常重要。当他们开车经过银行时，他们注意到银行里面的队伍（就像通常在星期五下午一样）排得很长。基思指出，他在两周前的星期六上午来过银行，那时银行是正常营业的。莎拉指出，银行确实会改变工作时间。基思说："我知道银行明天会营业，因此我们可以明天早上再来存入薪水。"

在每种场景下，都有一项要求说明：

请从如下选择框选中一个,以表明您是否同意以下说法:"基思知道银行将在周六营业"。

学生的回答由七点式李克特量表(7-point Likert scale)来进行记录:强烈同意(7)、中等同意(6)、略微同意(5)、既不同意也不反对(4)、略微不同意(3)、中等不同意(2)、强烈反对(1)。为了计算结果,研究者给每种回答都分配了一个对应的数值。梅和他的同事们最初进行了受试者间的实验(Between-Subjects Experiment):每个参与者仅收到一份问卷,其中仅包含上述四个案例中的一个,并且参与者不知道自己的情景是否与其他参与者不同。结果显示在表2.1中(May, Sinnott-Armstrong, Hull and Zimmerman 2010,270):

表2.1 受试者间实验的平均回应
(Mean Responses for Between-Subjects Experiment)

	无替代选项 No Alternative(NA)	有替代选项 Alternative(A)
低利害关系 Low Stakes(LS)	5.33	5.30
高利害关系 High Stakes(HS)	5.07	4.60

根据大多数语境主义者的判断,知识将可以归属于LS-NA中的基思,而在HS-A中的基思则不具备相关知识。对于诸如刘易斯这样的语境主义者而言,基思甚至在LS-A语境中也不知道相关的目标命题,因为莎拉在LS-A语境中明确提出了替代选项。但是表2.1中的数据否证了语境主义者的预测——事实证明,大多数受试者会认为基思知道该银行第二天(星期六)开门营业,无论利害关系是高还是低。此外,这也表明,即使明确提出了替代选项,基思的知识仍然可以得到保持。除了上述结论外,梅和他的同事们还观察到"实践旨趣(practical interest)——而非替代的可能性——会在相关知识归属中影响我们的受试者的置信水平(the level of confidence）"（May, Sinnott-Armstrong, Hull and Zimmerman 2010，270）。从这个意义上讲，是"利害关系"而不是（仅仅提及）"替代选项"对受试者关于是否应将相应知识归属于基思的信念的强度产生了影响。但是其他的一些实验哲学家则认为，实践旨趣并不能真正确定相关知识归属的真值（参见 Feltz & Zarpentine 2010）。

当梅和他的同事们进行第二场实验的时候，他们希望研究并确定案例场景的呈现顺序是否会影响受试者对基思是否知道该银行第二天（星期六）营业的决定，在这里，出现了一个更有趣的现象。这就是所谓的"受试者组内实验"（within-subjects experiment）。正如梅和他的同事们所报道的那样，这里会出现一种框架效应（framing effect）。正如第一轮实验所示，（仅仅提及）"替代选项"对于知识归属而言不是一个重要的参数。因此，梅和他的同事们决定使用（LS-NA）和（HS-A）进行第二轮实验，以便使该实验研究与语境主义者讨论的情况更为贴近。正如梅和他的同事们所报告的那样，尽管大多数参与者认为基思在（LS-NA）和（HS-A）场景中都具有相应的知识，但是当首先呈现给受试者以低利害关系的案例（而非高利害关系的案例）的时候，受试者之间达成的共识比例更大（请参看下表2.2，以及 May, Sinnott-Armstrong, Hull and Zimmerman 2010，271）。还可以进一步观察到的是，"当首先呈现的是低利害关系的案例时，高利害关系和低利害关系案例之间的差异达到最大"（May, Sinnott-Armstrong, Hull and Zimmerman 2010，272），这意味着知识归属的评估与相关案例的呈现顺序之间存在着显著的相互作用。

表2.2 受试者组内实验的平均回应
（Mean Responses for Within-Subjects Experiment）

	LS-NA	HS-A
LS-HS 顺序	5.61	4.59
HS-LS 顺序	4.60	4.21
两种顺序随机	5.13	4.42

上述发现也得到了其他一些独立从事关于认知语境主义研究的学者的证实。例如，韦斯利·巴克沃尔特（Wesley Buckwalter）指出，知识归属的真值既不随知识归属的语境而波动，也不敏感于所涉主题的实践旨趣（参见 Buckwalter 2010，403-405）。巴克沃尔特由此得出结论，"大众的知识归属的模式与语境主义理论所假设或预测的模式大相径庭"（Buckwalter 2010，404）。

假设实验哲学家的结果准确反映了受试者的直觉，我们便可以从他们的研究中得出一些结论。首先，语境主义者对案件的所谓直觉或常识性判断的预测的准确性是相当可疑的（如果相关判断不是完全错误的话）。来自实验哲学的数据支持如下这种说法，即：知识在认知层面是非常强大和稳定的——至少它没有语境主义者所描述的那样易变。仅仅提及替代选项并不是改变知识归属的关键因素。其次，一个人的实际利益和实践旨趣可能会影响归属者将知识归属于相关主体的置信度的水平。但是应注意，根据当前结果，这种影响似乎不足以决定是否将知识归属于某人。最后，实验哲学当前的结果似乎倾向于支持一种关于知识归属的恒定主义（invariantist）的理论描述（参见 Buckwalter 2010，404-405）。

即使来自实验哲学的数据对认知的语境主义理论来说并不像是个好消息，但认知的语境主义者可能还是会争辩说，上述的这些数据都没有定论——实验可能设计得不够充分，因此无法彻底探究有关知识归属的大众直觉。将表 2.1 中对（LS-NA）的平均回应与对（HS-A）的平均回应进行比较，我们可以看到二者间有明显的下降。这可能会使语境主义者对其理论依旧怀有希望。如果没有进一步的理论来解释相关差异，那么知识归属的语境主义可能仍然是一个不错的理论选择。因此，在下一节中，我们将继续讨论非怀疑论的恒定主义是否可以提供良好的解释，以便从理论意义上看待所谓的语境式"直觉"是否合理。

2.5 认知恒定主义的相关解释

在本节中,我们将看到坚持非怀疑论立场的认知恒定主义者[1]如何解释(LS-NA)和(HS-A)案例的实验哲学的数据。笔者主张,就(LS-NA)案例中的基思而言,恒定主义者会同意语境主义者的观点,共同承认(LS-NA)案例中的基思知道该银行第二天(星期六)在营业。恒定主义者和语境论者之间的最大区别在于,他们如何解释(HS-A)案例中的基思是否具有相关"知识"。对于语境主义者而言,在(HS-A)中,基思不知道该银行第二天将营业。恒定主义者认为,(HS-A)中的基思仍然知道该银行第二天将营业,但是(HS-A)中的基思没有必要做出相关的断言。这通常被称为"得到保证的可断言性的机动策略"(warranted assertibility maneuver,简写作 WAM)[2]。根据 WAM 的主张,(HS-A)中的基思没有获得相关的保证来使得他自己可以断言他知道该银行第二天(星期六)营业,因为这种断言一旦做出,就会在语用(pragmatic)上传达(convey)出一些错误的信息。应该指出的是,(HS-A)案例场景有两个重要特征:(i)(HS-A)案例中相关的主体处于高利害关系之中;(ii)莎拉明确提出了"银行可能会变更营业时间"等替代选项。根据恒定主义理论,尽管(HS-A)中基思的认知地位和认知证据确实可以使他知道该银行第二天将营业,但如果基思做出了断言,基思将在语用上传达两层信息:(i)(HS-A)中基思将根据其知识行事,这意味着他应该会在周五下午直接开车回家,然后周六再来银行存入他们的工资支票[3];(ii)基思有一些证据可以排除莎拉明确提出的替代选项。在这里,第(i)层的信息是错误的,因为(HS-A)中的利害关系如此之高,以至于基思不愿意冒险直接回家并在周

---

[1] 对于持有怀疑论立场的恒定主义者来说,情况将有所不同——这类学者会与语境主义者达成共识,即在(HS-A)案例中的基思不知道该银行第二天开业。而且,这类学者还会进一步主张,即使是在(LS-NA)中,基思也没有相关知识。由于捍卫这种具有怀疑论立场的恒定主义似乎没有多大用处,因此,本书下面的章节中如果在没有做出特殊说明的情况下,术语"恒定主义"(或"恒定主义者")将始终用于表示非怀疑论立场的恒定主义观点(或持有该类观点的学者)。

[2] 许多恒定主义哲学家持这种观点,参见 Brown 2006;Larkin(un);Pritchard 2010;Rysiew 2001,2007。

[3] 这进而也可能就意味着基思认为相关的利害关系处于可接受的水平(或者至少他们不是处于太高的利害关系之中)。

六存入薪水支票（即基思不想在这种情况下根据他的知识行事）。第（ii）层的信息似乎也是错误的，因为基思的证据表明他是在两周前的周六去过银行，而当时的银行是营业的，因此，基思的证据不能排除银行改变了营业时间、现在已经在周六不营业的替代选项。因此，通过使用WAM，恒定主义者可以很好地解释（HS-A）的案例——在维护了基思的相关知识的同时，解释了为何基思不适宜在断言层面做出（HS-A）案例结尾处所罗列出的那些断言。

语境主义者可能抱怨说，恒定主义者没有将所有的语境因素引入语义内容，而是将语境因素导出到语用的处理之中了。因此，德罗斯就评论说，WAM策略"不过是简单地宣称说，是得到保证的可断言性——而非'真'（truth）——伴随语境而变化的，因此，语境主义者被指控是错误地混淆了得到保证的可断言性与'真'之间的区别"（DeRose 1999，201）。因此，德罗斯认为，WAM将恒定主义和语境主义之间的争论变成了关于"得到保证的可断言性"和"真"的争论。

但是，我们不难发现，上述语境主义者的回答并不令人信服，其原因有二：（1）持怀疑论立场的恒定主义者并不需要指责语境主义者混淆了"得到保证的可断言性"与"真"之间的区别。对于语境主义者的真正的指责是，他们混淆了哪些语境要素是语义层面的待处理项，哪些语境要素是语用层面的待处理项。这当然不意味着语境主义者将"得到保证的可断言性"与"真"相混淆，而是语境主义者未能正确地将语用问题与语义问题区分开。持怀疑论态度的恒定主义者和语境主义者之间的争议在于，在给定情况下应在何处划定语用数据和语义数据之间的界限。由于是语境主义者提出对"知道"的语境敏感的处理方法，因此语境主义者有责任进一步证明自己的主张所需设定的相关语义—语用的界限。（2）恒定主义与语境主义之间的争论是对知识归属的本质的分歧。即使我们承认很难对语义和语用之间的界限提供理论上的解释，但至少可以合理地认为配有WAM的恒定主义理论为（LS-NA）和（HS-A）之间的差异提供了竞争性的解释。为了证明自己的立场具有优势，语境主义者需要提供更为坚实的理论论证，而不能仅仅提出纯粹相反的主张。

一些哲学家认为，上述这种恒定主义者所认可的语用解释存在两个问题：首先，语用策略的普遍性值得怀疑。也就是说，语用的解释只能在某些情况下适用，在这些情况下，认知主体的信念会一直保持不变。其次，支持实用主义解释的恒定主义者认为，即使在（HS-A）情况下，基思也知道该银行第二天（即星期六）开门营业。但是在（HS-A）场景中，基思可能会失去关于"银行明天将开门营业"的坚定信念，因此也就丧失了相应的知识。在这种情况下，语用的解释就不再有用。因此，信念变化的心理学解释与知识归属变化的理解有关。这些哲学家认为，（HS-A）中的基思相较于（LS-NA）中的基思丧失了相应的坚定信念，因此，（LS-NA）和（HS-A）所反映出的真正区别是受试者对确信信念的门槛（threshold for confident belief）的改变的响应。[1] 我们可以认为，（HS-A）中的基思的相关置信度较低。这也可以看作在质疑（HS-A）中的基斯是否对目标命题持有最为完全的或者最为坚定的信念。既然信念是可分等级的，一些哲学家便将这类最为坚定的信念称为"完全的信念"（outright belief）[2]。可以注意到，在（LS-NA）和（HS-A）中，基思对目标命题的证据均无显著差异。在（HS-A）案例中的利害关系很高，基思似乎处于正在确认银行第二天是否营业的过程中。由于基思并没有形成完全的信念，并且他也愿意收集更多证据，因此似乎暗示基思不具备（HS-A）中的相应知识是合理的。

但是，詹妮弗·内格尔（Jennifer Nagel）提出了更详细的心理解释。内格尔援引阿里·克鲁格兰斯基（Arie W. Kruglanski）和唐娜·韦伯斯特（Donna M. Webster）的术语"需求封闭"（need-for-closure）来构造她认为满意的关于（HS-A）的解释。这里的"封闭"指的是"达成确定的信念"（arrival at a settled belief）的心理（而不是哲学或数学）概念（Nagel

---

[1] 有关信念改变的心理说明，请参见 Bach 2005；Brown 2005 & 2006；Nagel 2008；and Williamson 2005。到目前为止，至少有三种与语境主义背道而驰的恒定主义者：实验哲学、语用论的观点和信念心理的观点。当我们将这三种理论放在一起，并与语境主义对知识归属的描述进行比较时，上述三种恒定主义的理论就对语境主义构成了严峻的挑战，这从根本上破坏了语境主义方法论。由于这种挑战与拒绝"知道"的语境主义的语言模型没有直接关系，因此在本章中笔者将不再赘述。但是，在本书的最后一章，笔者将再次回到这个问题上来，进一步揭示语境主义者所诉诸的方法论是存在缺陷的。

[2] 该术语借用自布莱恩·韦瑟森（Brian Weatherson）。有关"完全的信念"的讨论，请参见 Weatherson 2005。

2008，287）；"封闭"是"一个信念从犹豫不决的猜想转变为主观上坚定的'事实'的结点"（"the juncture at which a belief crystallizes and turns from hesitant conjecture to a subjectively firm 'fact'"，Kruglanski and Webster 1996，266）。根据内格尔的观点，处于高利害关系场景中的认知主体通常处于"需求封闭"的低条件状态，因此，该认知主体对目标命题要么没有形成完全的信念，要么悬置信念。当利害关系提高时，认知主体相应的认知焦虑也会增加；因此，该认知主体寻求更多证据的做法是合理的。在这种情况下，认知主体基于证据的完全的信念将要求该主体扩展相应的证据基础。由于基思在（LS-NA）和（HS-A）中的证据是相同的，因此作为归属者，我们倾向于认为基思对相应信念的置信度不满足（HS-A）场景基于证据的完全的信念的相关要求。但是，相比之下，在（LS-NA）中，利害关系较低，对于基思而言，就银行周六是营业的形成完全的信念就要容易得多。由于基于证据的完全的信念是知识的必要条件，我们可以合理地将知识归属于（LS-NA）中的基思，因为他具有相应的基于证据的完全的信念。另一方面，我们可以合理地否认在（HS-A）中的基思知道该银行第二天（即星期六）营业，因为他没有相应的基于证据的完全的信念。正如内格尔所说，（LS-NA）和（HS-A）中的基思，"由于主体之间'需求封闭'的时间有所不同，我们不希望相同的信息产生相同的信念水平"（Nagel 2008，289）。但这并不意味着知识归属对主体所处的利害关系是敏感的。上述心理的（而非语用的或语义的）解释仅表明，改变利害关系后，认知主体是否处于基于证据的完全的信念状态是可能会发生变化的。知识归属的关键语义标准所响应的仍然是那些传统的关于"知道"的语义参数——例如，完全的信念、辩护、充分的证据，等等。因此，"利害关系至多具有间接影响，其影响作用是通过对传统因素的影响为媒介来发生作用的。由于处于高利害关系环境中的主体通常会意识到自己的利害关系，并且由于对利害关系的意识而引起认知焦虑并产生对更多证据的需求，因此改变利害关系往往会改变主体需要做的事情，通过以证据为基础的方式符合传统的思维规范"（Nagel 2010a，426-427）。

上述这种心理解释中至关重要的洞见是，在（HS-A）和（LS-NA）

中，基思的信念的置信度是不同的。但是语境主义者是否可以仅规定基思在两种案例场景下都处于相同的置信度中（例如，基思拥有完全相同的信念）就拒斥恒定主义者的主张呢？笔者认为，这不是一种有前途的策略。第一，我们可能会问，语境主义者如何能做出这样的规定而不至于教条化？正如心理学研究表明的那样，利害关系的变化会影响认知焦虑，这反过来又会影响形成相应的完全的信念的证据范围与证据基础。因此，不能仅凭规定就认为基思可以合理地在（HS-A）和（LS-NA）中处于相同的信念状态。如果想实现相关的规定，语境主义者至少需要对（HS-A）案例进行一些修订。第二，基于证据的完全的信念的概念在心理解释中起着重要作用。在（HS-A）中，认知焦虑的增加将要求扩大相应基于证据的完全的信念的证据基础。因此，语境主义者不能规定基思对（HS-A）和（LS-NA）都具有相同的基于证据的完全的信念。第三，语境主义者可能会把（HS-A）修改成一个新的案例，在这个案例中，基思可能因为一些进一步的原因——例如，时间压力[1]、一厢情愿的想法等——形成了一个完全的信念，从而完全地相信银行第二天会开门。但是，这样的做法也并不影响恒定主义的心理学解释。由于基思在新的案件中未能满足证据范围扩大的相应要求，因此，即使他形成了完全的信念，该信念也不是以恰当的证据为基础的。

笔者认为，如果认知主体在（HS-A）和（LS-NA）中都拥有基于证据的完全的信念，那么通过 WAM 补充的恒定主义就可以很好地说明（HS-A）和（LS-NA）之间的差异。但是，如果认知主体在（HS-A）中失去了基于证据的完全的信念，则恒定主义者可以援引心理补充说明来解决相关的问题。无论哪种情况，都没有证据表明语境主义比上述竞争性论据具有任何更为实质的理论优势。因此，（HS-A）与（LS-NA）之间的差异不能为语境主义提供任何决定性的支持，因为恒定主义者也可以通过令人满意的方式对相关现象进行解释。

---

[1] 例如，修订后的（HS-A）案例可能涉及以下新信息。基思和他的妻子开车路过银行，此时离银行关门只剩下两分钟。在这种情况下，基思和他的妻既不能把工资存入银行，也不能向银行助理询问银行明天（即星期六）是否开门。在这种情况下，基思基于自己两周前的周六发现银行是营业的经验，一厢情愿地认为银行第二天（即星期六）会营业。

总而言之，我们可以看到，"知识"的恒定主义语义解释可以合理地解释（LS-NA）和（HS-A）中的相关差异与变化：当认知主体基于证据的完全的信念得到适当维持时，恒定主义者便可以进行语用的解释，从而表明为什么我们不愿意在（HS-A）中将知识归属于该主体；当认知主体未能保持其基于证据的完全的信念时，相关信念的心理解释将帮助恒定主义者说明认知主体是由于在（HS-A）中缺乏相关的完全的信念，进而丧失相关知识的。无论哪种情况，我们都不需要对"知道"设定任何的语境敏感性。

因此，我们可以得出结论，二元的语境主义不能为所谓的"知识"的语境敏感性提供令人满意的语言模型，并且没有结论性的理论优势支持二元语境主义胜过传统的知识归属的恒定主义。由于二元的语境主义不是一个好的选择，因此我们将在下一章继续研究另一种形式的语境主义——对比主义。该理论主张，"知道"是一个三元的语境敏感词项。

第三章　对比主义：关于知识归属的三元的认知语境主义理论

　　正如第一章所述，有两种基本的方法可以兑现语境敏感的知识归属概念（参见 Cohen 1999，61）：（1）知识是主体和目标命题之间的二元语境敏感关系；（2）知识是主体、目标命题和反映某些语境特征（例如标准或替代选项）的其他参数之间的三元语境敏感关系。在第二章中笔者论证了，现有的主要的语境主义理论无法提供令人满意的语言模型来将"知道"视为二元的语境敏感词项，前述将"知道"刻画为二元语境敏感关系的方法已被批驳。本章将研究语境主义对"知道"的第二种处理方式，即将"知道"视为三元语境敏感词项，其中的第三个参数会因不同语境而有所不同。笔者将以乔纳森·沙弗尔的对比主义为例，考察对"知道"进行三元语境主义处理的理论方案。

　　根据沙弗尔对知识归属的对比主义观点（参见 Schaffer 2005，2007），知识是认知主体（例如 S）、目标命题（例如 p）和对比命题（例如 q）之间的三元关系——S 为了知道 p，就必须成功排除 q；因此，动词"知道"就存在着被对比命题所填充的第三项主目（third argument place）。例如，沙弗尔将如下的知识陈述：

（1）摩尔知道他有手。（Moore knows that he has hands.）

在形式上表述为：

（1′）知道（摩尔，摩尔有手，q）。（Knows [Moore, that Moore has hands, q]）

沙弗尔认为，他的知识归属的对比主义可以很好地解释我们在怀疑论的语境和日常语境中做出不同的知识归属的倾向。在这里，第三个主目位置由自由变量"q"填充。例如，在怀疑论的语境中，"q"被分配了一个非常苛刻的对比命题，而摩尔却无法合理地排除它（例如，"摩尔是无手缸中之脑"这一命题），这解释了为什么（1）在怀疑论语境下总是假的。相比之下，在日常语境下，"q"被分配了一个日常的（mundane）对比命题，摩尔可以排除该命题（例如，"摩尔有残肢"这一命题），这解释了为什么（1）在这些日常语境中看起来是真的。

尽管沙弗尔认为对比主义理论可以合理地解释我们对知识归属的直觉，但该理论也使他容易遭受一系列新的挑战与批评——不同于我们之前那些将"知道"视为对语境敏感的二元关系的语境主义理论所论及的内容。笔者将会论证，沙弗尔的对比主义也是存在理论缺陷的，因为他无法对对比性的知识归属的所谓"适度的语境依赖"（moderate context-dependence）现象提供充分的解释。我们将会看到，尽管其他的语境主义者可以对上述现象进行直接的语义解释，但是接受沙弗尔对比主义知识归属理论的知识论学者至少会面临以下的理论责难与质疑：(i)对比主义会使我们关于知识归属的句法理论出现不合理的复杂化；(ii)对比主义会要求我们认可诸如"自由丰富"（free enrichment）等颇有争议的操作；(iii)采取语用解释的策略会带来更多问题。因此，沙弗尔关于知识归属的对比主义描述，似乎并不比我们上一章将"知道"视为对语境敏感的二元关系的语境主义理论来得更好。在某些方面，对比主义甚至更糟（或者至少是看起来如此），因为对比主义导致了对认知封闭原理的解释与应用上的困难。为了确立这些结论,我们需要仔细研究关于知识归属的对比主义理论。接下来,我们首先简要概述沙弗尔的对比主义理论。

3.1 沙弗尔关于知识归属的对比主义

在开始概述沙弗尔的理论之前,我们需要先确定一些术语以方便稍后的讨论。

第一,我们用 P 代表一个对比复合语句,其形式为"Fa 而不是 Fo",其中的事实子句(fact clause)记为"Fa",其中的反衬子句(foil clause)记为"Fo"。例如,下面的 P 语句都是对比语句,其事实子句是相应的 Fa 子句,其反衬子句是相应的 Fo 子句:

（2）P_2:摩尔有手而不是残肢。

P_2 的 Fa:摩尔有手。

P_2 的 Fo:摩尔有残肢。

（3）P_3:花园里有金翅雀而不是乌鸦。

P_3 的 Fa:花园里有一只金翅雀。

P_3 的 Fo:花园里有一只乌鸦。

（4）P_4:玛丽偷了自行车而不是马车。

P_4 的 Fa:玛丽偷了自行车。

P_4 的 Fo:玛丽偷了马车。

但是,应该指出的是,上述说明在许多方面仍然不够精确,如果我们尝试进一步精确说明，还会遇到一些棘手的问题。[1] 但是，在此我们就不再追究进一步精确化的问题了，因为目前我们所提供的刻画手段对于概述沙弗尔理论来说已经足够使用了。

第二，沙弗尔主张，每个形式为"S 知道 p"的陈述都是包含了隐藏的对比命题 q 的缩写的对比知识描述。由于隐藏的对比命题 q 尚未被清晰说明，因此缩写的知识归属陈述"S 知道 p"是有歧义的。当相应的对比命题被清晰表达之后，完整表达出来的对比主义版本的知识归属语句就不会有更多的语境歧义了。

第三，我们现在可以定义一个完整的对比知识归属语句，该语句的表面形式为"S 知道 P"，其中 P 是一个嵌入的对比复合语句。以下是对比性知识归属语句的示例：

（5）摩尔知道他有手而不是残肢。
（6）我知道花园里有金翅雀而不是乌鸦。
（7）福尔摩斯知道玛丽偷了自行车而不是马车。

有了这个术语，我们现在可以按以下方式介绍沙弗尔对对比性知识归属的

---

[1] 我们之所以认为相关刻画依旧不够精确，是因为在这种刻画中，我们没有处理结构歧义（structural ambiguity）的情况，在这种情况下，一个表层字符串可以被分析成两个或更多的逻辑形式。例如，（Ⅰ）是两个不同句子的表层字符串，其逻辑形式可大致表示为（Ⅰ'）和（Ⅰ"）：

（Ⅰ） 麦克打了我而非约翰。（Mike beats me rather than John.）
（Ⅰ'）（麦克打了我）而不是（麦克打了约翰）。（[Mike beats me] rather than [Mike beats John].）
（Ⅰ"）（麦克打了我）而不是（约翰打了我）。（[Mike beats me] rather than [John beats me].）

而类似的尴尬情况还可以更为微妙。例如，（Ⅱ）可以被视为在表达两种不同的逻辑形式的语句［如（Ⅱ'）和（Ⅱ"）所示］：

（Ⅱ） 警察说受害者是约翰而不是杰克。（The police said the victim was John rather than Jack.）
（Ⅱ'）警察说（受害者是约翰而不是杰克）。（The police said [the victim was John rather than Jack].）
（Ⅱ"）（警察说受害人是约翰）而不是（警察说受害人是杰克）。（[The police said the victim was John] rather than [the police said the victim was Jack].）

这组句子给我们的定义提供了一个更为严峻的难题。假设我们把（Ⅱ）读成（Ⅱ'）的话，我们可以清楚地发现，（Ⅱ）就不再是一个"对比语句"了，因为它只是表示警察说了一些对比性的话（但该语句本身并没有将一种状态与另一种状态进行对比）。但我们在正文部分给出的不精确的描述是无法区分这种情况的，因此会误将（Ⅱ）唯一地解读为（Ⅱ'）。

描述:根据沙弗尔的观点,对比性知识归属的话语可以被表示成形式为 $\langle K, \langle S, p, q \rangle \rangle$ 的命题,其中 p(即已知命题)是嵌入对比语句的事实子句,而 q(即对比命题)是嵌入式对比语句的反衬子句。例如,按照上述说明,对比性的知识归属"摩尔知道他有手而不是残肢"就表达了一个形式为 $\langle K, \langle S, p, q \rangle \rangle$ 的命题,其中 p 是"摩尔有手"(事实子句),而 q 取的值是"摩尔有残肢"(反衬子句)。值得注意的是,我们说"q 取的值是'摩尔有残肢'",而不直接是:"q 是摩尔有残肢这一命题",因为,正如我们在下一节将会看到的那样,沙弗尔认为反衬子句是语境敏感的,因此"q"可以在不同的语境中为其分配不同的命题,在这个意义上说,"q"在不同的语境中可以取不同的值。根据沙弗尔的观点:

> 一个人可以用"而不是"子句直接表达对比。例如,如果有人说"我知道花园里有金翅雀,而不是乌鸦",那么 p 的值是"花园里有金翅雀",q 是"花园里有乌鸦"。如果有人说"我知道花园里有金翅雀而不是金丝雀",那么 p 的值是"花园里有金翅雀",而 q 是"花园里有金丝雀"。假设有人说"我知道花园里有金翅雀,而不是邻居的金翅雀,那么 p 的值是"花园里有金翅雀",而 q 是"邻居的金翅雀"。"而不是"子句是一种对比机制。它明确表达了 q。(Schaffer 2005,252)

沙弗尔在另一篇论文中还指出:

> 我认为如下的观点在直觉上是很清楚的:对比性归属的替代选项应从其"而不是"的主目中读取。例如,"福尔摩斯知道玛丽偷了自行车而不是马车"中的替代选项就是:玛丽偷了马车。(Schaffer 2004,89)

在此我们需要对沙弗尔的想法做出两项澄清性说明:第一,按照沙弗尔的对比主义理论,已知的命题不是整个嵌入的对比语句所表达的命题,而只是其中事实子句的命题。但是,任何不了解"知道"采用的"而不是"其后联结另一个主目（"rather than"-argument）方式进行分析的人都可能将"而不是 X"（rather than X）的构造视为"知道"的直接的句子补充部分。为了说明这一点，请考虑以下一组语句：[1]

（5）摩尔知道他有手而不是残肢。
（5'）知道（摩尔，[他有手]，[他有残肢]）。
（5"）知道（摩尔，[他有手而不是残肢]，[[v]][2]）。

根据沙弗尔的观点，由于（5）是对知识归属的全面表达后的对比陈述，因此（5）中没有进一步的语境歧义因素，换言之，（5）明确指出了所有必要的语境参数。因此，沙弗尔本人将（5'）作为（5）的粗略逻辑形式，并且根据对比主义，（5）不再涉及语境歧义，因为"知道"的所有三个主目都已饱和。

但是非对比主义的语境主义者仍然可以认为（5）的逻辑形式类似于（5"），因为他们认为（5）在语境上仍然是具有语境歧义的，如果我们想排除（5）的歧义，则应该指出一些进一步的语境参数。应该注意的是，沙弗尔和非对比主义语境主义者都认为他们自己对（5）的逻辑分析在直觉上是正确的。因此，无法通过诉诸所谓的关于知识归属的语境主义的直觉来轻松解决他们在（5'）和（5"）之间的分歧。因此，所谓的"知道"的语境参数变得更加晦涩难懂，因为语境主义者本身就（5）是否仍然存在任何进一步的语境歧义，彼此意见分歧。从这个意义上讲，我们可能想知道如何才能合理地依赖于假定的关于知识归属的语境主义直觉，并通过使用假定的直觉来提供对（5）的正确分析。因此，对（5'）和（5"）的分歧暗示着对知识归属的对比主义和非对比主义的语境主义理论的严峻挑战。

---

[1] 然而，（5）还可以被分析出第三种逻辑形式，即：

（5*）对比（[摩尔知道他有手],[摩尔知道他没有残肢]）

由于（5*）不是对知识归属的逻辑分析，而是对两个知识主张的纯粹对比命题，所以（5*）与对比性知识归属之间存在着很大的不同。

[2] 注意："[[v]]"在这里不是指对比命题。而是一个变元。变元"v"可能存在，也可能不存在，这取决于人们是把"知道"当作二元谓词还是三元谓词。

第二点需要澄清的是，就沙弗尔而言，对比性的知识归属的对比命题是由相关反衬子句的"指示"（denotation）所给定的，因此对比命题到底是什么是由相关反衬子句的指示（denote）所限定的。这蕴涵了以下攻击沙弗尔理论的一种方法：我们可以找到一个语境，在这个语境中，对比性知识归属在直观上要求认知主体排除一个对比性命题，而这个命题却恰恰不能合理地成为相关反衬子句所指示的对象。在下一节里，我们将沿着这种方法进行详细的论证。

3.2　沙弗尔理论的相关挑战与困难

本节打算处理三个议题。首先，我们需要针对对比性的知识归属所谓的"适度的语境依赖"现象进行描述。其次，将证明非对比主义的语境主义理论可以对这种现象给出直接的语义解释。最后，我们将会论证，沙弗尔的对比主义不能直接解释这种现象。沙弗尔必须在如下选项中抉择：（i）使我们的句法理论复杂化，（ii）诉诸诸如"自由充实"（free enrichment）之类的有争议的操作过程，（iii）求助于语用论的解释。而每种选择又会遇到更多的问题。如果本节的论证是正确的，那么（至少）可以表明，沙弗尔的对比主义理论相对于非对比主义的语境主义理论处于解释上的劣势地位。因此，让我们从对比性的知识归属的"适度的语境依赖"入手。

请思考：

（5）摩尔知道他有手而不是残肢。

假设"知道"是语境敏感的词项，我们来考虑两个语境：首先，假设（5）是在普通语境 Co 中发出的。在这样的语境中，（5）的相关知识归属对摩尔来说是相当谦逊的知识。例如，通过举起手并在面前挥舞，摩尔难道不知道自己举起的是手而不是残肢吗？如果他只有残肢的话，他肯定做不到上述的动作。因此，在 Co 中，我们倾向于说（5）是正确的。但是，现在想象一个不同的环境（称为 Cs），其中提出了一些关于摩尔有残肢的怀疑论可能性。也许有人暗示他的手可能是在五分钟前被一个黑手党砍断了，然后他给了摩尔一粒药，使摩尔产生仍然有手的幻觉。或者说摩尔可能是个"被钉上了胳膊的缸中之脑"（参见 Schaffer 2005，258）。根据一般的语境主义理论[1]，一旦使这些可能性变得显著起来，则（5）似乎是假的，因为它现在归属于摩尔相当不适度的知识，他不能仅仅通过举手、挥手等类似动作来获取这些知识。

因此，需要解释的现象是这样的：诸如（5）之类的对比性知识归属似乎仍具有一定程度的语境敏感性。在 Co 中，为了让（5）成为真的，似乎只要求摩尔排除关于残肢可能性的某些日常的子集，例如，他以对自己显而易见的方式具有了残肢。但是，另一方面，在 Cs 中，如果（5）是真的，那就要求摩尔排除一个关于残肢可能性的更大集合，其中包括怀疑论的可能性，例如，摩尔是一个被附上残肢的缸中之脑。[2] 笔者认为，这里语境敏感性是"适度的"（moderate），因为为了使（5）的殊例（token）成为真的，摩尔所必须排除的一组可能性的集合虽然根据语境有所变化，但在 Co 和 Cs 中，这组可能性的集合仍然限于"摩尔有残肢"这一可能性。"适度的"一词可以帮助我们将本节中讨论的那些可能性与其他更为激进或更为牵强或更为遥远的可能性区分开来，例如，这些更为激进或更为牵强或更为遥远的可能性讨论的已经不再是摩尔有残肢的可能情形，而是摩尔是一个没有身体的缸中之脑的可能性。

现在让我们来考虑非对比主义的语境主义者如何解释（5）的适度的语境依赖性。看上去非对比主义的语境主义者在解释这一现象上没有任何困难。一位非对比主义的语境主义者解释相关现象的方式，就像他解释诸如"摩尔知道他有手"这样简单的、非对比的知识归属的语境依赖性一

---

[1] 这里刻画的是共享于关于知识归属的语境敏感性的二元关系理论和三元关系理论中的所谓语境主义的内核性要素。

[2] 我们有两种讨论在 Cs 中排除残肢可能性的说法。一种是说，在 Cs 中（5）为真要求排除一组涵盖面更广的关于残肢的可能性（即怀疑论的可能性加上日常的可能性）；另一种是说，需要消除一组独特的关于残肢可能性（即只是怀疑论的可能性而不是日常的可能性）。笔者在这里将采取前一种方法，但这不会影响后续论证的实质效力。

样——即 Cs 中牵强的可能性的提出，将"知道"的标准也提升到了一个更苛刻的水平，从而使（5）变成假的。正如一些语境主义哲学家所建议的那样（参见 Ludlow 2005），（5）的逻辑形式应表示为（5‴），

(5‴)（摩尔，[他有手而不是残肢]，s），

在（5‴）中，"s"是一个自由变元，其范围取决于认知标准。同样，这里的解释很简单明了：Cs 中怀疑论可能性的提出设置了一个无法满足的过高的认识标准，该认知标准决定了"s"的取值，从而导致（5）变成假的。拉姆·内塔（Ram Neta）的想法也是类似的（参见 Neta 2008），内塔将"s"视为证据规则域内的变元，而 Cs 分配给"s"更严苛的证据规则，在这样的规则下，摩尔针对"摩尔有手而不是残肢"就不再具有证据了。

因此，似乎非对比主义的语境主义者在解释适度的语境依赖性方面没有问题。但是对于沙弗尔的对比性的知识归属而言，这似乎并非易事。要理解这一点，我们需要回想一下，根据沙弗尔的观点，（5）的大致逻辑形式是（5′）：

(5′) 知道（摩尔，[他有手]，[他有残肢]）。

（5′）中已经没有自由的对比变元了，换言之，（5′）中没有自由的对比变元等待语境对其进行赋值；"知道"的对比主目的位置现在被反衬子句占据了。因此，不同于诸如"摩尔知道他有手"之类的简单、非对比性知识归属的情况，沙弗尔无法诉诸自由变量"q"的语境依赖性作为对（5）的语境依赖性的解释了，这正如我们在（5‴）中看到的那样。因此，沙弗尔面临的挑战是必须找到其他方法来解释（5）的语境敏感性。

但是沙弗尔仍然认为他的理论能够解决这个问题。他提出，（5）的适度的语境敏感性的源头是其反衬子句"摩尔有残肢"。正如沙弗尔所说：

那么，摩尔是否知道他有手而不是残肢？是的，在某种意义上。摩尔所知道的可以更全面地描述为如下的内容：他知道他有手而不是

明显的残肢。或更全面地讲：摩尔知道自己有手而不是他会真实地感知到的残肢。更完整的描述总是可以找到的。这些描述所指示的世界是哪一个则是语境可变的。因此，严格来说……"摩尔知道他有手而不是有残肢"在如下语境中是真的："他有残肢"指示的世界是 [在该世界中摩尔的残肢对他自己来说是很明显的]。（Schaffer 2005，258-259）

在其他地方，沙弗尔也表示：

> 对比性归属（"福尔摩斯知道玛丽偷了自行车而不是马车）仍然保留了语境依赖性，因为语境依赖性涉及哪一组世界被"that-子句"指示。因此，（取决于语境）玛丽偷走马车的替代选项可能（或者可能不）包括了这样一个世界，在这个世界中，福尔摩斯是一个缸中之脑，他真实地幻觉到了玛丽的偷窃行为。（Schaffer 2004，98）

粗略地说，沙弗尔在这里的想法是指明反衬子句：

（6）摩尔有残肢。

是语境敏感的表达式，其内容因语境而异。在 Co 中，（6）表示日常的对比 q_o，即摩尔有明显的残肢这一命题。在 Cs 中，（6）表示要求更高的对比 q_s，即摩尔就是简单地（tout court）有残肢这一命题。由于摩尔可以排除 q_o 但不能排除 q_s，这解释了我们倾向于在 Co 中确认（5）为真，但在 Cs 中判定（5）为假。也许有人会对为什么沙弗尔提出摩尔无法排除 q_s 感到好奇，答案是沙弗尔在定义排除可能性时遵循了刘易斯的路线（参见 Lewis 1996）。也就是说，一种可能性 P 对某一主体 S 来说是被排除的，当且仅当，P 与 S 真实地具有的所有的经验是不相容的。根据上述定义上，摩尔无法排除 q_s，因为 q_s 与摩尔的整体经验是可以相容的。毕竟，摩尔可能是被附上了残肢的缸中之脑，在这种缸中之脑的设定下，摩尔可以拥有他真实拥有的全部经验。但是，由于 q_o 与他的实际经验是不相容的，因此

摩尔能够排除 q。——摩尔无法在保持全部真实经验的情况下，同时拥有对自己而言是显然的残肢。在刘易斯关于排除的定义中，如果不参照事物是如何表象的，很少有关于外部世界的可能性可以被排除。

上述主张的问题在于，它似乎违反了关于复杂表达式的一项合理论题，即扎博所说的"语境论题"（the Context Thesis，简写作 CT，参见 Zoltán Gendler Szabó 2001）。大致说来，CT 表示复杂表达式的语境敏感性始终可以追溯到其构成组分的语境敏感性上。给定 CT，任何在两个不同语境中内容不同的复杂表达式都必须包含其内容也不同的构成部分。现在，根据沙弗尔所说：

（6）摩尔有残肢。

当然是一个复杂的表达式，可能在 Co 中拥有一个内容，在 Cs 中拥有另一个内容。然而，似乎（6）的组成部分中却没有在 Co 和 Cs 之间发生变化：在这个意义上，"摩尔""残肢"或"有"都不是语境敏感的。因此可以得出结论，沙弗尔的主张显然违反了 CT。

但是，沙弗尔可能会做出以下回应：（6）其实包含在 Co 和 Cs 中具有不同内容的组成部分；相关问题的根源在于对（6）的真实句法结构的贫乏的理解。帮助沙弗尔解决相关问题的一种方法是接受某个版本的名词限制理论（Nominal Restriction Theory，参见 Stanley and Szabó 2000；Stanley 2002b）。根据该理论的简化版本，每个普通名词在句法上都与一个限制符变元（restrictor variable）相关联，从而可以指示语境上相关的对象集。例如，根据该理论，（7）的大致逻辑形式为（7'）：

（7）每个学生下棋。
（7'）每个〈学生，i〉下棋。

相对于语境，"i"可以被指派一组相关对象的集合。然后，该集合与所有学生的集合相交而产生"〈学生，i〉"所指示的外延。例如，假设我正在讨论朱老师所教授的数学课上学生的娱乐习惯，此时我说出了（7）。限制符变元"i"被分配给朱老师所教授的数学课程所有事物的集合。因此，在这种情况下，"〈学生，i〉"的含义是所有学生的集合与朱老师所教授的数学课中所有事物的集合的交集。因此，在这种情况下，（7）表示的是这样的命题：（粗略说来）[1]朱老师所教授的数学课程中每个学生都下棋。现在，如果名词限制理论是正确的，沙弗尔可以说在（6）中出现的普通名词"残肢"也是一个与限制符变元相关联的名词，因此（6）的逻辑形式是像（6'）：

（6）摩尔有残肢。
（6'）摩尔有〈残肢，i〉。

然后，可以对以下所谓的（6）的语境敏感性进行解释：在普通的、非怀疑论的语境 Co 中，只有那些对摩尔来说是显然的东西才是相关的。在这种情况下，"i"被指派给所有对摩尔来说是显然的东西的集合[2]，而"〈残肢，i〉"的指称仅限于对摩尔来说是显然的残肢的集合。因此，Co 中（6）指示的是 q_o，这是摩尔有明显残肢的命题。相比之下，在诸如 Cs 的怀疑论语境中，那些对摩尔来说不是显然的东西事物也很重要（也许是考虑了怀疑论情景的结果）。在这种情况下，"i"被指派给所有事物的集合，无论这些事物是否对摩尔来说是显而易见的，"〈残肢，i〉"的指称扩展到包括对摩尔来说不是显然的残肢。因此，Cs 中（6）指示的是 q_s。因此，（6）在 Co 中的内容与在 Cs 中的内容不同，因为它包含一个组成部分——与"残肢"相关的隐藏的限制符变元——其内容在 Co 和 Cs 中有所不同。这样，沙弗尔

---

[1] 这里说"粗略"，因为根据斯坦利和扎博的理论，限制符变元并不占据自己的句法节点（如果它扮演的角色相当于限制性相关句"那些处于朱老师数学课程的人"）。相反，限制符变元与它所关联的名词居于同一个节点。事实上，在"朱老师所教授的数学课程中每个学生都下棋"的句子中，与"学生"相关联的限制符变元仍然存在，并且可以被赋予一个由语境决定的值。例如，在一个只涉及江苏籍学生的语境中，"朱老师所教授的数学课程中每个学生都下棋"的语句可以说表达了这样一个命题：（同样，依旧是粗略说来）朱老师所教授的数学课程中每个江苏籍学生都下棋（参见 Jason and Szabó 2000，256）。

[2] 在这里，人们可能会担心谈论"对摩尔来说显而易见的残肢的集合"所带来的怪异性。严格来说，普通名词及其限制符变元的指称是属性，而不是集合（参见 Jason and Szabó 2000，252），这种担心可以通过如下的澄清得到缓解。如果说在 Co 中，"i"被赋予了对摩尔来说是显而易见的属性，那么"〈残肢，i〉"的指称就被"限制"为对摩尔来说是显而易见的残肢这一更具体的属性，这将是更准确的（大概也是不那么奇怪的）。为了简洁起见，在这里的讨论中，笔者将忽略这个复杂的问题。

可以在不违反 CT 的情况下解释（6）所谓的语境敏感性。

但是，在不涉及普通名词的情况下，上述策略就无法奏效了。例如，假设摩尔有一只叫菲多的狗，那只狗对他汪汪大叫着。然后考虑对比知识的归属：

（8）摩尔知道菲多汪汪叫而不是喵喵叫。

直观地讲，（8）的殊例（token）如果是在日常语境（称为 Co*）中被说出，则可能为真；但如果在怀疑论的语境（称其为 Cs*）中，需要考察那些诸如"菲多喵喵叫""菲多虽然是喵喵叫，但作为缸中之脑的摩尔幻觉地感受到菲多汪汪叫"等牵强的可能性，则此时（8）的殊例就是假的。因此，类似于（5），（8）似乎也是适度地依赖于语境的。现在，为了保持一致，沙弗尔必须断定（8）的语境敏感性是由于在反衬子句中：

（9）菲多喵喵叫。

有一个语境敏感的词项，从而可以在 Co* 和 Cs* 中指称不同的内容对象。但是，这里（9）所谓的语境敏感性不能按照斯坦利和扎博所主张的名词限定理论的路线来建立对应的模型，原因很简单，因为（9）不包含任何普通名词；而指出"菲多"的指称可以在语境中加以限制的做法也没有什么意义，因为"菲多"作为专名只能指示某个个体。[1]

从这个意义上说，从普通名词的语境敏感性到（9）的语境敏感性，没有明显的途径。是否有其他方法可以按照沙弗尔的解释所要求的方式既使得（9）成为语境敏感的，而又不违反 CT 呢？有人可能会建议"喵"

---

[1] 一些哲学家对名字持有一种谓词观点，根据这种观点，名字在语义上就像普通名词一样（参见 Burge 1973；Larson & Segal 1995）。但是，即使承认这种观点，也没有办法使（9）以沙弗尔的解释所要求的方式依赖于语境。因为即使是在谓词观点上，在主语位置上出现的名字（如"菲多喵喵叫"，不同于"我有两只菲多"，在这里"菲多"是谓词性的）也只能挑出一个个体。现在如果（9）所谓的语境依赖性是由于"菲多"的语境依赖性，那只能是因为"菲多"在 Co* 中挑出了一只狗，而在 Cs* 中挑出了另一只狗，这显然是荒谬的（难道是邻居家的狗被冠以同样的名字？）。此外，还有一些对比性知识归属的语句，同样是适度依赖语境的，但其内嵌的对比性句子甚至不包含专有名词，比如"我知道这里正在下雨而不是在下雪"。而对"这里"采取谓词观点的做法，一点可信度都没有。

66 ｜ 知识归属的语境敏感性

（也许还有许多动词）在方式方面有一个空位，因此（9）的逻辑形式包含一个自由变量"m"，用于称呼其动作发生的方式。根据这一建议，在 Co^* 中（而不是在 Cs^* 中），"m"的值应使（9）的指称是一个日常的（mundane）对比命题，例如，"菲多以一种对摩尔来说是明显的方式喵喵叫"。这可以解释为什么（8）在 Co^* 中看起来是真的，而在 Cs^* 中是假的。

但是，笔者认为，大多数语言哲学家都会拒绝这种方式变量的存在。这主要是因为：（i）说明做事方式的短语似乎是可选择的附属词，而不是必需的主目；（ii）这样的短语不能通过所谓的"否定测试"（参见 Marti 2006；Stanley 2005b；Cappelen and Hawthorne 2007）。例如，如果动词与其发挥动作的方式可以通过主目的方式联系起来，那么我们可以期望找到相关的语境来恰当地说出（10）—（12），但事实上我们却找不到这样的语境：

（10）"约翰切了香肠。""不，他用勺子切了。"
（11）"玛丽在婚礼上跳舞。""不，她以一种优雅的方式跳舞。"
（12）"鲍勃打了简。""不，他非常轻柔地打了她。"

同样，在任何语境中，我们似乎都不会恰当地说出（13）：

（13）"菲多喵喵叫。""不，菲多以对摩尔来说不是很明显的方式喵喵叫。"

因此，所谓的（9）的语境敏感性不能归属于隐含的方式变元的存在。这些考虑还可以帮助我们反对如下关于（9）的语境依赖的提议：因为（9）的逻辑形式类似于"存在一个事件 e，它是被菲多发出的喵喵声"（参见 Davidson 1967），其中普通名词"喵喵声"在 Co^* 中指称的是限于对摩尔来说是明显的喵喵声（参见 Stanley and Szabó 2000）。因为如果确实发生了这种语境限制，我们可以期望在某些语境中产生如下恰当的对话：

（13'）"菲多喵喵叫。""不，那喵喵声对摩尔来说不是明显的。"

然而，令人遗憾的是，我们并不能找到这样的语境。

在此，我们能够得出的结论似乎是，在给定 CT 的情况下，没有办法使（9）具有沙弗尔的解释所要求的那种语境敏感性，除非在（9）的逻辑形式中设定某些特设性的（ad hoc）结构（例如方式变量）。但是这种操作无疑会导致一种不合理的对于句法的复杂化。认识到这一点之后，我们自然想知道沙弗尔是否可以咬紧牙关来最终否认 CT。有一种理论看上去对沙弗尔的学说困难似乎是有帮助的。

所谓的"真值条件语用论者"（truth-conditional pragmatists）曾经指出，复杂表达式的语境敏感性不一定要追溯到其任何组成部分上，而可能是由于"自由充实"（free enrichment）所产生的——语用的过程会充实内容从而包含某些命题成分，而这些命题成分不相应于句法层面的任何组分。如果有这样的过程，那么沙弗尔可能会公开宣称，在 Co^* 中，（9）的内容只是简单地"丰富"到了菲多以对摩尔来说是明显的方式喵喵叫的日常的对比命题（或能够起到相关效应的类似语句），而 Cs^* 以某种方式阻止了这种充实过程的发生。这可以解释为什么（8）在 Co^* 中看起来是真的，而在 Cs^* 中是假的。

应该承认，笔者不认为，我们对此可以有一个结论性的反对意见，即不主张将自由充实作为对（8）语境依赖性的解释。然而，这种不受限制的过程是否真实存在是有争议的。笔者认为，对比主义者必须（至少）在真值条件语用论者与其反对者之间的争议中尽可能保持中立，因为相关争议本身与我们所要解决的核心的知识论问题之间存在着明显的距离。因此，沙弗尔在不诉诸真值条件语用论的情况下，就无法对（8）之类的对比性的知识归属提供令人满意的分析。沙弗尔关于对比知识描述中的对比命题的语境敏感性所进行的新的修改，会将他的对比主义限制在相应的对比命题涉及普通名词（例如"残肢"）的有限情形中。但是，当对比知识描述中的对比命题没有普通名词成分时，沙弗尔不得不承认，他的理论本身无法解释类似于（8）的那些对比知识描述。因此，对比主义的普遍有效性会受到严重限制。

此外，即使考虑到沙弗尔可以诉诸真值条件语用论来解决相关问题，我们必须看到，这种诉诸真值条件语用论的对比主义者相较于其他非对比主义的语境主义者而言，似乎处于劣势地位，这是因为，非对比主义的语境主义者对适度语境依赖现象提供了直接的语义解释，而无须诉诸"自由充实"等容易引起争议的操作。

由此看来，尚无直接的方法来有效地实现沙弗尔提出的理论改进的建议与主张。希望采取沙弗尔路线的学者必须在以句法为基础的特例化的（ad hoc）结构的解决方案与诉诸有争议的操作过程（例如，自由充实）的解决方案之间进行选择。但是，还有一个值得探讨的问题，即语境主义者是否可能在接受沙弗尔对比主义的知识归属理论的同时，寻求关于适度语境依赖的其他解释方案。换句话说，语境主义者是否可以在保持对知识归属进行对比主义解释的同时，拒斥沙弗尔对反衬子句的语境敏感性的改进版本的主张。在本章余下的部分，笔者将论证，要保持这样的理论地位恐怕是十分困难的。

让我们再来回顾一下（8）的表述：

（8）摩尔知道菲多汪汪叫而不是喵喵叫。

语境主义者在对于（8）的处理上似乎有两种通用的策略：

（a）通过（a_1）在"知道"谓词中设置第四个主目位置的方式，或者通过（a_2）将"知道"视为索引词的方式，语境主义者仍可以寻求对于相关现象的语义解释；

（b）语境主义者可以拒绝相关现象的语义层面的意义。例如，（b_1）他可以认为（8）在 Co^* 和 Cs^* 中都是假的。我们必须从语用的角度解释我们相关的错误直觉［即，在 Co^* 中（8）是真的］。或者，（b_2）他可以认为（8）在 Co^* 和 Cs^* 中都是真的。我们必须从语用的角度解释我们错误的直觉［即，（8）在 Cs* 中为假］。

笔者认为，我们对于（a_1）和（a_2）并没有太多值得分析的内容。当然，（a_1）和（a_2）看起来也是特例化的（ad hoc）。接受（a_1）或（a_2）会使对比主义者面临许多原本不会存在的理论负担和反对意见。在（a_1）的情况下，对比主义者需要承担的理论负担是提供句法证据以支持额外主目位置的假定，并根据四元知识关系重新构造对比主义论证。在（a_2）的情况下，声称"知道"是索引词的主张会引起许多诸如"词汇怪胎"（lexical freak）的反对意见，而这些反对意见恰恰是沙弗尔建构对比主义理论的动机——按照沙弗尔的主张（参见 Schaffer 2004, 85-86）[1]，对比主义理论的优势恰恰是不会受到这些反对意见的批判，而一旦接受（a_2）的话，相关问题又会重新出现。还应该强调的是，对"知道"的索引词式的处理可能导致背离知识归属的三元解释的一般性的理论计划，因为当"知道"可以被视为索引词时，我们就不需要接受对"知道"的三元解释，而可以将"知道"视为二元的索引词项了。基于上述原因，笔者在此就不再展开探讨（a_1）和（a_2）选项了。

下面我们先将讨论的焦点转到（b_1）。在（b_1）的主张中，反衬子句：

（9）菲多喵喵叫。

恒定地（也是应该地）指示（denote）命题——菲多简单地（tout court）喵喵叫。考虑到刘易斯关于排除的定义，摩尔无法排除这一命题。因此，在该选项上，Co* 和 Cs* 中的（8）均为假。然后必须提供一种语用的解释，说明我们在 Co* 中如何被误导以至于认为（8）是真的。

（b_1）这种策略存在着两个问题。首先，对表面上的直觉进行语用的

---

[1] 根据沙弗尔的观点，当"知道"被当作一个索引词时，我们不得不承认，所谓的作为索引词的"知道""在其语词类型、微妙的变动性（subtlety of shiftiness）和可约束性方面与其他索引词存在显著的不同"（Schaffer 2004, 86）。在这个意义上，如果我们把"知道"作为一个索引词来对待，我们就不得不承认，所谓的索引词"知道"的语言行为是极其特殊的。因此，"知道"的所谓索引性意味着"'知道'是某种'词汇怪胎'"（Schaffer 2004, 85）。按照沙弗尔的观点，这是我们拒绝对"知道"进行索引性处理的确凿证据。关于"知道"的索引性的相关讨论，参见本书的第二章。

解释与语境主义的精神是矛盾的（注意：对比主义也是语境主义的一种形式！）。语境主义的主要卖点是该理论假定的以语义方式捕获我们对知识归属的真与假的直觉的能力，因此诸如德罗斯这样的语境主义者是反对通过任何一种语用的手法来解释相关直觉的（参见 DeRose 1999；2002）。因此，选项（b_1）与对比主义的语境主义精神显得格格不入。同样，正如我们在前面看到的那样，非对比主义的语境主义者其实是可以一致地给出相关现象的语义解释的。这就使得对比主义者更有理由不把适度的语境依赖性归结为语用论所需解释的现象了。

其次，（b_1）带来的一种结果是，虽然关于知识的二元归属常常是真的，但对比性的知识归属几乎从来都不是真的。因此，按照（b_1）这种观点，人们可以真实地（truly）说"我知道特朗普是美国总统"，但几乎不能真实地说"我知道特朗普而非希拉里是美国总统"（因为在某些可能世界中，希拉里是美国总统，而"我"却是一个误认为特朗普是美国总统的缸中之脑）；我们可以真实地说"我知道国会大厦是用大理石建造的"，但几乎不能真实地说"我知道国会大厦是用大理石建造的，而不是由乐高玩具堆砌的"；我们可以真实地说"我知道红袜队输了"，但几乎不能真实地说"我知道红袜队输了而不是赢了"，等等。从（b_1）这种观点出发，每当有人想对自己的反衬子句稍加清晰地表述的时候，他就会开始说出假的东西，而只能在语用上传达真的内容。我们至少可以说，（b_1）所带来的这个结果是十分怪诞的。[1]

最后，我们再来简单地讨论一下（b_2），因为（b_2）也与第五章中将要详细讨论的封闭原则等问题有关。关于（b_2），因为我们想使（8）在 Co^* 和 Cs^* 中均为真，我们就必须承认摩尔在两种语境中都能排除（9）。因此，这种观点直接暗示我们需要对"排除"概念寻求刘易斯式定义之外的其他新定义的可能性。这种关于"排除"的重新定义需要保证对比性的知识归属在"收缩"（contraction）情形中不再是演绎封闭的，即即使对于某些

---

[1] 这里可能还有一些真的对比性知识归属语句，例如，"我知道红袜队输了，而不是以一种对我来说显而易见的方式赢了（即我没有被骗得相信红袜队输了）"。但这并不影响大多数对比性知识归属语句在（b_1）选项上为假的观点。

q，q 蕴涵 p，但 S 可以在无法排除 q 的情况下，仍可以排除 p。这样一来，在关于"排除"的新定义之下，摩尔应该能够排除 p——菲多喵喵叫，即使他无法排除 q——菲多喵喵叫并且摩尔是幻觉到菲多汪汪叫的缸中之脑。

但是，（b_2）还存在另外两个问题。第一，类似于对（b_1）的评论，选项（b_2）也背叛了对比主义的语境主义精神，这与（b_1）的第一个问题完全相同。由于该问题已明确讨论过，笔者在此就不再赘述了。关于（b_2）的第二个问题是，如果以上述方式重新定义"排除"，那么对比主义者就不能再同时保留合理的认知封闭原则和假定的认知谦逊态度。特别是，沙弗尔提出以下推理规则：

（Contract-q）（Kspq_1 &（$q_2 \rightarrow q_1$）& $\{q_2\} \neq \emptyset$）$\rightarrow$ Espq_2

[其中 Espq_2 表示 S 处于可以用知道 p 而不是 q_2 的位置（S is in a position to know that p rather than q_2）]（Schaffer 2007，244）

在关于"排除"的新的定义下，上述规则将被视为无效，因为（Contract-q）实质性地依赖于这样一个事实：刘易斯所定义的"排除"在"收缩"情形中是演绎封闭的，或者用沙弗尔的话来说，"被排除域的任何子域也都是被排除的"（Schaffer 2007，244）。但是，正如克里斯托夫·凯尔普（Christoph Kelp）指出的那样，（b_2）选项导致（Contract-q）无效的做法是无法承受的代价，抛弃（Contract-q）的后果是，对比主义者不再具有认知封闭原则，可以解释合理演绎推理应当可以扩大我们的知识范围这一事实（参见 Kelp 2007；2011）。更糟糕的情况是，对比主义所谓的理论吸引力也将消失，因为当放弃认知封闭原则时，怀疑论论证也会变得无效。因此，当认知封闭原则被放弃的时候，我们也就不需要接受知识归属的对比主义理论了。由于相关问题将在本书的第五章（特别是第 5.3.2 小节）中展开详尽的讨论，笔者在此就不赘述了。

总而言之，沙弗尔的对比主义并未对三元的知识归属语句的语境敏感性提供令人满意的解释。即使我们退一步承认沙弗尔的对比主义不比其他关于"知道"的二元的语境主义理论更差，那么，通过本章的论述，我们已经发现了关于"知道"语境敏感性的三元对比主义理论也并不会比相关的二元的语境主义理论来得更优。

现在，我们不妨来对第二章和第三章中进行简要总结，这两个章节所提出的论证表明，语境主义在为我们提供所谓的"知道"的语境敏感性的语言模型方面存在着严重的问题。由于认知语境主义者对关于"知道"的假定的语境敏感机制缺乏令人满意的详细的语言层面的解释，因此，就语言模型而言，我们没有合理的框架来设定知识归属的语境敏感性，进而我们也缺乏令人信服的语言模型的理由来接受关于知识归属的语境主义理论。

在结束了第二章和第三章的相关讨论之后，从下一章开始，我们将搁置认知语境主义的相关语言模型方面的问题，不再讨论关于"知道"的所谓语境敏感性的语言刻画的细节，而将相关理论收拢于认知语境主义更大的、更为一般性的理论领域之中，从而将理论考察的重点转移到探讨和评估认知语境主义是否可以对揭示知识本身的性质做出重要贡献上来。在接下来的三个章节中，我们将结合以下三个重要的议题来继续评估认知语境主义：怀疑论问题、封闭性原则和可错主义。

第四章　语境主义与怀疑论问题

当我们想了解语境主义对当代知识论的理论贡献时，一个很好的起点就是语境主义对怀疑论问题的回应，因为"知识论中的语境主义首先就是作为对怀疑论的回应而引起人们的关注的"（Greco 2010，102）。语境主义者总是自豪地宣称，语境主义能够使我们在怀疑论的直觉和关于知识归属的日常直觉之间达到一种优雅的平衡。通过将怀疑论的语境与知识归属的日常语境彻底分离开来，语境主义者认为他们可以保护我们的日常知识归属，使其免于遭到怀疑论的挑战与破坏。在本章中，笔者将质疑和挑战语境主义在怀疑论问题上的所谓理论优势。正如我们即将在本章中看到的那样，一方面，关于前述两种直觉的假定的优雅平衡最终将使语境主义陷入困境；另一方面，对于系统化的和结构化的语境主义理论，存在一些严重的反例，对于这些反例的思考将削弱语境主义保护我们的日常知识归属免受怀疑论的挑战与破坏的所谓理论"魅力"。

4.1　语境主义中的假定平衡与知识描述的间接让步

认知语境主义所谓的最重要的理论优势之一就是，该理论在我们的日常知识归属和怀疑论的挑战之间提供了一种优雅的平衡。一方面，语境主义者宣称子句对认知的怀疑论持有一种合理而富有同情心的理解，并且是真诚地尊重怀疑论的直觉。语境主义者认为，他们对激发怀疑论的直觉不抱有任何教条式的态度，他们解释了为什么我们在遇到怀疑论论证时感到我们的知识受到了严重挑战，以及我们为什么会重视怀疑论的相关挑战。语境主义者承认，怀疑论在某些情况下是正确的，因为，当我们面对可能的怀疑论场景的时候，我们大多数（如果不是全部）知识归属在怀疑论语境中都是失败的。换句话说，我们几乎没有任何知识可以在怀疑论的质疑中幸存下来，因为在怀疑论的背景下，知识归属的标准被提高到了难以置信的高水平。在认知语境主义者看来，对怀疑论的摩尔式的回应——"我知道我不是缸中之脑"——是一种教条主义的观点，它没有完全理解怀疑论挑战的本质。当然，语境主义者认为，承认怀疑论场景的有效性，并不意味着怀疑论者会完全赢得相关的理论"战役"的最终胜利，因为认知语境主义者也并不想完全屈服于那些怀疑论者——认知语境主义者仍然希望保留我们对日常知识的直觉，因为从直观上讲，我们确实知道很多。为了保存我们的日常知识，语境主义者主张，怀疑论者混淆了知识归属的怀疑论语境和日常的知识归属语境。在大多数情况下，知识是在日常语境中被归属于相关认知主体的，在这种情况下，知识归属的标准并不像怀疑论语境中的相关标准那样地苛刻，因此，我们确实可以在日常语境中拥有相关的知识。从上述理论解释中，我们可以看到语境主义者如何设法从怀疑论的攻击中拯救我们的日常知识归属——在知识归属的日常语境下，我们能够满足适度的知识归属标准，并真实地宣称我们拥有知识，因为在这些日常的对话语境中，所有过于严格的、过于苛刻的知识归属标准都是无关的。因此，认知语境主义者宣称，认知语境主义理论可以在关于我们是无知的怀疑论的直觉和日常的知识归属的日常直觉之间达到一种优雅的平衡。

但是，在本章的其余部分中，笔者将明确论证，上述认知语境主义所谓的平衡实际上给该理论带来了严重的两难困境。换言之，一方面，如果怀疑论直觉被真正认真对待，语境主义者的让步将使我们走向全面的、成熟的怀疑论立场，最终还会使怀疑论者获得完全的胜利；另一方面，如果怀疑论的直觉并不值得真正严肃地对待，我们真正关心的就是我们日常的知识归属本身，那么我们就不需要接受认知语境主义。因此，认知语境主义中所谓的"优雅平衡"其实很难维系。为了展开相关论证，我们将首先研究一个思想实验的案例，该案例是从语境主义对怀疑论的相关研究文献中衍生和发展出来的。

请大家设想以下情形：在一个关于认知怀疑论研讨会的会间休息阶段，"我"的一位同学来请"我"借给她一份知识论论文选集，以便复印其中的一篇论文。"我"告诉她"我"把论文选集放在我办公室的书架上。这位同学匆忙地在"我"杂乱无章的书架上搜索之后，并没有找到那本论文选集，于是，她问"我"是否确定那本书是放在书架上的。由于"我"清楚地记得我是几分钟前才把书放在那里的，所以"我"回答（例如说，这是在时刻 t_1 ）：

（1）我知道那本书在书架上。

"我"和同学之间的对话仍在继续，她继续问"我"是否真的知道我把书放在那里了。她让"我"想起了刚才在研讨会上听到的所有怀疑论证和假设，问"我"如何知道自己不是被笛卡尔的邪恶精灵所欺骗进而相信几分钟前"我"把论文选集放在书架上了。假设"我"对这种错误的可能性印象深刻，并且意识到没有任何令人信服的证据排除这种"挫败项"（defeater）。"我"经过几分钟的思考，决定做出让步，于是又说出（这时已经是 t_2 了）：

（2）我不知道那本书在书架上。[1]

---

[1] 有一件事应该在这里澄清。我想，许多哲学家可能不同意我在这个给定案例中的反应——他们会认为我在语句（3）中做出的这种让步是不恰当的。例如，大多数新摩尔主义者（neo-Mooreans）会指出，即使笛卡尔的邪恶精灵的假说存在，我们对很多事情仍然有我们的日常知识。然而，我认为语境主义者可能会认为（2）在某些语境中是真的，即在怀疑论的语境中，怀疑论所展示出的我们在认知上犯错的可能性被明确地陈述和认真地考虑，此时我们认为我们是无知的。正如在后面的分析中将会显示的那样，在目前这个案例中，笔者在这里试图做的是捕捉一些语境主义者的相关"直觉"。

但是，那位同学认为"我"的答复依旧不令人满意，于是她抱怨道：

我的同学：当您说"我不知道那本书在书架上"的时候，您真正的意思是什么呢？几秒钟前（即在 t_1 时），您刚刚说"我知道那本书在书架上"，但现在您又说"我不知道那本书在书架上"？哦，拜托，请说实话吧——您真的知道吗？

我：嗯，我能理解你的抱怨。因此，当我说"我知道那本书在书架上"的时候（即在 t_1 时），我是错误的——我其实并不知道那本书在书架上。

现在，让我们将下面的句子编号为（3），该句子是在时刻 t_3 被说出的：

（3）当我在 t_1 说"我知道那本书在书架上"的时候，我是错误的。[1]

显然，句子（3）是承认我是无知的描述，它通过否认由（1）表示的、之前某个时间点的知识描述而起作用。有了上述案例，我们希望了解语境主义者会如何解释该案例。

根据许多语境主义者讲述的标准理论，（1）和（2）都是正确的。语境主义者指出，因为"我"清晰地记得几分钟前刚刚将书放在书架上，所以我的信念是有足够的证据的，因此可以在上述给定的语境中达到知识归属的日常知识归属标准。因此，知识归属语句（1）是真的。另一方面，语境主义者认为"我"所说的语句（2）也是完全可以接受的，因为我的同学明确提出了那些怀疑论的假设，这导致对话的语境从日常语境转换到

---

[1] 在这里，我同意巴伦·里德（Baron Reed）的观点：许多当代认识论学者会倾向于拒绝断言（3）所体现的让步。仍以新摩尔主义者为例。新摩尔主义者会认为，像（3）这样的让步会意味着怀疑论者最终赢得了这场战斗；然而，新摩尔主义者主张，我们确实有一种很好的方法来拒斥怀疑论者的挑战。但这对我目前研究语境主义的目的而言并不关键。我想强调的是，在给定案例中的论断（2）和（3）不会明确违反语境主义的学说。根据认知语境主义，"我"在（2）中对书在书架上的知识归属的否定，在怀疑论场景下被明确地、突出地提出的语境中是真的。而很多人会像语境主义者所批评的那样，误将（2）当作对（1）的否定，因为他们没有意识到日常的知识归属的讨论与怀疑论的知识归属的讨论之间的语境转换关系。斯蒂芬·希弗尔（Stephen Schiffer）将上述这种语境主义的解释看作某种"错误理论"（error theory）。鉴于上述所有的理论背景和解释，我认为（3）似乎不会太过尴尬或太不合理。

怀疑论语境了。因为在怀疑论的语境中，知识归属的标准比在日常语境中要高得多也严苛得多，所以大多数语境主义者会乐于指出，根据知识的归属的怀疑论标准，（2）也是真的。因此，语境主义者认为他们可以令人满意地解释（1）和（2）为何都是真的。更重要的是，语境主义者还会指出（1）和（2）虽然都是真的，但是二者并不矛盾，因为（1）和（2）中的语境敏感词项"知道"是在不同的语境中使用的，因而表达了不同的语义含义。

但是，当我们谈到（3）时，就会出现问题。应当注意，（3）有一个鲜明的特征：在（3）中只有一个明确的动词"知道"，并且此"知道"出现在"我知道那本书在书架上"的引号之中。参照（1）和（2）的语境主义处理策略，我们现在面临一个类似但更关键的问题：哪种对话语境设置了与（3）有关的知识归属标准呢？为了回答这个问题，我们首先需要思考一些经典案例来说明引号中语境敏感词项的一般特征，对这些现象的研究将有助于我们探求关于当前问题的答案。

例如，有一天"我"去多伦多拜访了"我"的朋友丽莎，"我"已经有一段时间没有和她见面了。丽莎对"我"的意外到访感到惊讶，因此"我"告诉她："我来这里（here）就是为了见你（you），因为我们已经有一段时间没有见面了。"（假设该句子是在时刻 t_4 说出的）第二天，当"我"回到汉密尔顿并与"我"的另一位朋友丹尼尔见面时，他问"我"看到丽莎时对丽莎说的第一句话是什么，于是"我"（在时刻 t_5）回答道："我说（在 t_4 时），'我来这里就是为了见你，因为我们已经有一段时间没有见面了。'"在此案例中，我们可以得出以下两条语句：

（4）我来这里就是为了见你，因为我们已经有一段时间没有见面了。

（5）我说："我来这里就是为了见你，因为我们已经有一段时间没有见面了。"

显然，（4）和（5）都涉及两个语境敏感词项"这里"（here）和"你"

（you），只有在（5）中，这两个语境敏感的词项是出现在引号结构中的。考虑到上述情况，很明显，（4）中的"这里"是指多伦多，而（4）中的"你"是指丽莎。由于语句（5）被认为是关于"我"在 t_4 所说话语的报告，因此（5）中语境敏感的词项"这里"和"你"的指称将分别固定为多伦多和丽莎。出于同样的原因，丹尼尔和胜任的语言使用者都不会错误地认为（5）的引号中的"这里"是指汉密尔顿，或者（5）的引号中的"你"是指丹尼尔。因此，我们可以从上述观察得出结论：当语境敏感术语出现在引号结构中时，其语义值由说出被引用语句的语境而不是由作为相关语句报告的语境所确定。这种观察为我们提供了分析语句（3）的合理策略。

根据上述关于出现在引号结构中的语境敏感词项的相关现象，我们可以合理地得出，与（3）有关的知识归属的标准实际上跟与（1）有关的知识归属标准相同，因为（1）与（3）都是在日常语境中做出的陈述。由于与（1）相关的日常知识标准要求不高，因此（3）中的让步实际上在语义层面应当等同于根据日常知识标准对（1）进行否定。换句话说，通过断言（3），"我"承认"我"在 t_1 时刻实际上不知道那本书是放在书架上的，即使我们都承认"我"（在 t_1 时刻）处于知识归属的日常会话语境中。由于（3）中引用的句子的语境是日常语境，因此我们同时排除了对（3）的以下解释：在面对那位同学提出的怀疑论的相关可能性之后，"我"最终承认，根据苛刻的（也就是怀疑论的）知识归属标准，"我"不知道这本书在 t_3 时刻是否放在书架上。因此，当"我"说出（3）时，做出的让步既不是根据在 t_3 时刻"我"不能满足苛刻的知识归属标准（该标准由扮演怀疑论者角色的那位同学所提出），也不是根据在 t_1 时刻"我"不能满足相同的苛刻标准的知识归属。根据我们对出现在引号结构中的语境敏感性词项的一般性观察，"我"在 t_3 时刻通过断言（3）做出的让步实际上是在指明，当做出最初的知识归属陈述（1）时，"我"犯了错误，"我"其实无法满足日常对话语境中相对宽松的知识归属标准。

现在对认知语境主义提出的另一个紧迫的问题是：上述案例中所做出的那种让步，是否意味着语境主义对怀疑论的处理方案最终被挫败了？笔者倾向于对这个问题做肯定的回答，因为在对知识归属的语境主义解释下，怀疑论者似乎会通过强迫我们做出类似（3）的让步断言而轻易地侵入我们日常知识归属的领域。正如我们一再说明的那样，语境主义者对怀疑论问题的处理的关键特征是：一方面，语境主义者承认，像（2）这样否定相关知识归属的陈述仅在对知识有苛刻的（怀疑论的）标准的怀疑论语境中才是真的；而另一方面，语境主义者声称，（2）不能被视为对（1）的否定，因为当说出（1）时，知识归属的标准是日常的也是相对宽松的。换句话说，通过将知识归属的怀疑论语境与日常语境相分离、相隔离，苛刻的、怀疑论的知识归属标准将不再影响我们的日常知识归属，因此日常知识在语境主义理论中得到了有效的捍卫。正如我们已经看到的那样，由于语境主义者认为，在（2）中对知识的否定性归属表述通常是由相关认知主体在怀疑论的语境中做出的，因此没有明显的理由说明那些认知主体无法做出类似（3）的某种通过引号结构而做出的间接让步。根据我们的观察，语境主义者不能通过诉诸将知识归属的日常语境与怀疑论语境明显区分开的策略来令人满意地解释类似于（3）的间接让步，因为语境主义者必须面对一个难题：如果（3）是真的，那么怀疑论者就大获全胜了，成功地在日常语境中也剥夺了我们的日常知识归属。如果（3）是假的，（作为胜任的语言使用者）相关认知主体做出类似于（3）的让步时，就是做出了错误的断言，但是相关的错误很难被解释为语境混淆，因为类似于（3）的让步性断言本身并不包含任何语境混淆的要素。[1] 如前述讨论所示，像（3）这样的间接让步陈述并不要求苛刻的知识归属标准被启动起来，因为（3）由于其引号结构而基本等同于承认被讨论的相关信念其实是不满足初始对话场景中相对较宽松的日常知识归属标准的。如果这种让步是可以接受的话，通过这种方式，怀疑论者就绕开了语境主义者对我们的日常知识归属的辩护，从而剥夺我们的日常知识。而怀疑论者很容易诱

---

[1] 语境混淆对于语境主义解决怀疑论问题至关重要。根据语境主义的观点，怀疑论者之所以错误地认为他们可以破坏人类的所有知识，是因为怀疑论者没有区分知识归属的怀疑论语境和知识归属的日常语境。因此，即使有人在怀疑论语境中断言（2），她/他仍然可以保护自己的日常知识，因为当怀疑论语境与日常语境区分开来时，（2）并不与任何日常知识的归属相矛盾。但是，主张（3）的人却并没有犯下类似怀疑论者的错误，因为（3）由于其引号结构而不会导致明显的语境混淆。所以，语境主义者要想说明（3）是错误的，就必须找到其他的理由来解释为什么一个胜任的语言使用者会错误地断言（3）。

使我们做出类似于（3）的这种间接让步断言。

而且，上面所展示的怀疑论策略可以很容易地推广到我们大多数（如果不是全部）日常知识归属上来。语境主义者只能将诸如（2）这样的陈述限定在怀疑论的对话语境中并将其隔离，以此来保护我们的日常知识不受怀疑论的侵害。但是，语境主义者却不能通过强调怀疑论苛刻的知识归属标准不应影响我们的日常知识归属的做法，来合理地阻止我们做出像（3）这样的间接让步断言，因此，怀疑论者可以采取相应的间接让步策略来剥夺我们的日常知识。换言之，怀疑论者可以强迫我们做出诸如（3）这样的间接让步断言，通过日常知识归属标准就迫使我们撤回初始的知识归属陈述。在这种怀疑论策略的压力下，语境主义者无法令人满意地捍卫我们的日常知识，不能以令人满意的方式应对怀疑论的这种间接的挑战。

但是，语境主义者也许会诉诸一种叫作"语义盲目性"（semantic blindness）[1]的策略来挽救自己的理论——语境主义者可以暗示，我们作为胜任的语言使用者对"知道"一词的语义运作却不十分了解，实际上对于"知道"的语境敏感性并不清楚。[2]语境主义者可能会主张，由于我们对"知道"一词的语境敏感性是语义上盲目的，我们总是在不同的对话语境中被知识归属的不同标准所迷惑。正如我们在语境主义对怀疑论的典型批评中所看到的，怀疑论者以及那些受到怀疑论者欺骗的人会将苛刻的怀疑论标准与相对较宽松的日常知识归属标准相混淆，因此这些人错误地认为我们没有任何知识（甚至在知识归属的日常语境中我们也是无知的）。按照类似的推理方式，语境主义者可能会主张，在我们所讨论的案例中，"我"不应该做出类似于（3）的这种让步，"我"之所以会做出（3）的让步是因为"我"在语义上对"知道"一词的语境敏感性是语义上盲目的，

---

[1] 笔者在此借用了约翰·霍桑（John Hawthorne）的"语义盲目性"术语。然而，霍桑对"语义盲目性"的关注方式与笔者这里的关注方式是不同的。霍桑用"语义盲目性"来描述主体间知识报告中的一种现象：一个人 S_1 可能会报告一些其他人（例如 S_2）的知识，但是 S_1 无法从语义上意识到 S_2 的知识归属的相关标准。关于霍桑对"语义盲目性"的讨论，参见 Hawthorne 2004，107-111，114-115。
[2] 虽然笔者没有提供足够的文本支持来说明哪些学者同时认可语境主义和语义盲目性观点，但是，笔者认为，语义盲目性观点至少是相容于语境主义的框架的。注意：语境主义作为一种"错误理论"（error theory），不得不指责怀疑论者和那些被怀疑论点所打动的人是被不同的知识归属语境所迷惑。这就隐含着怀疑论者和那些被怀疑观点所打动的人对"知道"的语境敏感性是语义上盲目的。

因此混淆了不同的知识归属标准。因此,即使看起来(3)好像与(2)一样合理,但实际情况却并非如此。由于"我"在 t_1 的认知地位足以满足相对较低的知识归属标准,因此语境主义者会认为"我"说出(1)是正确的,因此稍后"我"再说出(3)来撤回初始的知识归属则是错误的。换句话说,在语境主义者看来,当"我"做出让步说明(3)的时候,"我"错误地(并且可能是无意识地)将怀疑论苛刻的知识归属标准带入到知识归属的日常对话语境中。

笔者认为,上述这种语境主义的回应其实并不能令人满意。首先,通过将"语义盲目性"的概念应用于"知道"一词,语境主义者将他们的理论转变为"错误理论"(error theory)的一种版本。正如斯蒂芬·希弗尔(Stephen Schiffer)所指出的,这种"错误理论"版本的语境主义确实存在问题,因为该理论表明"人们在某些语境中系统地说出某些知识语句,从而总是将他们的话语所表达的命题与他们在某些语境中说出的句子所表达的命题系统地相混淆"(Schiffer 1996,325)。当希弗尔批评语境主义的时候,"错误理论"问题仅出现在语境主义关于怀疑论和我们日常知识归属的解释[即为什么像(2)这样的直接否定知识与像(1)这样的知识的肯定性归属并不矛盾]中。但是,当语境主义者使用"语义盲目性"来解释我们的思想实验案例时,情况却变得更糟了,因为(3)中包含的带引号的语言结构将很容易使任何胜任的语言使用者意识到关于(3)的会话语境是不同于在(3)之中被引号引用的语句所处的会话语境的。让我们再思考"我"去造访丽莎的那个思想实验案例。在那个案例中,对于会话双方来说,并没有必要明确地解释(5)中的"这里"和"你"到底是指哪些对象,因为这些表述的语义值对于会话双方都是很明显的。如果像丹尼尔那样胜任的语言使用者认为"我"在 t_5 时说出(5)的意思是说"我"是到汉密尔顿来造访丹尼尔的话,任何胜任的语言使用者都会对这种解读感到非常惊讶。胜任的语言的使用者都会理解(5),并把(5)视为"我"对(4)话语的报告——即"我"在 t_5 时向丹尼尔呈报:"我"在 t_4 时曾去多伦多造访丽莎。任何胜任的语言使用者都不会对这一案例中相关语句的解释感到困惑,也不会带来任何语境层面的混淆。笔者认为,在一种语言中，认识到相关语境敏感的词项在引号结构中的作用是作为该种语言胜任的使用者的能力之一。在这个意义上，笔者主张，语境主义要求我们接受的我们在说出类似（3）的语句时所犯下的系统性语境混淆的主张是不合理的。换句话说，语境主义者要求我们接受在使用像（3）这样的引号结构中包含"知道"一词的表达式时总感到困惑并系统性地犯错的主张，其实就等同于宣告我们作为胜任的语言使用者是完全不了解也不掌握"'知道'是语境敏感的"这一语义事实。鉴于我们对"知道"一词的语境敏感性绝对缺乏认识，我们很可能想知道语言中怎么会出现一个像"知道"这样如此难以使用的词项。语境主义所主张的胜任的语言使用者理所当然地在语义上对"'知道'是语境敏感的"语言特征是盲目的，这是十分古怪的看法。如果我们是基于某一词项的语义内容来使用该词项的话，如果大多数胜任的语言使用者不仅不能识别"知道"的语境敏感性，而且实际上是以语境不敏感的方式明显地使用"知道"这一语词的话，我们恐怕只能得出结论，"知道"是语境不敏感的词项。这无疑会从根本上破坏认知语境主义的整个理论根基。

其次，语境主义者所主张的关于"知识"一词语境敏感性的"语义盲目性"，甚至可能破坏一些关于知识归属的直觉上合理的解释。让我们考虑如下盖梯尔案例（a Gettier case）：

> 有一天上午11:00，我妻子向我询问时间。我看了一眼挂在家里墙上的一直是可靠报时的钟表，发现钟表显示的时间是11:00。然后我告诉她现在是11:00。由于她知道我有时会很粗心并且可能误读了时间，因此她要求我仔细复核一下时间。我再次查看时钟，并确保时钟显示的时间是11:00。因此，我大声说："我知道现在是11:00。"[让我们将此语句标定为（6），并且我说出（6）的时刻是t_6。]出于某种原因，我的妻子继续询问我如何知道现在是11:00，然后我告诉她我从墙上的钟表上显示的时刻读数获得了当下的时间信息。然后，我的妻子笑着说："你难道不知道那台钟表已经在两天前停走了吗？"于是，我检查了钟表，发现它已经停走了，结果巧合的是这台钟表刚

好是在两天前的 11:00 停走的。因此，我不得不承认："当我（在 t_6 时）说'我知道现在是 11:00'，我犯错了。"［将该语句编号为（7），并且我说出（6）的时刻是 t7。］

在上述盖梯尔案例中，我们得到以下两条语句：

（6）我知道现在是 11:00。

（7）当我说"我知道现在是 11:00"时，我是错误的。

显然，（6）是假的陈述，因为"我"说出（6）的时候是处于被盖梯尔化的情形之中。但是，我们应该如何解释（7）呢？如果暂时忽略关于"知道"一词的语境敏感性的"语义盲目性"假设，那么我们可以对（7）做出完全合理的解释：（7）就是对（6）的否定。（7）中位于引号结构之中的语句所处的"语境"与（6）相同。关于上述盖梯尔案例的解释完全属于与前述两种案例相同的分析模式。我们在这里提供的解释不仅是合理的，从理论上讲也是经济的。但是，如果假设我们在语义上对"知道"一词的语境敏感是盲目的话，那我们就会面临很严重的挑战。首先，按照这种"语义盲目性"的假设，我们并不清楚（7）中引用的句子的语境和（6）中的语境是否相同。显然，当"我"说出（6）时，"我"从未考虑过钟表恰好在两天前的 11:00 停走的这种可能性，因为这台钟表在很长时间里都是可靠的报时器。但是，在"我的妻子"提到钟表已经在两天前停走的情况之后，"我"自己也发现钟表确实是停走了，在这种情况下"我"在 t_6 时所做出的知识主张实际上被挫败了，因此，在 t_7 时，"我"通过说出（7）来撤回"我"之前做出的知识主张。但是很明显，"我"在 t_7 时比在 t_6 时考虑到了更多的关于知识的挫败项（defeater）的可能性，这可能表明在 t_7 时的知识归属标准要比在 t_6 时的知识归属标准更高一些也更严格一些。但是，根据语境主义的主张，我们对"知道"一词的语境敏感性存在着"语义的盲目性"，因此，在上述的盖梯尔案例中，我们是无法在意识到相关知识归属标准变化的情况下，合理地判断（6）与（7）是处于同一个语境中还是分别处于两个不同的语境中。因此,在给定的语境主义理论框架内,"我"将无法知道我是否通过说出(7)(来正确地)撤回了"我"先前所做出的知识归属。这当然是荒谬的。语境主义者也许会通过强调怀疑论案例与盖梯尔案例之间的差异来反对笔者的上述批评意见。但是,正如巴伦·里德(Baron Reed)所论述的,怀疑论案例与盖梯尔案例之间的差异可能并没有语境主义者所宣称的那么重大。里德论述过,通过对真正的知识拥有者与处于盖梯尔案例中的对应主体之间的比较,我们可以从中构造出强有力的怀疑论论证(参见 Reed 2009,91-104)。我们还可以提供一些精心设计的(elaborate)[1]被盖梯尔化的怀疑论假设,例如:提出某人是被盖梯尔化的受害者,此人不过是恰巧形成了一条得到辩护的真信念 p。因此,如果一个人无法排除她/他是否处于精心设计的被盖梯尔化的场景中这种可能性的话,她/他将不能拥有关于目标命题的相关知识。由此我们便可以通过精心设计的盖梯尔化的方式产生怀疑论所主张的挫败知识归属的相关可能性。如果里德的论证是有效的,那么当提到精心设计的盖梯尔化的怀疑论假设时,我们可以预期,语境主义者很难解释在这些假设的案例中可能出现的相应的间接让步语句。

关于"知道"一词在"语义盲目性"上的最后一个问题是,这种理论主张将使得语境主义和怀疑论之间的理论争议处于方法论上的僵局。怀疑论者认为,因为知识归属的标准实际上是十分严苛的、无法被满足的,所以我们几乎没有任何知识;因此,从严格的语义学角度来看,怀疑论者也可以主张,我们不能真正宣称自己知道任何东西。借助"语义的盲目性",怀疑论者可以主张,我们自认为知道很多事情的"幻觉"是由于我们混淆了关于"知道"的松散使用与"知道"在语义上正确的语义要求之间的差别。因此,怀疑论者和语境主义者都可以诉诸"语义的盲目性"来捍卫自己的理论立场。通常说来,大多数非怀疑论的认知者都会认为这种怀疑论在直觉上是不可信的。但是,当我们引入"语义的盲目性"的相关思考后,就很难决断利用"语义的盲目性"的语境主义与利用"语义的盲目性"的

---

[1] 关于单纯的怀疑论假说(a mere skeptical hypothesis)与精心设计的怀疑论假说(an elaborate skeptical hypothesis)之间的区别,可以参见 Feldman 1999,94-96。

怀疑论主张，到底哪种立场更不合理。如上所述，"知道"一词的"语义的盲目性"，是认知语境主义者用来回应相关知识归属的间接让步问题的，这种主张将使我们一方面缺乏对"知道"的语境敏感性的认识，另一方面又陷入关于"知道"一词的复杂灰色的语义机制之中。如果说认知语境主义所主张的"知道"一词语义及其使用机制过于复杂，在相关的对比中，我们可能会对怀疑论立场也难以接受，毕竟认知语境主义所宣称的关于"知道"的相关语言机制是如此晦涩与复杂。从这个意义上讲，当我们在此将语境主义与怀疑论主义进行比较时，我们最终可能会发现，一种理论相对于另一种理论并没有明显的优势。

如果认真对待上述问题，我们应该承认，怀疑论对"语义的盲目性"的利用相较于语境主义而言要来得更为直接。怀疑论者可以融贯地诉诸"语义的盲目性"主张，暗示我们几乎是一无所知的——我们自认为知道很多，仅仅是因为我们对知识归属标准的本质在语义上是盲目的，而知识归属标准总是非常严苛、非常高的。"语义的盲目性"只会增强关于知识的怀疑论立场。但是，语境主义者不能始终认为胜任的语言使用者在语义上对"知道"的语境敏感性是盲目的，因为语境主义者必须依靠我们对"知道"的语境敏感性的直觉才能利用类似于"机场案例"或"银行案例"来为语境主义提供支持。因此，如果语境主义者是真诚地接纳"语义的盲目性"，那么语境主义的立场在融贯性方面甚至比怀疑论更为糟糕。[1]

因此，正如笔者所述，如果语境主义者不能令人满意地解决知识归属的间接让步问题，那么语境主义就不能真正地捍卫我们的日常知识免受怀疑论的挑战。由于怀疑论者可以使用间接让步策略来破坏我们的知识体系，因此语境主义相对于其对手——恒定主义（invariantism）理论[2]（例如，

---

[1] 相关讨论也可以延伸到关于知识归属的一般性的语境主义上。作为一种"错误理论"的语境主义，不得不指责怀疑论者和那些被怀疑所打动的人混淆了知识归属的不同语境。这就隐含着怀疑论者和那些被怀疑所打动的人在语义上对"知道"的语境敏感性是盲目的。由于怀疑论者否认我们有任何知识，所以我们在这里只考虑那些被怀疑所打动的人。如果语境主义者认为他们也能正确理解"银行案例"或"机场案例"，那么语境主义者实际上就表明，这些人在考虑"银行案例"或"机场案例"时，是意识到"知道"的语境敏感性的；但是，这些人被怀疑打动（即他们在考虑怀疑观点）的时候，却没有认识到"知道"的语境敏感性。

[2] 关于恒定主义的一种出色的辩护策略，可以参见 Reed 2010。

新摩尔主义)而言——并没有明显的理论优势,因为恒定主义理论将明确地阻止像(2)这样的直接让步,因此,在恒定主义框架下,像(3)这样的间接让步语句也就没有办法发挥其作用了。

总之,认知语境主义所声称的优雅平衡意味着我们既可以尊重怀疑论的这种深刻而又充满挑战性的直觉,又可以继续维持我们日常的知识归属,然而,现在看来,认知语境主义的相关努力已经失败了。认知语境主义者最终陷入了一种两难困境:要么他们仍然尊重怀疑论的直觉,要么他们需要拒绝怀疑论的直觉——无论哪种选择都会导致对语境主义来说不可接受的结果。一方面,如果我们确实尊重怀疑论的直觉,那么将使我们可以做出诸如语句(2)的这种直接否定性的认知归属陈述,这就意味着,我们在苛刻的知识归属标准下不具备任何知识。这种直觉还将继续迫使我们做出一些诸如语句(3)的间接让步,这表明即使在日常的对话语境中,被怀疑论打动的我们也会撤回之前做出的肯定性的知识归属。因此,怀疑论的直觉最终将导致我们陷入严重的无知境地,因而认知语境主义也就无法保护我们的日常知识了。另一方面,如果我们选择拒绝怀疑论的直觉并拒绝做出任何诸如(2)或(3)这样认知上的让步,我们将缺乏令人信服的理由接受语境主义立场,因为恒定主义(例如新摩尔主义)在这方面似乎做得更好。在这种情况下,尊重或拒绝怀疑论的直觉都不会产生令人满意的语境主义立场。

但是,语境主义者可能会硬着头皮继续强调,语境主义仍然是一个可以应对直接的怀疑论挑战的好理论,尽管它不能对间接的认知让步问题做出令人满意的回应。在这个意义上,语境主义者实际上退缩了,因为他们不得不放弃语境主义的所谓理论优势之一,即达成怀疑论的直觉与我们关于知识归属的日常直觉之间的优雅平衡。但是,一些语境主义者也许会认为这种退缩是可以接受的,只要语境主义使我们的日常知识归属能够应对直接的怀疑论的挑战就行了。因此,在下一节中,我们将研究语境主义所声称的对于我们日常知识归属的保护是否可维持。

4.2 语境主义及其据称的对我们日常知识的保护

正如我们在上一小节中所看到的，尽管语境主义可能无法解决知识归属的间接让步问题，但如果它确实能够保护我们的日常知识归属不受怀疑论的直接挑战，那似乎仍然是可以接受的。在本小节中，笔者将论证语境主义者也未能实现这一理论目标。笔者将以基思·德罗斯的语境主义理论为例来讨论相关问题，因为在前面的章节中我们已经详细讨论了其他一些语境主义者的观点（例如刘易斯和科恩的观点）。在深入研究具体的语境主义理论之前，我们应该回顾一下一般性的语境主义策略。

语境主义者通常主张，至少存在两种不同的知识归属标准。一种是苛刻的、几乎无法满足的怀疑论标准。我们不得不承认，当面对这个标准时，我们几乎是一无所知的——但这一标准只能被用于有关知识归属的怀疑论的会话语境中。另一种是相对宽松的日常知识归属标准。它是我们日常对话中通常要处理的内容，由此我们确实可以拥有许多日常知识。因此，一般的语境主义策略是保护大量日常知识归属免于怀疑论的挑战，因为过于苛刻的怀疑论的知识归属标准与我们的日常知识归属在会话语境上是完全分离的。

许多知识论学者认为，上述这种粗糙的语境主义策略对于保护我们的日常知识归属免受怀疑论的挑战而言并不具有重大的理论价值，并且这种粗糙的语境主义理论立场也使怀疑论的问题变得缺乏理论旨趣。例如，巴里·斯特劳德（Barry Stroud）通过对比论证的方式批评了粗糙版本的语境主义对怀疑论问题（以及相关的日常知识）的理解：

> 假设有人宣布了一个相当惊人的消息：纽约市没有医生。这当然看上去违背了我们都认为我们知道的事实。如果在纽约那么大的城市里根本没有医生，那就真的是令人吃惊了。当我们问到这个了不起的发现是如何做出的以及这种可悲的状况持续了多长时间的时候，假设我们发现，这个惊人消息的传递者说这是真的，因为正如他所解释的那样，他所说的"医生"是指具有医学学位并且可以在两分钟之内治

愈任何可以想象的疾病的人。我们对他的宣称将不再感到惊讶，也不觉得这与我们都以为是真的那些事实有什么矛盾。我们发现，我们确实相信，整个城市里没有一个人符合做出惊人宣称的人关于"医生"的这一奇特的"重新定义"所要求的全部条件。一旦我们理解了它的本意，除了它的表达形式之外，这个公开的宣称并没有什么令人震惊的地方。它并没有否认乍一看似乎要被否认的东西，也没有对我们原来的信念（即纽约有成千上万的医生）构成威胁。（Stroud 1984, 40）

如我们所见，粗糙的语境主义策略通过提出过于苛刻的知识归属标准，使怀疑论者对知识进行了"重新定义"。从这个意义上说，语境主义者认为这样重新定义的苛刻标准与我们日常的相关知识归属的实践无关。并且，在这种关于怀疑论的粗糙的语境主义解释下，我们同样也会感到惊讶的是，像"重新定义知识标准的"怀疑论居然会在如此长的时间里占据了当代知识论研究的重要地位。

为了应对上述批评意见，语境主义者必须发展一种更为精妙也更为细腻复杂的语境主义理论，以优雅而系统的方式解释为什么怀疑论的假设与我们的日常知识归属无关。换句话说，我们可以合理地期待语境主义者通过诉诸一些合理的理论规定或原则来解释怀疑论的假设为何与我们的日常知识归属无关，而这些理论规定或原则对语境主义理论来说应当是构成性的。语境主义者最终能否实现这一目标，极大地影响了我们对语境主义关于日常知识归属的相关保护的评估。因此，在本章的剩余部分，我们将在这一思路下来研究德罗斯的语境主义理论。我们将会发现，这种经典的语境主义理论同样不能为当前的问题提供令人满意的解决方案。

德罗斯对"知道"一词的语境敏感性的论述是当代认知语境主义文学中最为突出、最有影响力的理论之一。在德罗斯的语境主义理论中，"认知位置的（相对的）力度"〔(relative) strength of epistemic position〕概念起着至关重要的作用（参见 DeRose 1995, 29）。德罗斯指出，"一名认知主体的认知地位需要达到多强的地步，才能使被归属给他的知识语句成为真的,这是一个灵活的问题,可以根据说话者的对话语境的特点而变化"(DeRose 1995,29)。换句话说,根据德罗斯的理论,如果 S 在语境 C 中处于足够好的认知位置而形成了关于 p 是真的信念,那么 S 就在 C 中知道 p;而其中何为足够好的认知位置会随着会话语境 C 而发生灵活的变化。(参见 DeRose 1992,922)因此,为了使说话者真实地(truly)对某个认知主体做出知识归属,该认知主体必须处于足够强的认知位置。但是,德罗斯关于认知位置强度的描述实际上是非常微妙的,也值得我们仔细检查:

> 对 p 处于强的认知位置的一个重要组分就是,一个人对 p 是否为真的信念,不仅需要在现实世界中而且需要在足够接近现实世界的世界中,都要与 p 是否为真的事实相匹配。也就是说,一个人的信念不仅应该是真的,而且应该是非偶然地为真的,这就要求一个人关于 p 是否为真的信念与邻近世界中的事实相匹配。一个人在距离现实世界越远的世界中,同时还能让自己的信念与那么远(以及相关范围之内的)世界中的事实相匹配的话,那么他对 p 的认知位置就越强。[1]
> (DeRose 1995,34)

作为语境主义者,德罗斯强调说,会话语境决定了认知主体的(相对于 p 的)认知位置应该有多强,相关认知位置的强度决定了相关认知主体关于 p 的真信念能否成为知识。德罗斯使用"认知上相关的世界的范围"(the sphere of epistemically relevant worlds)来表示这种语境上被确定的结构化的可能世界范围。他还建议,我们应该以如下的这种方式来描绘"认知上相关的世界的范围"——"由语境决定的可能世界的范围是一个以现实世界为中心的可能世界的范围,在这个范围之内,认知主体对 p 是否为真的信念必须与相关可能世界中的事实相吻合,该主体才能算知道 p"(DeRose 1995,36)。这样一来,德罗斯实际上能够将涉及不同标准的粗糙的语境主义策略转变为更精确和微妙的语境主义描述。也就是说,当相关认知归属

---

[1] 为了保持行文上的一致性,笔者对相关表述中的记号进行了一定的改写。

标准变得更高的时候,"认知上相关的世界的范围"也将扩大。

因此,可以通过"认知上相关的世界的范围"的不同大小来准确地度量不同的知识归属的标准。总而言之,"当我们断言 S 知道(或不知道）p 的时候……我们就扩大了认知上相关的世界的范围,以便其中至少包括一个 p 为假的最为邻近的世界"（DeRose 1995, 37）。该陈述反映了相关替代选项理论（the relevant-alternative theory）对德罗斯的影响。根据德罗斯的理论,在语境 C 中,如果认知主体 S 知道 p,则 S 在 C 中相对于 p 的认知位置必须足够强,以至于 S 能够排除相关的替代选项（即,某些"非 –p"的可能性）;从这种意义上说,在给定的语境 C 中,S 所处的最弱的认知位置应使 S 排除至少一个可能的世界（在该世界中"非 –p"是真的）,以便 S 可以算作在语境 C 中知道 p 的。基于上述理论解释,我们现在可以看出德罗斯的语境主义是如何发挥作用的。

德罗斯的理论可以解释我们为什么可以将关于 p 的日常知识真实地（truly）归属于某一处于日常语境 Co 中的认知主体;但是,如果我们在怀疑论的语境中希望将关于 p 的知识真实地归属于相同的主体,如果相关主体关于 p 所处的认知位置的认知强度依旧与 Co 中的情形相同,那么相关的认知归属就是失败的。这是因为,当在 Co 中我们真实地将主体关于 p 的真信念视为是关于 p 的知识时,"认知上相关的世界的范围"相对较小,并且仅仅是到达 p 为假的距离现实世界最为邻近的世界。让我们称这个领域为 So。此时,认知主体的认知位置的强度足够大,该认知主体的真信念与整个 So 范围内的事实相符合,因此,该认知主体被归属的相关知识也是真的。然而,当怀疑论的假设出现时,语境从 Co 变为 Cs;由于怀疑论场景提出了更为苛刻的认知归属标准,因此在 Cs 中,相关的"认知上相关的世界的范围"将比 So 大得多。让我们将与怀疑论语境相关的"认知上相关的世界的范围"称为 Ss。由于知识论相关世界的所有领域都以现实世界为中心,因此 So 与 Ss 处于以现实世界为中心的同心圆关系中。如图 4.1 所示,落在 So 内的可能世界的集合将是落在 Ss 内的可能世界集合的子集。由于相关主体关于 p 的真信念只能匹配整个 So 内的事实,而 So 在范围上要比 Ss 小,因此主体认为 p 无法匹配整个 Ss 内的可能世界里的事实。因此，在 Cs 中，相关认知主体相对于 p 的真信念的认知位置的强度不足，因此相关主体也不会被视为拥有关于 p 的知识。

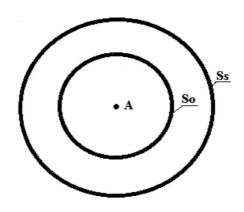

图 4.1 （图中字母"A"所指示的点代表现实世界）

根据语境主义，我们在日常场景中的关于日常知识的归属不会被怀疑论的假设所破坏，因为通常怀疑论假设被实现的可能世界与现实世界相距较远，这些怀疑论的可能世界不会落于 So 范围之内，因此，怀疑论的可能场景与我们在日常语境中进行的日常知识归属是无关的，因为我们在日常语境中讨论的主要是 So 范围之内的可能世界。而如果我们日常语境中的日常认知主体所具有的认知地位的强度仅能达到 So 范围而无法达到 Ss 范围的话，那么，在怀疑论语境中，相关认知主体就不能再持有相关知识了。到目前为止，德罗斯的语境主义的运作效果似乎良好。但是，我们可能想知道德罗斯的理论是否总能够合理地说明我们有关日常知识归属的各种实践。而接下来我们即将看到，德罗斯的理论会面临一些决定性反例的挑战。

迈克尔·布洛姆–蒂尔曼（Michael Blome-Tillmann 2009）针对德罗斯的理论提出了一个尖锐的反例。布洛姆–蒂尔曼指出，德罗斯的理论无法对现实世界的自然规律或某些必然真陈述（necessary truth）的日常知识提供令人满意的解释。我们可以思考以下的案例（参见 Blome-Tillmann

2009，387）：著名的逻辑学家 L 博士在大学校园里遇到了他的一位朋友 P 博士，P 博士是世界领先的物理学家 ["L" 和 "P" 分别是 "逻辑学"（logics）和 "物理学"（physics）英文单词的首字母]。L 博士向 P 博士询问了有关相对论的问题。P 博士说：

（8）我知道没有什么能比光传播得更快。

由于这种对话环境似乎完全是日常的，因此我们可以合理地认为，P 博士作为杰出的物理学家，确实知道没有什么比光传播得快。但是，正如布洛姆-蒂尔曼所言，德罗斯的理论不能令人满意地支持这一结果。

根据德罗斯的理论，P 博士断言，他知道任何事物的传播都不会比光的传播速度更快，这会引起"认知上相关的世界的范围"（我们将此范围记作 "S_1"）的扩展，因此它至少包括一个与现实世界最为接近的世界，在该可能世界中存在某些事物的传播速度比光还快，换言之，在这个可能世界中光速最快的物理法则失效了。现在我们假定 w_1 是这个最为邻近的可能世界，在 w_1 中某些事物的传播速度是比光还快的。根据主流的也是正统的理论，可能世界之间的邻近性关系可以通过如下方式确定：给定三个可能世界 w、w^* 和 w^{**}，w^* 比 w^{**} 更邻近于 w，当且仅当，w^* 比 w^{**} 更相似于 w。因此，S_1 应该是一个非常巨大的球面范围，而 w_1 与现实世界相距甚远，这是因为 w_1 中的自然定律与现实世界中的自然定律非常不同，因此 w_1 与现实世界非常不相似。现在，我们就需要思考一个严峻问题：怀疑论假设被实现出来的可能世界 w_s 是否在 S_1 的范围之内呢？因此，我们必须在 w_1 和 w_s 之间进行比较，指明哪个世界更接近现实世界。应该注意的是，通过仔细选择怀疑论场景的设置，我们其实可以使 w_s 更接近于现实世界。例如，"缸中之脑"（brains in a vat, 简写作 "BIV"）的假设与彼得·昂格（Peter Unger）的怀疑论假设（即有一个邪恶的科学家欺骗我们并让我们错误地相信岩石存在[1]）相比，实现 BIV 怀疑论场景的可能世界相较于实现昂格怀疑论场景的可能世界似乎更远离于现实世界。这是因

---

[1] 相关案例参见 Unger 1975，7-8.

为实现昂格的怀疑论假设的可能世界与现实世界的差异要小于实现 BIV 假设的可能世界与现实世界的差异。现在，我们就让 w_s 成为实现昂格的怀疑论假设的可能世界。当我们将 w_s 和 w_1 对比于现实世界的时候，可以合理地得出结论：w_s 是与我们的现实世界更接近的可能世界，因为 w_s 不需要让 w_s 中的自然规律与自然法则显著不同于现实世界的相关规律与法则。如果是这样，我们可以看到，w_s 比 w_1 更接近现实世界。这种情况可以在图 4.2 中进行展示。因此，如果我们要把"没有什么能比光传播得更快"的知识归于 P 博士，我们就必须弄清楚 P 博士关于"没有什么能比光传播得更快"信念的认知位置的强度是否能与整个 S_1 范围内的相关可能世界中的相关事实相匹配。所以，现在的关键是，如何为相关主体的信念与在特定语境 C 中整个认知相关世界范围内的事实的匹配关系，提供一个良好的解释。

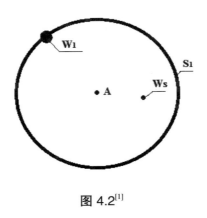

图 4.2[1]

不幸的是，德罗斯本人从未明确说过，在给定语境 C 中，如何在整个认知相关的世界范围内定义信念和事实的匹配关系。但是，我们仍然有一些线索可以提供与德罗斯的观点相符的理论说明。在关于欧内斯特·索萨（Ernest Sosa）的安全信念（safe belief）原则的评论性评论文章（即 DeRose 2004）中，德罗斯明确接纳了安全性原则的语境主义形式，并拒斥了罗伯特·诺齐克（Robert Nozick）的敏感性信念（sensitive belief）原

---

[1] 图 4.2 改编自 Blome-Tillmann 2009，388。

则。根据索萨的理论[1]，认知主体关于 p 的知识蕴涵着她/他关于 p 的信念是安全的。安全信念的定义是以虚拟语气的方式来表达的：认知主体关于 p 的信念是安全的，当且仅当，假使该认知主体形成相关信念的时候，该信念依旧是真的。安全信念的形式表达可以概括为：

某一认知主体的信念 p [即 B(p)] 是安全的，当且仅当，B(p) □→p。

另一方面，信念的敏感性可以定义为：

某一认知主体的信念 p [即 B(p)] 是敏感的，当且仅当，¬p□→¬B(p)。

值得注意的是，德罗斯同样认为，在语境主义知识归属理论中，关于安全信念的反事实分析也具有至关重要的作用。由于德罗斯倾向于接受安全性信念（的语境主义版本）并拒绝敏感性信念的刻画，因此，按照布洛姆-蒂尔曼的建议，我们可以大致形成以下信念与事实的匹配原则：

（M）认知主体关于 p 的信念符合 w 中的事实，当且仅当，认知主体相信 p 仅当 p 在 w 中为真。

则（M）可以形式化地表达为：

（M）[S 的信念 B(p) 符合 w 中的事实] 当且仅当 [（在 w 中 B(p)] → (p 在 w 中为真)（参见 Blome-Tillmann 2009, 391）

但是，正如布洛姆-蒂尔曼所指出的，（M）会导致对必然真信念的不合理的解释。由于必然真的陈述在所有可能的世界中都成立，因此，当 p 是必然真的命题时，（M）中的"[（在 w 中 B(p)] → (p 在 w 中为真)"

---

[1] 索萨对安全性信念和敏感性信念的详细讨论，可以参见 Sosa 2000；2007, 22-43；2011, 67-95。

将始终被满足。因此，如果 p 是必然真的命题，那么，一个人关于 p 的信念将在所有可能的世界中都符合相关事实，这也必然意味着在认知相关的世界的任何给定范围内关于 p 的信念与事实相符合，因为在认知相关的世界的范围是所有可能世界的子集。为了避免出现这种违反直觉的后果，布洛姆-蒂尔曼建议应按以下方式来强化相关的原则：

（M*）对于任何邻近实际世界 A 的可能世界 w 而言，
[S 的信念 B（p）符合 w 中的事实] 当且仅当 [（在 w 中 B（p）] → （p 在 w 中为真）并且 [在 w 中 B（¬p）] → （¬p 在 w 中为真）。（Blome-Tillmann 2009，392）

因此，（M*）解释了一个人为何会不知道某一必然真命题：要么这个人在 w 中不相信 p，要么在一个足够邻近的可能世界中这个人错误地相信了"非 –p"。但是，无论是上述哪种情况，即便承认 p 是必然为真的（因此 p 在每个可能世界中都成立），由于关于"知道"的某一必要条件得不到满足，因此这个人也不知道 p。因此，在给定的语境 C 中，如果在相应的认知相关的世界范围内存在一个可能世界，而某一主体在该世界中形成了关于 p 的错误的或者虚假的信念，则在 C 中该认知主体不知道 p，这是因为该认知主体关于 p 的信念在相应的认知相关的世界范围内与事实不相符。

按照上述刻画，我们现在可以理解为什么按照德罗斯的理论 P 博士不知道"没有什么能比光传播得更快"。由于 S_1 是一个巨大的认知相关的世界范围，甚至昂格式的怀疑论的可能世界 w_s 都可能落入 S_1 的范围之内，因此，很明显，在 w_s 中作为怀疑论场景的受害者出现的 P 博士很容易错误地相信某些事物的传播速度可能比光快。除此之外，似乎还有其他的一些可能世界更接近于现实世界，在这些可能世界中，P 博士具有相同的错误信念，这可能是由 P 博士对相对论中某些原理的误解而产生的。因此，我们可以清楚地看到 P 博士关于"没有什么能比光传播得更快"的信念与整个 S_1 范围内的事实并不符合。根据德罗斯的理论，上述观察结果将迫使我们得出结论：P 博士即使是在日常的会话语境中也不知道"没有什么能比光传播得更快"这一命题。

至此，我们终于可以理解布洛姆-蒂尔曼的反例究竟在何种意义上对德罗斯的语境主义理论提出了严峻的挑战。我们还可以从以上的讨论中得出一些更一般性的经验教训。德罗斯的语境主义实际上并不能帮助我们大量的（与现实世界的内在规律或特征有关的）日常知识规避怀疑论的挑战。在德罗斯的理论框架下，当我们讨论上述类型的知识时，我们将发现一些怀疑论场景的可能世界会落入到相应的认知相关的世界领域之内，这使得怀疑论场景的世界总会与我们关于现实世界中自然法则等相关的日常知识的归属发生关联。在这种情况下，我们对现实世界中自然法则、内在规律的日常知识归属都变成假的。

一些语境主义者可能依旧会硬着头皮承认，尽管我们不得不放弃有关现实世界中自然法则、内在规律的日常知识的归属，但我们仍然能持有其他大量的日常知识（例如，"我知道我有手"，等等）。但是，实际情况会比这些语境主义者预想的还要更糟。让我们回到 P 博士和 L 博士之间的对话上来。假设 L 博士在听到 P 博士断言之后说：

（9）我知道我有手或者没有什么能比光传播得更快。(I know that either I have hands or nothing can travel faster than light.)[1]

我们先于理论的直觉判断是（9）是真的。但是，根据德罗斯的理论，相应的认知上相关的世界范围 S_2 所对应的球面区域现在甚至比 S_1 还大，因为 S_2 已扩展到包括至少是距离现实世界最为邻近的一个可能世界 w_2，在 w_2 中相应的 L 博士没有手，并且存在某些事物的传播速度可以超过光速。同样地，德罗斯的理论将表明，L 博士关于他有手或者没有什么可以比光传播得更快的信念无法与整个 S_2 中的事实相符合，因为在落入 S_2 范围的某些怀疑论场景的世界中，L 博士很容易被欺骗从而形成相关的错误信念或者虚假信念（即在这些怀疑论场景的可能世界中，L 博士相信自己没有

---

[1] 在（9）中，我们对"知道"采取最大化辖域的解读，"知道"统辖了整个析取命题；换言之，"我知道（我有手或者没有什么能比光传播得更快）"。

手并且有些东西可以比光传播得更快）。因此，根据德罗斯理论的判定，（9）是假的，这显然与我们先于理论的直觉判断相矛盾。此外，由于德罗斯还接受了如下形式的在元语言层面表达的认知封闭原则：

> 对于任何被固定下来的语境 C_i，如果某人在 C_i 中知道 p，并且 p 蕴涵 q，那么此人在 C_i 中也知道 q。[1]

由于 L 博士不知道她有手或者没有什么能比光传播得更快，并且"L 博士有手"在逻辑上蕴涵"L 博士有手或者没有什么能比光传播得更快"，将此结合于上述元语言层面表达的认知封闭原则，那么根据否定后件（modus tollens）的有效推理操作，我们就可以得出，L 博士不知道她有手。因此，在德罗斯的理论中，相关的语境主义者就不得不断定 L 博士也不知道她有手[2]，这几乎就等同于对我们日常知识的归属形成了怀疑论式的否定。在这种模式下，我们可以看到，大多数（如果不是全部）日常知识归属都可以按照上述模式而被破坏。在这种意义上，德罗斯的语境主义理论无法保护我们的日常知识归属免遭怀疑论的挑战。

综上所述，我们可以看到遵循德罗斯路线的语境主义者甚至无法保护我们日常知识的归属免受怀疑论的直接攻击。布洛姆–蒂尔曼所构造的反例确实对德罗斯的语境主义版本的知识归属理论提出了十分严峻的挑战。

---

[1] 诚然，这其实是关于认识论封闭原则的一个过度简化的元语言版本；但是，就我们目前进行的讨论而言，这种版本的元语言层面的认知封闭原则已经满足了我们的讨论需要。

[2] 相关的推理过程可以明确表示成如下的内容：假设当前的语境是某一日常语境 Co，并且 Co 是被固定下来的，我们用命题 p 表示"L 博士有手"，命题 q 表示"L 博士有手或者没有什么能比光更快地传播"。显然，p 逻辑地蕴涵 q，因为 p 是 q 的第一个析取支命题。在 Co 中，相关的封闭原则被例示为：如果 L 博士知道 p，并且 p 蕴涵 q，那么 L 博士就知道 q。基于前述的导论，在德罗斯的理论中，L 博士不知道 q，通过对封闭原则进行否定后件的（modus tollens）有效推理操作，我们就可以推导出，要么 L 博士不知道 p，要么 p 不蕴涵 q。但是，从逻辑上讲，p 蕴涵 q 是真的，因此，在德罗斯的理论中，最终的结论只能是：L 博士不知道 p（即 L 博士不知道她有手）。

4.3 语境主义与怀疑论：一个简要的总结

综合本章前两节的相关论证，我们可以发现，当面对怀疑论问题时，语境主义的一些所谓的"理论优势"实际上是虚幻的，认知语境主义无法真正实现我们关于日常知识归属的直觉与怀疑论的直觉之间的优雅平衡。一方面，这些竞争的直觉，结合上述间接让步的知识归属策略，就会导致认知语境主义陷入困境，这表明认知语境主义相对于其竞争理论而言并没有实质性的理论优势。另一方面，在面对怀疑论的直接挑战时，最具代表性、最有影响力和最为复杂精巧的语境主义理论（即德罗斯的语境主义理论）却无法解决怀疑论的挑战，无法保护我们的日常知识归属免受怀疑论的破坏。因此，无论从哪一方面来看，语境主义都没有比其竞争理论提供更好的理论结果，在这个意义上，语境主义似乎没有能力真正解决怀疑论所带来的理论挑战。

但是，语境主义者可能会进一步地让步与妥协，这些语境主义者会承认，虽然他们的理论不能很好地解决怀疑论的问题，但可以很好地说明知识论中的认知封闭原则，而这一原则似乎是怀疑论论证的重要组成部分。一旦语境主义可以很好地解释认知封闭原则，认知语境主义就可能在某种间接的意义上有助于我们理解和把握怀疑论论证的实质。对上述这种思路的考察，将会把我们引入下一章关于语境主义和认知封闭原则的讨论中。

第五章　语境主义与认知封闭原则

关于认知封闭原则的讨论是当代知识论领域中的热门话题，本章将结合语境主义展开对认知封闭原则的研究。在本章的最后笔者将得出结论，不论是沙弗尔的对比主义理论，还是其他的非对比主义的语境主义理论都不能为我们提供关于认知封闭原则的令人满意的解释。因为在语境主义框架下，语境主义者所主张的认知谦逊（epistemic modesty）与认知封闭原则之间存在着严重的张力。但是，在评估关于认知封闭原则的语境主义解释之前，我们最好先来整体回顾一下关于知识的封闭模式（schema）的不同刻画版本，这将成为本章后续相关讨论的基础。

5.1　关于知识的封闭原则：一种准备性的概述

目前在当代知识论中的基于演绎推理的认知封闭原则，是借用了数学、逻辑学领域中关于封闭的概念的，严格意义上的"封闭"是这样一种概念：

一个集合 Γ 在操作 λ 下是封闭的 $=_{df.}$ 对于 Γ 中的任何元素 x，

如果 $y=\lambda(x)$，则 $y \in \Gamma$。

在知识论的背景下，我们可以看到这里的集合 Γ 是某位认知主体 S 所掌握的知识内容的命题的集合。因此，集合 Γ 可以被定义为 S 所知道的那些命题。换句话说，如果我们使用 Ksp 表示"S 知道 p"，则集合 Γ 可以定义为 $\{p \mid \text{K}sp\}$。关于知识的封闭原则最简单的形式是，知识在逻辑蕴涵下是封闭的：如果 S 知道 p，而 p 在逻辑上蕴涵 q，则 S 知道 q。从这个意义上讲，集合 Γ 可以被视为是演绎地封闭的。因此，采用集合论符号的刻画，我们得到：

基于逻辑蕴涵的知识封闭原则（Closure under Logical Implication，简写作 CLI）：$[\text{K}sp \,\&\, (p \rightarrow q)] \rightarrow \text{K}sq$。[1]

但是，正如许多哲学家正确指出的那样，（CLI）是不可辩护的，因为（CLI）明确表明人们可以"仅仅基于从 p 逻辑上蕴涵 q 这一事实"（Hintikka 1962, 30，此处的强调为笔者所加）就可以从 S 知道 p 中推导出 S 知道 q。这会产生一种古怪的结果：某一认知主体 S 知道她/他目前所掌握的知识命题所蕴涵的全部命题。因此，在日常生活中我们经常可以找到关于（CLI）的反例。例如，有一名学生非常了解欧几里得几何学，并且能够根据给定的公理证明一些定理。但是，尽管相关公理确实蕴涵了全部的定理，但这名学生事实上无法知道这些公理所蕴涵的处于十分复杂推理的相当遥远的结果位置的相关定理，因为这名学生可能从来也没想到过这些公理所蕴涵的但是需要极其复杂的推导才能获得的定理（参见 Hintikka 1962，30-31）。

因此，我们需要以某种方式修改（CLI），以便消除上面的反例。如果我们先考虑可以让某人 S 知道 p 却导致其不知道 p 所蕴涵的逻辑后承 q 的情况，这有助于我们探索如何修改（CLI）。这样我们可能会发现某些可以添加到（CLI）中的因素，从而将其改写为更合理的封闭原则。以下就是

---

[1] 该原则改写自 Kvanvig 2008，458。

一个可供思考的情形：

> 假设某人 [S] 对您说"我知道 p，但我不知道 q"，并假设可以通过某个他愿意接受的论证证明 p 在逻辑上蕴涵 q。然后，您可以向他指出，他说他不知道的内容已经被蕴涵在他声称知道的内容中了。如果您的论证是有效的（valid），那么这个人坚持说他不知道 q 是否成立就是不合理的。如果他是理性的，那么您可以说服他撤回他的相关陈述，而无须向他提供任何超出某些逻辑关系（假定他从一开始就掌握的规则）的新信息。您可以通过向他指出，如果他对自己已经知道的内容的逻辑后果有足够深入的了解，他凭借自己的力量也可以知道 q。（Hintikka 1962，31）

正如雅各·辛提卡（Jaakko Hintikka）所说，我们作为具有理性的人类个体也会有一定的倾向，以至于"我们有充分的理由在一定程度上跟进我们所知道的逻辑后承，其中之一就是在法则的视角下，人们假定他们意图（并因此知道）他们已知行为的合理的和可能的后果"（Hintikka 1962，35）。根据这种理解，正是 p 和 q 之间疏远的或模糊的逻辑蕴涵关系阻碍了我们掌握相关逻辑推演的结果。因此，辛提卡主张，如果 p 逻辑上以足以使相关认知主体可理解的、明显的方式蕴涵了 q，那么封闭原则应当是可以维系的：

> 如果您说您知道 p，并且如果 p 很明显地蕴涵 q，那么您很可能会承认您也知道 q。……粗略地说，连接 p 和 q 的演绎链条越短，这种可能性也就越大。（Hintikka 1962，35）

正如辛提卡指出的那样，我们在知识论当中所讨论的逻辑蕴涵可能还需要具有某种性质，以便认知主体 S 可以从认知上通达命题 p 和 q 之间的逻辑蕴涵关系，这样才能使 S 看到（并掌握）p 在逻辑上蕴涵 q。考虑到上述情形，我们可以将原有的（CLI）修改为如下更有希望成立的认知封闭原则的一般模式（schema）：

封闭模式（Closure Schema，简写作 CS）：[Ksp&（$p{\rightarrow}q$）&As（$p{\rightarrow}q$）]→Ksq［其中"As（$p{\rightarrow}q$）"表示 S 对（$p{\rightarrow}q$）具有"认知上的通路"］。[1]

这里的关键问题是，在（CS）中相关的"认知上的通路"都有哪些。一种可能的候选项是：如果 S 知道从 p 到 q 的逻辑蕴涵关系，那么 S 就可以基于她/他关于 p 的知识而知道 q 了。[2] 因此，我们可以得出认知封闭原则的另一种表述形式：

已知蕴涵下的知识封闭原则（Closure under Known Implication，简写作 CKI）：[Ksp&Ks（$p{\rightarrow}q$）]→Ksq。[3]

但是，一些知识论者发现（CKI）仍然是无法令人满意的，因为（CKI）没有捕获前述讨论中所暗示的所有必要信息。在（CKI）的前件中，从"S 知道 p"和"S 知道 p 演绎地蕴涵 q"，我们不能得出结论说，S 确实从 p 推导出 q 并形成了相应的关于 q 的信念。由于信念形成机制的复杂性，即使（CKI）前件中的两个合取支命题均为真，S 仍然有可能无法知道 q。换句话说，（CKI）无法通过 S 知道 p 和 S 知道 p 蕴涵 q 来确保 S 确实形成了对 q 的信念。为了解决（CKI）中的信念形成方面的问题，我们可以采用如下两种可行的方法：（1）增强（CKI）的前件；或者（2）削弱（CKI）的后件。

在有关认知封闭的文献中，很容易找到许多知识论学者，他们采用第一种方法来提供对封闭原则的更合理的表述。例如，爱德蒙德·盖梯尔（Edmund Gettier）就可以被视为此类学者的代表：

---

[1] 该原则改写自 Kvanvig 2008，458。

[2] 例如，蒂莫西·威廉姆森（Timothy Williamson）就曾指出，S 要想对相关的逻辑蕴涵有一个良好的认知通路，方法之一就是 S 要通过"完成相关的演绎推导来达到对有关命题的反思性平衡"（Williamson 2000，116）。

[3] 该原则改写自 Kvanvig 2008，458。在（CKI）中，我们不必在相关条件句的前件中再重复（$p{\rightarrow}q$），因为知识是叙实性的（factive），因此，Ks（$p{\rightarrow}q$）已经蕴涵了（$p{\rightarrow}q$）。

　　　　对任何命题 p，如果 S 得到辩护地相信 p，并且 p 蕴涵 q，并且 S 通过演绎推理从 p 推论出 q 并将 q 视为是相关推理的结果而接受了 q，那么 S 得到辩护地相信 q。（Gettier 1963, 121；笔者在此改写了一些符号并添加了强调）。

当然，在上述表达中，盖梯尔是用"得到辩护地相信"来完成相关封闭原则的刻画的，但是上述表述可以很容易地被改写成关于知识的封闭原则。我们在此讨论的重点是，当我们将盖梯尔的相关表述与（CKI）进行比较时，在盖梯尔表述中被强调的内容相较于（CKI）是明显增强了前件的。类似增强前件的操作，还可以从霍桑那里得到例示，霍桑在他的书中将这一原则称为"单一前提封闭"（Single-Premise Closure，简写作 SPC）原则，如下便是霍桑版本的封闭原则：

　　　　如果 S 知道 p，S 胜任地演绎推导出 q，并且由此相信了 q，同时 S 始终保持着对 p 的知识，那么 S 知道 q。（Hawthorne 2004，31）

假设我们可以用符号 "B^*sq" 表示 "S 胜任地演绎推导出 q，并且由此相信了 q，同时 S 始终保持着对 p 的知识"，我们可以将盖梯尔和霍桑所主张的关于（CKI）的前件增强版的封闭原则表示为：

　　　　前件增强型 CKI（Antecedent-Strengthened CKI，简写作 CKI-AS）：$\{Ksp \ \& \ Ks(p{\rightarrow}q) \ \& \ B^*sq\} {\rightarrow} Ksq$。

　　除了上述增强前件的处理方法之外，解决（CKI）问题的第二种方法是削弱其后件。由于 S 可能无法相信 q，因此也无法知道 q——即使 S 既知道 p 又知道（$p{\rightarrow}q$），一个直接的补救方法是在（CKI）的后件中采用一些较弱的概念替换 "Ksq"。这里可用的一个候选项便是 "S 处于知道 q 的位置上"（S is in a position to know that q，该表述也可意译为 "S 可以知道 q"；但是笔者在此还是选取了比较严格的字面翻译）。"S 处于知道 q 的位置上" 这一表述不应理解为暗示仅仅对命题 q 形成相应的信念。根据沙弗尔的说法，"S 处于知道 q 的位置上"表示的是"满足知识的证据组成要素"（Schaffer 2007, 235）。应当指出的是，尽管一些当代的知识论学者确实将这一概念用于表述认知封闭原理的适当版本之中[1]，但是在关于认知封闭原则以及怀疑论的相关文献中，很少有关于"S 处于知道 q 的位置上"概念或者定义的详细讨论（参见 David and Warfield 2008, 168）。但是，在当前的讨论中，我们可以满足于关于"S 处于知道 q 的位置上"的上述直观理解。如果我们使用符号"$[[K]]sq$"表示"S 处于知道 q 的位置上"，那么我们可以得出相应的（CKI）后件弱化版本的表述：

后件弱化的 CKI（Consequent-Weakened CKI，简写作 CKI-CW）：$\{Ksp \ \& \ Ks(p \rightarrow q)\} \rightarrow [[K]]sq$。

需要澄清的一个问题是：当我们将（CKI-CW）与（CKI-AS）进行比较时，可以明确地发现，（CKI-CW）与（CKI-AS）作为认知封闭原则实际上都不是在数学或逻辑的严格精确的意义上来使用"封闭"的概念了：（CKI-AS）的前件中引入了"B^*sq"这样的非知识算子，而（CKI-CW）则在后件中引入了"$[[K]]sq$"算子；因此，（CKI-CW）与（CKI-AS）都不是严格地在知识算子"K"下演绎封闭的了。然而，"B^*sq"表达了在认知主体进行相关演绎推理时信念变化的机制，而"$[[K]]$"算子也保留了"知道"的某些本质特征（例如，"$[[K]]$"依旧是叙实性的）。在后续关于认知封闭原则的讨论中，笔者将忽略这种围绕"封闭"一词数学的、逻辑学的准确性而展开的相关讨论。

在刻画出不同版本的认知封闭原则之后，我们就完成了对该问题的初步概述，获得了关于后续讨论的一种一般性的框架。我们将在该框架内讨论和评估围绕认知封闭原则展开的各种不同的理论立场及相关论证。

---

[1] 参见 David and Warfield 2008；Kelp 2011；Klein 2004；以及 Schaffer 2007。

5.2 所谓"封闭原则失败"的两种情况

借助上一节中建立的框架，我们现在可以讨论所谓的关于否证认知封闭原则的两种主要的方法策略，这些方法策略旨在说服我们放弃关于知识的封闭性原则。一种是德雷茨克式的（Dretskean）方法策略，另一种则是诺齐克式的（Nozickean）方法策略。笔者将在本节论证，上述两种方法策略均不能达成其初始目的，因此，凭借上述两种方法策略是不能说服我们放弃关于知识的封闭性原则的。

在展开讨论由德雷茨克和诺齐克提供的关于知识封闭性原理的否定性论证之前，我们需要做出一些澄清。第一，德雷茨克和诺齐克都是重要的知识论学者，他们都主张放弃关于知识的认知封闭原则。第二，在当代知识论的学科发展史中，德雷茨克和诺齐克应被视为否证知识封闭原则的代表人物。第三，出于文本考察的准确性，德雷茨克和诺齐克在其早期发表相关论著的时候，给出的结论是应该放弃（CKI）原则（参见 Dretske 1970；Nozick 1981）。但是，德雷茨克后来认为甚至（CKI-AS）和（CKI-CW）这样的原则也应该被放弃（参见 Dretske 2005a，2005b）。由于我们与德雷茨克在关于（CKI）原则的批评方面没有重大分歧，因此我们将专门讨论德雷茨克关于（CKI-AS）和（CKI-CW）的批评意见。第四，尽管我们已经承认了诺齐克在其论著中主要批评的是（CKI）原则，但是，诺齐克相关论证中所包含的方法论理据似乎也可以用于质疑（CKI-AS）和（CKI-CW）的合理性。因此，当我们评估诺齐克的思想时，我们主要评估的将是诺齐克的相关方法论层面的思想。接下来我们将依次讨论德雷茨克和诺齐克的相关思想。

完成了上述澄清之后，我们可能还需要简短地讨论涉及认知封闭原则的怀疑论证，因为德雷茨克的相关替代理论和诺齐克对认知敏感性条件的看法都与怀疑论论证密切相关。

5.2.1 怀疑论论证和认知封闭原则

根据一些知识论学者的主张，认知封闭原则是建构怀疑论论证的重要前提之一。考虑如下这个被德罗斯称为"基于无知的论证"（the Argument from Ignorance，简写作 AI）的怀疑论论证的简化版本（参见 DeRose 1995，1）：

基于无知的论证（AI）：

1. 我不知道非-H。（I don't know that not-H.）
2. 如果我不知道非-H，那么我也不知道 O。（If I don't know that not-H, then I don't know that O.）

所以，（C）我不知道 O。

其中 O 是我们通常认为自己知道的关于外部世界的命题（例如，我有手），而 H 是经过精心设计和选择的怀疑论假设（例如，我是无身体的缸中之脑，通过受到电化学刺激的方式产生我的相关感觉经验，此后我们将这种怀疑论假设简写作 BIV）。

（AI）的第二个前提体现了认知封闭原则[1]，换言之，该原则与"我知道 O"和"我不知道非-H"构成了一组不一致的陈述语句集，这三条陈述是"彼此不一致的命题，当彼此分开、独立考虑时，每个命题都有一定的合理性"（Schiffer 1996，328）。为了解决这一难题，我们必须（至少）放弃该陈述语句集中的某一个命题。正是在这种情况下，一些哲学家提议，我们应该拒斥的是关于知识的认知封闭原则。[2] 因此，我们在以下两小节

---

[1] 这里需要强调的是，（AI）的第二个前提只是体现了认知封闭原则的（过度）简化的版本。通过本章 5.1 节关于知识封闭原则不同版本的表达形式的初步讨论，按照宽容原则（principle of charity）的解读，我们会发现（AI）的第二个前提只能看作对（CKI）原则的体现。

[2] 其他的一些处理方案是：一个（新）摩尔主义的知识论学者会拒斥（AI）的第一个前提，这表明我们可以知道我们不是被怀疑论场景所折磨的认识上的受害者。但是，德罗斯等语境主义者认为，这种（新）摩尔式的回答违反了认知的谦逊性。根据语境主义者的观点，由于（新）摩尔主义者没有确凿的证据来反对怀疑论假设，因此，（新）摩尔主义者拒斥（AI）的第一个前提的做法是教条主义的，他们以不合理的方式来抗拒怀疑论论证。语境主义者认为语境主义的理论才是最好的理论——语境主义不仅可以解释（AI）的第一前提为什么（在某些语境中）是真的，以此来维护认知的谦逊性，还可以保护我们的日常知识不受怀疑论的攻击。关于语境主义的详细讨论将在本书 5.3 节中展开。

将考察这些据称是批驳了关于知识的认知封闭原则的论证。[1]

5.2.2 德雷茨克论认知封闭原则的失效性

实际上，德雷茨克拒斥认知封闭原则似乎是他解决有关知识的怀疑论问题的唯一选项（尽管他本人拒绝这种对他理论的解读），这是因为：一方面，他认为（AI）的第一个前提在直觉上是合理的，而另一方面，他认为我们应该否认（AI）的结论，在这种情况下，如果他依旧想驳斥（AI）论证，就只能选择拒斥（AI）的第二个前提，这就等同于拒斥了认知封闭原则。德雷茨克坚持认为，面对怀疑论难题的正确态度是："我们只是承认我们不知道对比性的'怀疑论的替代选项'不是真的，但是，我们拒绝承认我们不知道我们最初所说的我们知道的东西。"（Dretske 1970，1016）德雷茨克进而指出，他拒绝认知封闭原则的动机不仅仅源自他对知识的怀疑论之谜解决的渴望，认知封闭原则的失败是"自然地"源自对知识本质的一般性分析本身。我们可以从如下案例梳理出相关的分析：

> **斑马案例（The zebra case）：**
>
> 某人 S 带儿子去动物园，在那里他们看到了几匹斑马，当他的儿子问他面前的动物是什么的时候，S 告诉他的儿子：面前的动物是斑马。假设 S 确实知道斑马是什么样的，他们造访的是他们所在城市的动物园，并且圈养这些动物的笼子的指示牌上清楚地标示着"斑马"。从这个意义上讲，S 可以合理地声称他知道他们面前的这些动物是斑马。而且似乎很明显，某一动物是斑马，就蕴涵着它不是动物园园方巧妙伪装的骡子。让我们假设 S 也知道这种明显的蕴涵关系。但是，S 是否知道他们面前的这些动物不是动物园园方巧妙伪装的骡子呢？

---

[1] 然而，出于文本表述准确性的考量，应该指出，一些主张拒斥关于知识的认知封闭性原则的哲学家明确否认他们是为驳斥怀疑论才主张放弃认知封闭原则的。例如，德雷茨克明确声称，他"并不是因为认知封闭原则的失效代表了一种规避怀疑论的方式而被引导去拒斥认知封闭原则的"，他之所以否认认知封闭原则，是由于他认为认知封闭原则的失败是"知识所需要的证据（辩护、理由）的一个合理条件"（Drestke 2005b，43）。德雷茨克声称，他的知识理论"很自然地（不是不可避免地，而是自然地）导致了封闭原则的失败"（Dretske 2005a，19）；当然，当认知封闭原则失效时，怀疑论证随之也就被拒斥了。因此，许多否认认知封闭原则的哲学家（包括德雷茨克本人）乐于见到他们对认知封闭的否认也可以解决怀疑论难题，但这样的结果只是他们所主张的知识理论的副产品而已。

（参见 Dretske 1970，1015-1016）。

结合上述案例，德雷茨克主张以下的论证是不可靠的（unsound）：

1*. S 知道这些动物是斑马。
2*. S 知道（如果这些动物是斑马，那么它们就不是被巧妙地伪装的骡子）。
3*. 如果［S 知道这些动物是斑马，并且 S（知道如果这些动物是斑马，那么它们就不是被巧妙地伪装的骡子）］，那么 S 知道这些动物不是被巧妙地伪装的骡子。
因此，C*.S 知道这些动物不是被巧妙地伪装的骡子。

德雷茨克认为（C*）是不合理的，因为 S 拥有的、用来支持"这些动物是斑马"的证据"实际上已经被无效化了（being neutralized），因为这些证据不能用来证明这些动物不是被巧妙伪装的骡子——这些被巧妙伪装的骡子看上去就像是斑马一样"（Dretske 1970，1016）。通过被问到这些动物是不是被巧妙伪装的骡子，S 可能会突然意识到一系列的问题，而 S 自己没有足够的信息来回答这些问题——例如，"您是否向动物园园方进行了核查？""您是否对动物进行了足够严密的检查使得您足以发现此类欺诈？"等——这使 S 用来支持其先前声称他知道这些动物是斑马的相关证据被无效化了，因此，S 不知道面前的这些动物不是被巧妙地伪装的骡子。由于德雷茨克希望保留（1*）（2*）以及关于（C*）的否定式，因此他认为，我们应该拒斥（3*），而（3*）所体现的或者所代表的就是（CKI）原则。

在继续讨论德雷茨克的理论主张之前，我们需要进行一些澄清。首先，一些认知封闭原则的捍卫者建议，在通常的情况下，由于我们没有任何（明显的或隐含的）线索来提出"面前的这些动物是被巧妙伪装的骡子"这种替代选项，我们也就没有明显的理由来提出关于"S 是否可以知道这些动物不是被巧妙伪装的骡子"的问题，在这种意义上，"斑马案例"并不是一种涉及知识的一般性分析的案例，而是某种更接近于怀疑论场景的案例。由于德雷茨克提出"斑马案例"的目的是对知识的本质进行一般性的分析与探讨，因此，作为怀疑论案例类似物的"斑马案例"并不能很好地实现德雷茨克的理论目标，因为"斑马案例"与怀疑论案例属于同一案例范畴。但是，上述这种批驳"斑马案例"的尝试是误导性的。尽管德雷茨克本人承认"斑马案例"中被提到的替代选项听上去确实不太合理，但是，替代选项的合理性本身在这里并不重要。我们在"斑马案例"中所讨论的关键问题"不是该替代选项是否合理，不是对比笼子中的动物是被巧妙伪装的骡子与笼子中有动物是真正的斑马到底哪个更合理，我们讨论的是 S 是否知道这种'笼子中的动物是被巧妙伪装的斑马'的替代假设是虚假的"（Dretske 1970，1016）。从这个意义上讲，我们可能认为被讨论的替代选项是不合理的，但这只表明这种替代选项距离现实世界是遥远的，并不直接意味着这些替代选项所代表的可能性与怀疑论的可能性是同样地遥远。在接下来的讨论中，出于对德雷茨克理论的合理性进行评估的考量，我们将"斑马案例"视为一种非怀疑论的案例。

其次，德雷茨克通过他的"斑马案例"显示的是（CKI）原则的不合理性，因为所讨论的前提（3*）可以被视为（CKI）原则的一种体现。由于德雷茨克的相关主张并没有确立（CKI-AS）原则或者说（CKI-CW）原则也是失败的，因此，仍然可以采用其他一些可行的、合理的认知封闭原则的刻画形式［例如，（CKI-AS）版本或者（CKI-CW）版本］。但是，根据德雷茨克的主张，那些更详细、更细致的认知封闭原则的表述并没有任何实质性的进步。例如，德雷茨克认为以下的认知封闭原则也是无效的：

> 如果 S 知道 p 为真，并且 S 知道 p 蕴涵 q，那么，从证据上说，这就足够让 S 知道 q 为真了。不需要其他什么东西了。如果 S 在此安全的基础上——基于他所知道为真的两件事（即，p 为真，p 蕴涵 q）——相信 q，则 S 知道 q 是真的。（Dretske 2005a，13）

如果我们将"这就足够让 S 知道 q 为真了"解释为"S 处于知道 q 的位置

上"（S is in a position to know that q），那么，我们可以发现德雷茨克其实也拒斥了（CKI-CW）原则。如果我们将德雷茨克关于 S 如何形成关于 q 的信念的相关评论视为类似于"B^*sq"的相关刻画，我们也可以认为德雷茨克也是拒斥（CKI-AS）原则的。

德雷茨克还提供了有关（CKI-CW）原则和（CKI-AS）原则为何都是无效的其他原因：存在着一些（他称之为）"重量级命题"（heavy weight propositions）的东西，我们无法通过常规的证据或者感知经验来确证这些"重量级命题"的真（truth）。[1] 按照德雷茨克的主张，我们必须首先预设（presuppose）这些"重量级命题"为真，然后才可以讨论通过感知获得的相关知识陈述是否为真。举例来说，如下这些命题都是"重量级命题"的典型代表：存在着外部世界、存在着物质对象，等等。结合"重量级命题"，德雷茨克构造出了如下这一案例（参见 Dretske 2005a, 20）来说明（CKI-CW）原则是无效的：假设 S 看到罐子里有饼干，并且正确地知道罐子里有饼干。在这种情况下，我们可以思考一条重量级命题——存在着外部世界，我们所有人都知道，上述这条重量级命题是被"罐子里有饼干"这一命题所蕴涵的。由于这条重量级命题的真（truth）对 S 而言是原则上无法通过感知觉来确证的，因此，S 就无法处于知道"存在着外部世界"的位置上（S is in a position to know that there is an external world）。因此，在德雷茨克看来，上述案例就构成了（CKI-CW）原则的反例。总之，德雷茨克的主张是，我们不仅需要拒斥（CKI）原则，而且不得不拒斥一些改进版本的认知封闭原则［例如（CKI-CW）原则］。

为了说明（CKI-AS）的处境也是不更好，我们可以考虑欧文·托尔伯格（Irving Thalberg）用来反对（CKI-AS）类型的认知封闭原则的论证。托尔伯格明确主张，应放弃以下与（CKI-AS）十分相似的认知封闭原则：

对于任何命题 p，如果一个人 S（基于 S 所接受的证据命题

---

[1] 这里应当注意的是：德雷茨克暗暗地将话题从对诸如（CKI-AS）和（CKI-CW）等封闭原则是否有效的一般性讨论上转移到对感觉知识是否满足（CKI-AS）和（CKI-CW）等封闭原则的讨论上了。

$E_1 \cdots E_n$)知道 p,并且 p 蕴涵 q,并且 S 从 p 演绎性地推导出 q 并将其视为相关演绎推导的结论而接受了 q,则 S(基于 $E_1 \cdots E_n$)知道 q。[1]

托尔伯格指出,上述封闭原则是失效的,因为证据性的辩护(evidential justification)[2]并不在已知蕴涵的条件下封闭。笔者认为,托尔伯格和德雷茨克都对证据(evidence)与认知封闭原则之间的关系有着十分相似的直觉——由于证据通常无法通过逻辑蕴涵关系来传递(无论相关逻辑蕴涵关系是否已知),因此,托尔伯格和德雷茨克都很自然地认为,如果我们坚持认为相关认知主体关于 q 的证据基础必须与 p 的证据基础相同,那么相关的认知主体是无法知道 q 的。"如果知道 p 需要一个人(或一个人的证据)来排除 p 的所有的相关替代选项(而非 p 的所有的替代选项),那么,这个人就会承认封闭原则是失败的。"(Dretske 2005a,19)这是因为"相关替代选项"和"替代选项"在逻辑上都是与目标命题不相容的,而认知封闭原则是基于(已知的)逻辑上的演绎关系来进行相关推理的,因此,在德雷茨克、托尔伯格等学者看来,单纯凭借认知封闭原则是无法区分出哪些替代选项是"相关的"(relevant)、哪些替代选项是"无关的"(irrelevant)——只有证据关系才能有效地区分出替代选项的相关性,而认知封闭原则中却不能有效地保持证据关系的传递性。因此,拒斥认知封闭原则的知识论学者认为,上述这种一般性的方法论思考"很自然地(而非不可避免地,只是自然地)导致了封闭原则的失败"(Dretske 2005a,19)。因此,通过总结德雷茨克、托尔伯格等学者的观点,我们可以发现,

---

[1] 相关表述改写自 Thalberg 1974,347-348。注意:括号中的子句是托尔伯格明确表述出来的内容。在这个意义上,托尔伯格版本的认知封闭原则在表述细节上还是与(CKI-AS)有所不同,因为托尔伯格明确规定 S 关于 p 的知识与 S 关于 q 的知识都是基于证据命题 $E_1 \cdots E_n$ 的。相关表述在(CKI-AS)的表述中并没有这样的限制。但是,我们在此主要关心的是,托尔伯格版本的认知封闭原则在其方法论偏好上,采取的是增强相关条件句前件的操作,来表达关于知识的认知封闭原则的。

[2] 注意:托尔伯格(Thalberg 1974)提出了证据性的辩护(evidential justification)与策略性的辩护(strategical justification)之间的区别。虽然托尔伯格认为基于证据性辩护的认知封闭原则注定要失败,但是,托尔伯格承认,基于策略性辩护的认知封闭原则还是有希望成立的。不过,需要澄清的是,由于托尔伯格的相关讨论主要涉及知识的一个必要组成部分(即辩护),而不是直接涉及"知识"或"知道"本身,因此,笔者在这里不再对托尔伯格的相关思想进行更详细的讨论了。

这类知识论学者实际上是主张同时拒斥（CKI-AS）原则和（CKI-CW）原则的。

鉴于上述情况，我们可以得出结论，那些与德雷茨克、托尔伯格有类似想法的哲学家将不得不明确地拒绝一般意义上的认知封闭原则，转而接受如下建议：为了让 S 知道 p，S 不必排除所有与他关于 p 的知识不相容的逻辑上的替代选项，S 只需排除 p 的那些"相关的替代选项"就可以了。以"斑马案例"为例，根据相关替代选项理论，为了让 S 知道面前的这些动物是斑马，S 不必排除它们是被巧妙伪装的骡子这种逻辑可能性，S 只需排除那些相关的替代选项——例如，S 无法分辨斑马长什么样，S 无法正确识别笼子上标签的文字，等等。因此，在给定的案例中，认知主体只需要排除与他的知识主张既相关又不相容的那些选项就可以了，并不需要排除逻辑上不相容的全部可能的替代选项。

上述的理论思考还可以帮助我们理解笛卡尔主义的怀疑论（Cartesian skepticism）问题：为了使 S 知道她/他有两只手，S 只需要排除那些相关的替代选项。例如，在交通事故中，S 丧失了一只或两只手；或者，S 仅有残肢，等等。但是，S 并不能排除自己被邪恶的精灵系统性地欺骗的可能性。因此，德雷茨克主张，如果相关替代选项理论是正确的，那么我们必须承认认知封闭原理不是普遍有效的，因为即使 S 不能知道 S 并不是处于怀疑论的场景下，S 仍旧可以正确地声称自己知道她/他有两只手。因此，那些类似于德雷茨克的相关替代选项理论的支持者、那些主张拒斥认知封闭原则的知识论学者，会轻松地反驳笛卡尔主义的怀疑论论证，因为这些学者已经拒斥了认知封闭原则，他们也就拒斥了（AI）论证中的第二个前提，从而不会再得出（AI）论证的那种极端怀疑论的结论了。

在上述我们关于德雷茨克、托尔伯格等学者关于拒斥认知封闭原则［例如，（CKI-AS）原则或（CKI-CW）原则］的基本理论内容的基础上，我们现在可以转到对上述相关理论观点的评估上来。

概括地说，笔者支持彼得·克莱因（Peter D. Klein）等学者的观点，在随后的论证中将揭示德雷茨克、托尔伯格等学者拒斥认知封闭原则的做法实际上是基于一种混淆了理论目标的设定。正如克莱因所指出的，这类拒斥认知封闭原则的学者实际上是将认知封闭原则与如下的理论批驳目标相混淆了：

（∀x）（∀y）[如果 e 是 S 关于 x 的辩护的充分来源，并且 x 蕴涵 y，那么，e 是 S 关于 y 的辩护的充分来源]。（Klein 1995，221）

克莱因将上述陈述称为"错误的目标"（the mistaken target）。正如克莱因所正确指出的那样，德雷茨克、托尔伯格等学者真正攻击的是上述"错误的目标"，而不是真正的认知封闭原则本身。应该强调的是，上述"错误的目标"要比我们通常讨论的认知封闭原则更强。换句话说，"错误的目标蕴涵封闭原则，但是封闭原则并不蕴涵错误的目标"（Klein 1995，221）。因此，即使我们承认，德雷茨克、托尔伯格等学者提出的反例是合理的，这些反例也只能证明"错误的目标"是假的陈述，并不能反驳认知封闭原则本身。我们可以通过图 5.1 展示我们的想法，并说明德雷茨克、托尔伯格等学者所犯下的混淆性错误：

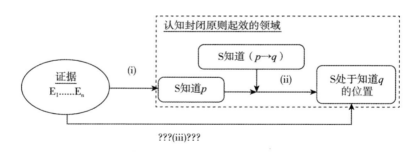

图 5.1

如图 5.1 所示，那些真正想拒斥认知封闭原则的人应该关注的区域是虚线所圈定的位置［特别是，过程（ii）］。但是，德雷茨克、托尔伯格等学者所聚焦的其实是过程（iii），它所代表的主要是相关的证据关联。原则上讲，当我们探讨认知封闭原则的时候，只需要关注虚线所圈定的范围，而不必考虑过程（iii）。退一步说，即使我们对德雷茨克、托尔伯格等学者所关心的过程（iii）及其想思想，按照善意原则（principle of charity）进行解释之后,我们依旧不能从过程(iii)的不成立得出"过程(ii)也是有问题的"这类结论。如图 5.1 所示,很明显地,S 关于 q 的命题知识的直接"祖先"是"S 知道 p"以及"S 知道($p \rightarrow q$)"的知识主张,而不是 $\{E_1 \cdots\cdots E_n\}$ 的证据集。如果我们想正确地指明"S 知道 q"完整的知识论谱系意义上的来源,那就是:证据集 $\{E_1 \cdots\cdots E_n\}$ 加上"S 知道 p"以及"S 知道($p \rightarrow q$)"。

然而,与德雷茨克、托尔伯格观点类似的知识论学者可能会进一步辩护说,相关的问题可能主要出在案例问题上,即诸如"斑马案例"这样的例子并没有很好地、很准确地例示出德雷茨克、托尔伯格等人的洞见,一般性的认知封闭原则 [例如,(CKI-AS)原则、(CKI-CW)原则] 确实是有问题的——我们需要做的是找到一些更为精心设计的案例来正确地表达出这些见解或洞见。在这里,我们不妨来考察罗伯特·奥迪(Robert Audi)所构造的"算术计算案例"的系列案例。根据奥迪的说法,德雷茨克的观点是正确的:在已知的演绎蕴涵条件下,知识并非总是封闭的,因此,奥迪评论说:"至少不明显的是,知识总是通过有效的演绎推理(当然,我指的是那种非琐屑的推论——该推理有一致的前提,并且没有任何一个前提是等同于结论的)来传递的。"(Audi 1988,77)为了例示上述评议内容,奥迪介绍了他最初的"算术计算"案例:

算术计算案例 I(Arithmetical Calculation Case I)

我将一列 15 个数字相加求和,并对相关结果进行了两次核查,从而可辩护地相信(justifiably believe)并且知道了,总和是 10952。碰巧的是,我有时会犯错误,而我的妻子(我可辩护地相信她是一个更好的算术家)有时会纠正我。假设这次我感到异常自信,现在我推断,如果我妻子说总和不是 10952,她就错了。从"总和是 10952"这个事实出发,当然可以推断出,如果她说总和不是 10952,她就错了。如果总和确实是 10952,而她否认这一点的话,那么她就错了。但是,即使我知道或可辩护地相信总和是 10952,我能否在此基础上自动地知道(automatically know)或可辩护地相信进一步的命题——

如果她说总和不是 10952，她就错了？假设我对相关结果进行的两次核查仅仅满足给予我最低限度的基础（the minimum basis）来获得关于相关总和得到辩护的信念或知识。那么，我当然就没有充分的根据来坚持进一步的命题：如果她说总和不是 10952，她就错了。[1]（Audi 1988，77）

在提出"算术计算案例 I"之后，奥迪立即考虑了认知封闭原则的捍卫者可能会提出的反对意见：由于奥迪只对相关计算结果进行了两次核查，因此仅达到了其关于总和结果的知识的最低标准与要求，按照奥迪在"算术计算案例 I"中的设想，当他妻子说他计算出的总和是错误的，他关于总和结果的知识主张将受到质疑，因为这使奥迪对相关总和结果的知识的辩护变得"低于刚刚达到的阈值"（"below the threshold which it just barely reaches," Audi 1988，78）。因此，奥迪将不再知道总和为 10952。在这种解读下，"算术计算案例 I"不再是认知封闭原则的反例了。奥迪承认，认知封闭原则的捍卫者所提出的这种意见可能会与"算术计算案例 I"相一致。因此，他进一步提出了一个更复杂的（但在笔者看来却是很奇怪的）案例，奥迪认为这一新的案例可以规避认知封闭原则的捍卫者所提出的上述反对意见。这是奥迪提出的第二个案例：

算术计算案例 II（Arithmetical Calculation Case II）

如果总和确实是 10952，那么即使我在为了得到这一结果而进行计算的时候犯了两个错误，总和仍然是 10952（even if there are two mistakes in the calculations I made to get it, it is *still* 10,952）。这听起来可能很奇怪，但是两个错误可能会相互抵消，例如，一个错误产生的是 9 而不是正确的 7，而另一个错误产生的是 6 而不是正确的 8。现在，假想我又一次可辩护地相信该总和是 10952 并且知道这一点（我

---

[1] 奥迪在这里谈论到了"可辩护地相信……"（justifiably believe that...）等，这与我们现在讨论的关于"知识"的封闭性原则中的关键术语略有不同。但是，笔者认为，既然奥迪明确使用了"我知道或可辩护地相信……"（"I know *or* justifiably believe that...",此处的强调为笔者所加）这样的表达方式，我们在这里就有理由将"知道"与"可辩护地相信"放在一起处理，而不会导致对奥迪思想的误解。

已经足够小心了，实际上没有犯任何错误）。也许只是为了检验我对演绎传递的直觉，我可能会推断，即使我的计算中有两个错误（there are two errors in my calculation），总和就是 10952。我当然无法知道或无法可辩护地相信这一点；我最初的最低限度的辩护也没有给我带来相信它的情境性的辩护（situational justification）。（Audi 1988，78）

奥迪在建构"算术计算案例 II"的表述中犯了一个严重的错误：尽管他用一般现在时态来表达所有重要的陈述，但其中一条至关重要的陈述——"即使我在为了得到这一结果而进行计算的时候犯了两个错误，总和仍然是 10952"（even if there are two mistakes in the calculations I made to get it, it is *still* 10,952），实际上应当表述成虚拟语气才是正确的——相关陈述的正确表述应该是"假使我的计算中有两个错误，总和仍为 10952"（even if there were two mistakes in the calculations I had made to get it, it would *still* be 10,952）。但是这种正确的语态表达形式却恰恰不是演绎性的蕴涵式（deductive entailment）。尽管奥迪设想了一种情形来解释为什么这样的虚拟条件句可以被看作是真的——即"两个错误可能会相互抵消"。但是，这样的提示并不能使相应的虚拟语态的陈述变成真的。奥迪的相关提示只能证明，存在一个可能的世界，奥迪在其中作相关求和计算的时候犯下了两个彼此抵消的错误，从而导致最终得到的总和仍然为 10952。但是，这并不意味着相关的以虚拟语态表达的反事实条件句"假使我的计算中有两个错误，总和仍为 10952"（even if there were two mistakes in the calculations I had made to get it, it would *still* be 10,952）就是真的。因为奥迪并没有证明他所提示的那个可能世界是一个邻近现实世界的可能世界——犯下两个彼此可以抵消的错误的可能世界恐怕恰恰是距离现实世界比较遥远的那个——一个更为邻近的可能世界应该是奥迪在其中进行计算的时候，他所犯下的错误（一个错误或者两个错误或者多个错误）并不能彼此抵消，最终导致奥迪在这个可能世界当中求得的总和不再是 10952 了（虽然相关总和的真实数值依旧是 10952）！相较于这个可能世界，犯下两个相互抵消的错误从而导致相关总和的答案依旧是正确的可能世界应该更远离于现实世界，因为这些错误满足彼此抵消的条件只是极其少见的情况。在这种情况下，我们当然会同意奥迪的意见，即在"算术计算案例 II"中，奥迪当然不知道"假使我的计算中有两个错误，总和仍为 10952"或者"即使我在为了得到这一结果而进行计算的时候犯了两个错误，总和仍然是 10952"。但这并不是因为相关的认知封闭原则是失效的，而是因为相关的反事实条件句不是真的。因此，奥迪所构造的"算术计算案例 II"依旧不是证明认知封闭原则失效的有效反例。

  因此，唯一值得认真考虑的案例依旧是奥迪的"算术计算案例 I"。在这里，笔者依旧认为克莱因所提出的"错误的目标"的批评意见，同样适用于奥迪的"算术计算案例 I"，因为奥迪（隐含地）暗示出他关于总和为 10952 的"最低限度的基础"不能成为他知道的相关条件句——"如果他的妻子说总和不是 10952，那么她是错误的"——的充分辩护或者充分理由。由于我们在前面已经借助德雷茨克、托尔伯格的观点解释了"错误的目标"的批评意见，因此，笔者不再重复如何利用"错误的目标"来批评奥迪的案例了。笔者认为，奥迪的"算术计算案例 I"中关键的想法之一就是，关于"总和为 10952"的临界状态知识的不稳定性（the instability of the borderline case of the knowledge）。奥迪本人多次强调，他的证据表明他知道总和是 10952 的知识状态只是刚刚达到（当然也不会远远超过）有关算术知识标准的最低要求。因此，奥迪基于两次核查结果而得出的总和为 10952 的知识只是刚刚满足"被确立"（being established）的标准，因为他复核相关结果的次数刚好达到获得知识的最低阈值。因此，当奥迪的相关知识状态仅仅是在临界状态或者比临界状态稍稍好一点儿的时候，如果奥迪断言自己有能力知道"如果他的妻子说总和不是 10952，那么她就是错误的"，奥迪的上述断言就是不合理的，因为此时奥迪实际上能够利用的只有她关于总和是 10952 的"不稳定的"（unstable）知识。应该注意到，关于相关计算结果最少必须经过多少次的复核才能算作知道最终的总和是多少，从而明确阐述一个合理的知识判定标准，确实是一个很困难的问题，而我们对如何阐述这种标准的直觉也是相当模糊的，可能会根据求和计算本身的复杂程度、奥迪在作相关求和计算时出现错误的频率等情况而给出不同的标准。[1] 这恰恰是我们不甘愿（reluctant）将"如果他的妻子说总和不是 10952，那么她就是错误的"这样的知识归属给奥迪的根本原因——因为奥迪关于总和是 10952 的知识本身就是很不稳定的。

但是，为了让当前的讨论继续进行，我们权且建立一个约定——假定奥迪为了可以算作知道相关总和所必须进行核算的最小次数为 n。假设奥迪确实对他的计算结果核查了 n 次，因此，奥迪知道总和为 10952。假设奥迪也知道"总和为 10952"蕴涵"如果他的妻子说总和不是 10952，那么她就是错误的"，那么根据（CKI-CW）原则，奥迪就处于知道"如果他的妻子说总和不是 10952，那么她就是错误的"的位置上（Audi is in a position to know that if his wife says that the sum is not 10, 952 then she is wrong）。实际上，我们没有实质的理由认为奥迪不能处于这样的认知位置上，因为奥迪关于"如果他的妻子说总和不是 10952，那么她就是错误的"的（潜在的）知识是基于他关于总和是 10952（该知识则是基于对计算结果的 n 次核查）以及他对相关蕴涵关系的知识[2]。因此，我们可以接受并因此合理地认为临界状态下的知识依旧是知识的话，奥迪关于"如果他的妻子说总和不是 10952，那么她就是错误的"的知识同样可以是临界状态的知识，换言之，奥迪的这一知识（至少）不比他关于"总和是 10952"的知识的认知状态与认知地位更糟糕。从这个意义上说，在奥迪的"算术计算案例 I"中，我们的相关"直觉"应当说是一种"协变"式的——即如果我们不认为奥迪知道"如果他的妻子说总和不是 10952，那么她就是错误的"的话，我们同样会不认为奥迪知道"总和是 10952"；而一旦我们愿意将"总和是 10952"的知识归属给奥迪，我们也应当愿意将"如果他的妻子说总和不是 10952，那么她就是错误的"归属给奥迪。上述两种情况无论哪一个成立，奥迪通过相关案例来否证认知封闭原则的努力都是无效的。

总之，不论是德雷茨克、托尔伯格还是奥迪，都没有实质地向我们提

---

[1] 然而，关于相关标准难以准确、明晰表述的问题，恐怕其本质更多是一种认知含糊性（epistemic vagueness）问题，因此这并不必然蕴涵或者支持关于知识归属的语境主义理论。

[2] 即奥迪知道"总和为 10952"蕴涵"如果他的妻子说总和不是 10952，那么她就是错误的"。

供有力的论证或证据让我们有充分的理由来否认或拒斥诸如（CKI-AS）原则或者（CKI-CW）原则这样的认知封闭原则的有效性。

5.2.3 诺齐克论认知封闭原则的失效性

在本小节中，笔者将以罗伯特·诺齐克（Robert Nozick）为代表，探讨主张拒斥认知封闭原则的第二种理论。与德雷茨克明确否认解决怀疑论难题是其拒斥认知封闭原则的关键性动机不同，诺齐克承认，他之所以拒斥认知封闭原则（至少部分地）是由对（AI）这类怀疑论论证的担忧引起的。

根据诺齐克的说法，从直觉上来说，"我知道O"和"我不知道非-H"的主张都是正确的。[1] 由于"我知道O"的合理性通常而言不会引起过多的争议，因此，此处要确立的关键点是"我不知道非-H"这一陈述的合理性。诺齐克对这一在（AI）怀疑论论证中扮演前提角色的陈述做出了这样的评论：

> 怀疑论者断言我们不知道他的可能性[即，我们是处于怀疑论场景的可能性]没有被达成，他是正确的。试图通过声称我们确实知道这些事情来避免怀疑论的做法注定会失败。怀疑论者的可能性使我们感到不安，因为，正如我们深刻意识到的那样，我们不知道这些可能性没有被达成。因此如下的情形对我们来说不足为奇：试图表明我们确实知道这些事情使我们自己变得可疑，甚至当我们认为相关的想法只是糟糕的信仰罢了。（Nozick 1981, 201）

因此，如果诺齐克想解决怀疑论之谜，那么他唯一可取的方法就是拒斥认知封闭原则，因为否则，"如果我们关于知识的概念真的像我们自然倾向于认为的那样强大（即在已知的逻辑蕴涵下封闭），那么怀疑论者就是正确的"（Nozick 1981, 242）。因此在保留相关的两个直觉上"合理的"陈

---

[1] 其中O是我们通常认为自己知道的关于外部世界的命题（例如我有手），而H则是经过精心设计和选择的怀疑论假设（例如缸中之脑）。

述的同时，诺齐克为了摆脱怀疑论结果的唯一可行方法就是放弃认知封闭原则。但是，正如德罗斯对诺齐克的立场所做的精彩点评那样（参见DeRose 1995，27-29），诺齐克对（AI）这类怀疑论论证的处理方案存在着问题：首先，诺齐克自己也意识到，我们确实自然而然地倾向于持有某种版本的认知封闭性原则，因此，即使假定我们确实"需要进一步探讨和解释知识在已知逻辑蕴涵下是封闭的这一自然假设的直观根源"（Nozick 1981，242），我们依旧可能会想知道，为什么关于认知封闭原则的直观不如关于"我知道O"和"我不知道非-H"的直观那么强烈。由于诺齐克在这个问题上没有提供充分的理由与说明，我们可以怀疑，诺齐克对认知封闭原则所采取的拒斥立场，仅仅建立在对三种陈述的直观诉求进行模糊比较的基础上，因而他拒斥认知封闭原则的做法恐怕是教条的（dogmatic）。其次，诺齐克对怀疑论者的想法（即"我不知道非-H"）之正确性的肯定，似乎也是教条的。按照诺齐克的主张，当怀疑论者建构类似于（AI）类型怀疑论论证的时候，他们所接受的两个前提，只有一个是合理的，而另一个是不合理的；但是，诺齐克欠我们一个解释：为何怀疑论者对认知封闭原则的前提的相关认可是不合理的。在没有提供进一步解释的情况下，诺齐克的立场似乎并不比那些反怀疑论的摩尔主义者所断言的我们可以知道非-H的立场来得更好。最后，但也是更重要的，诺齐克否认认知封闭原则的做法实际上会使他陷入"令人憎恶的合取式"（abominable conjunction）的困难之中[1]，即我们一方面承认不知道自己不是无肢体的缸中之脑，另一方面又断定依旧知道自己有手。因此，即使认为诺齐克的理论"在关于什么是已知的和什么是不被知晓的相关特定直观上做得很好，在〔诸如（AI）论证的〕第二个前提所体现的对比判断（the comparative judgment）上，〔诺齐克的理论〕却产生了直观上怪诞的结果"（DeRose 1995, 28）。因此，诺齐克通过对怀疑论之谜所涉及的三条陈述的直觉性进行对比来拒斥认知封闭原则的做法似乎并不成功。

---

[1] 术语"令人憎恶的合取式"是指类似于如下语句的合取式："某一认知主体S不知道他自己不是无手的缸中之脑，但他却知道自己是有手的"（S does not know that he is not a handless brain-in-a-vat but S knows that he has hands）。关于"令人憎恶的合取式"的相关讨论，可参见DeRose 1995，27-29。

但是，即使我们确定了诺齐克上述拒斥认知封闭原则是策略上的失败，也并不意味着诺齐克拒斥认知封闭原则的整个理论计划注定要崩溃，因为他其实还有另一种方法论策略来论证我们为何需要拒斥认知封闭原则，这也是笔者选择诺齐克作为第二种拒斥认知封闭原则的典型代表的原因。这种方法论的策略是，如果我们可以表明知识的某一必要条件不满足在已知的演绎蕴涵关系下是封闭的，知识本身在已知的演绎蕴涵的关系下也不是封闭的。这一方法论策略主要体现在诺齐克对知识的信念条件的考察中：

> 信念随着所信内容的真（truth）而发生变化，但该变化并不在已知的逻辑蕴涵关系下封闭。由于关于 p 的知识同样涉及这样的变化，所以在已知的逻辑蕴涵关系下，知识也不是封闭的。（Nozick 1981，208-209）。

但是，这里需要澄清的是：诺齐克拒斥认知封闭原则在方法论层面上与我们在本章开头部分介绍不同版本的知识封闭原则（特别是关于前件增强的情况）时关于信念问题的讨论是两个不同的问题。在那部分中，当我们提出认知主体 S 即使确实知道 p 并且确实知道 p 在逻辑上蕴涵 q 的时候也可能不知道 q，因为 S 可能并不相信 q，我们并没有（明显地或者隐含地）得出任何一般性的结论，即：关于知识的认知封闭原则的失效是由于知识的某一组分或必要条件（在这里讨论的主要是"信念"）不满足在已知的演绎蕴涵下的封闭。但是，诺齐克在这里采用了更为一般的方法论观点。他对新增加的关于知识的第三项必要条件的讨论可以展示上述方法论层面的偏好。在介绍了关于知识的第三个必要条件——即条件（3）："假使 p 为假，S 就不会相信 p"（"if p were false, S wouldn't believe that p", Nozick 1981, 206。注意：这里的条件是通过虚拟语态表述的反事实条件句），诺齐克继续指明说：

> 知识在已知逻辑蕴涵下无法封闭的原因在于，条件（3）在已知逻辑蕴涵下并不封闭；条件（3）在如下的情况下依旧成立：某一陈

述被相信，但是该陈述在已知逻辑蕴涵下被蕴涵的另一陈述却不被相信。显然，任何包含虚拟语态的条件（3）（（非-p）□→［非-（S相信 p）］）作为知识的必要条件的主张都会导致如下的结果——知识在已知逻辑蕴涵下并不封闭。（Nozick 1981，207）

正如安东尼·布吕克纳（Anthony Brueckner）所说，诺齐克在这里实际赞同的是这样的方法论学说："只有在关于知识的每个必要条件都满足封闭的情况下，知识才会在已知逻辑蕴涵下封闭……任何对知识的正确分析都必须包含一项信念条件，那么封闭原则的捍卫者的计划似乎从一开始就注定要失败。这是因为信念在已知的逻辑蕴涵下显然不是封闭的。"（Brueckner 1985，91）正如泰德·沃菲尔德（Ted A. Warfield）所概括的那样，诺齐克的这种反对封闭原则的论证具有以下形式：

　　如下论证中 X 是知识的必要条件，R 是指定的封闭关系，
　　（P_1）X 是知识的必要条件。
　　（P_2）X 在 R 下不封闭。
　　因此，（C_1）知识在 R 下不封闭。（Warfield 2004，38）

但是，沃菲尔德进而指出，上述论证形式实际上是无效的（invalid），因为（P_1）和（P_2）与（C_1）的否定式三者是相容的，因此上述这种论证犯下了组合谬误（the fallacy of composition）。沃菲尔德指出，实际上我们可以设想至少两种场景，在其中我们可以同时保持（P_1）和（P_2）为真，但（C_1）为假：

　　在一个简单的场景中，如果知识由于其某些必要条件而具有某一属性，则知识可以具有该属性，而知识的另外一些必要条件则可以缺少该属性。在替代的场景中，如果知识由于两个或两个以上知识的必要条件的相互作用而将某属性附加到知识上，则知识可能具有的这种属性将不被知识任何（适当的）必要条件所具备。上述这两种知识的某些必要条件缺乏属性而知识却具有该属性的可能方式是显而易见的，

而且没有穷尽相关情况所能达成的全部方式。（Warfield 2004, 38）

将上述理论应用到诺齐克关于知识的必要条件（3），沃菲尔德发现了针对诺齐克想法的一种更强的反例。沃菲尔德指出，我们可以构造一个包含以下四条语句的一致的集合（参见 Warfield 2004, 39）：

> 敏感信念是知识的必要条件。
> 敏感的信念不能在已知的逻辑蕴涵下封闭；
> 知识是根据已知的逻辑含义封闭的；以及，
> 作为认知主体先前知识的后果而出现的信念也是敏感信念。

鉴于这四条陈述所构成的语句集的一致性，我们可以排除通过敏感信念条件所构造出来的关于认知封闭原则的所有可能的反例。总而言之，诺齐克式的关于知识封闭原则失效的方法论主张本身犯了组合谬误，因此不能提供任何有效的理由来促使我们放弃关于知识的封闭原则。

由于德雷茨克、诺齐克等学者的理论都没有为放弃（CKI-AS）和（CKI-CW）之类的知识封闭原则提出良好的理据，因此在接下来的讨论中，笔者将假定我们需要接纳和维系认知封闭原则。在此假定下，我们将进一步讨论语境主义与认知封闭原则之间的关系。据称语境主义能够保持某种版本的关于知识的认知封闭原则；而且语境主义者还主张，在不违反我们（太多）的直觉的情况下，语境主义可以帮助我们理解和解决怀疑论的难题。

5.3 语境主义与认知封闭原则

本节将首先简要介绍语境主义对知识封闭和对怀疑论之谜的解决方案。然后，笔者将继续研究封闭知识的对比主义版本，它为我们提供了更正式、更准确的说明。但是，通过一些关于知识封闭的对比主义版本的反例，我们会看到对比主义不能很好地同时处理知识封闭和怀疑论难题。因此，我们渴望保持对知识的封闭并解决怀疑论的难题，并不会不可避免地迫使我们在知识归属上采取对比主义或非对比主义的语境主义立场。

5.3.1 语境主义关于认知封闭原则与怀疑论问题的一般性刻画

正如我们已经看到的，认知语境主义本质上是关于知识归属的语义论题类型的主张，该理论断言"S 知道 p"在不同的语境中表达不同的命题。认知语境主义者试图利用他们关于知识归属的语境敏感性的语义理论来保持知识封闭原则的有效性（参见 Stine 1976；Cohen 1988）。在语境主义者看来，在常规的认知实践中，我们仅排除相关替代选项而不排除怀疑论的可能性（这种无关的替代选项）的事实并不一定蕴涵着认知封闭原则是失效的，在这个意义上，语境主义者会认为德雷茨克对其"斑马案例"的解读是错误的。我们不妨回想一下"斑马案例"。根据德雷茨克的说法，如下的这两种说法在直观上似乎都是合理的（尤其是我们对每一种说法单独进行评估时）：一方面，S 知道面前的那些动物是斑马；另一方面，S 不知道面前的那些动物不是被巧妙伪装过的骡子。正是这两个陈述共同导致德雷茨克对认知封闭原则的拒斥。但是，语境主义者认为，德雷茨克的直觉判断是错误的，因为他的相关直觉是在关于"S 知道 p"的两种不同语义标准之间来回摇摆。根据认知语境主义，语境决定了知识归属的语义标准。因此，日常语境确定了知识归属的日常语义标准（我们称其为 O 标准），并且在该语境中提出的任何知识主张都应在 O 标准下进行评估。因此，如果在这种日常语境中提出 S 是否知道面前的那些动物不是被巧妙伪装过的骡子的问题，而我们始终保持相同的标准，那么完全可以正确地断言：根据 O 标准，S 是可以知道它们不是被巧妙伪装过的骡子，因为 S 的这种（潜在的）知识在 O 标准下是可以从 S 知道面前的那些动物是斑马的知识中演绎性地推导出来的。另一方面，在怀疑论的语境中，我们将相关的、更为苛刻的知识判定标准称为 S 标准。在这种怀疑论的语境中，根据 S 标准，相关认知主体既不知道面前的那些动物是斑马，也不知道它们是被巧妙伪装过的骡子。因此，按照语境主义的主张，德雷茨克的相关直觉并不表明我们应该放弃认知封闭原则,他的相关直觉不过是反映了在不同语境中用来确立知识归属真伪的相关标准是不同的。因此,根据语境主义者的观点,只要我们能够清楚地区分语境差异,并在对应的语境中稳定地保持相关认知归属的判定标准,我们就没有理由拒斥认知封闭原则。

语境主义者进一步主张,类似的想法也可以用来解决怀疑论的难题。我们在此不妨回想一下(AI)论证。在日常语境中,根据 O 标准,S 确实知道 O;但是,当怀疑论的语境开始起效时,相关的标准就会提高到十分苛刻的高度,以至于没有人能够达到这一标准。因此,在怀疑论的语境中,根据 S 标准,S 确实不知道非 –H(也不知道 O)。因此,当我们把怀疑论语境与日常语境明确区分开之后,怀疑论者就不能跨语境地使用认知封闭原则、借助怀疑论的场景或假设来破坏我们的日常知识了。因此,认知语境主义者认为,语境主义已经成功地解决了怀疑论问题,保护了我们的日常认知实践与知识论上有价值的认知封闭原则。

然而,正如斯蒂芬·希弗尔(Stephen Schiffer)所指出的那样,(诉诸知识归属的高标准或低标准的转变)对语境主义基本理论框架及其对认知封闭原理的处理方案的粗略概述是不充分的,因为它仅揭示了认知封闭原则只能在单一语境中得以保留。当我们考虑知识归属的不同语境时,我们可能会好奇是否存在某种认知封闭原则的版本可以让我们探讨跨语境的知识推理关系。希弗尔进一步指出,根据这种粗糙版本的语境主义,至少存在着四种可能的组合方式来尝试性地刻画跨语境的知识归属的封闭原则。假设我们将"S 根据较低的或较宽松的知识标准知道 p"记作"S 相对于 E 而知道 p"(其中"E"是英文单词"Easy"的首字母);将"S 根据较高的或较严苛的知识标准知道 p"记作"S 相对于 T 而知道 p"(其中"T"是英文单词"Tough"的首字母)。由于在认知封闭原则中,要求相关的逻辑蕴涵关系也是"已知的"(being known),那么我们就需要进一步讨论关于"p 演绎地蕴涵了 q"的知识是相对于 E 还是相对于 T 而成为"已知的"。希弗尔本人给出的解决方案是建立一个约定(convention),该约定要求关于"p 演绎地蕴涵了 q"的知识是在最严格的意义(in the strictest sense)上成立的,据此希弗尔将相关逻辑蕴涵的知识符号化为

K*s（$p \rightarrow q$）[1]。因此，存在着四种可能的关于认知封闭的刻画方案（参见 Schiffer 1996，320；笔者进行了适当的改写）：

给定 K*s（$p \rightarrow q$）[2]，
（a）如果 S 相对于 E 而知道 p，则 S 相对于 E 而知道 q。
（b）如果 S 相对于 T 而知道 p，则 S 相对于 T 而知道 q。
（c）如果 S 相对于 T 而知道 p，则 S 相对于 E 而知道 q。
（d）如果 S 相对于 E 而知道 p，则 S 相对于 T 而知道 q。

看上去，封闭原则（a）（b）和（c）似乎在直观上是合理的和可以接受的，这种直观的合理性或可接受性是基于我们对标准 E 和标准 T 之间某些直观的、合理的假设之上的。唯一的违反直觉的原则是（d），（d）是语境主义者明确拒斥的。对上述四种刻画方案，希弗尔评论道：

前两个命题〔即（a）与（b）〕的真（truth）是由封闭原则与关于 K*s（$p \rightarrow q$）的假设所确保的。第三个命题〔即（c）〕的真是由封闭原则与关于"对 T 标准的满足蕴涵对 E 标准的满足"这一假设共同确保的。[3]但是第四个命题〔即（d）〕很可能是错误的。（Schiffer 1996，320）

但是，希弗尔本人并没有花费太多的精力来对关于知识封闭原则的诸

---

[1] 关于 K*s（$p \rightarrow q$）的相关细致讨论请参看接下来的两条脚注中的内容。

[2] 如前所述，希弗尔设置了一个约定，关于"p 演绎性蕴涵 q"的知识既不是"相对于 E"的也不是"相对于 T"的，而是在 K* 意义上的"已知的"，其中"一个命题 x 是 K* 意义上已知的"被定义为："x 是以符合最严格的（the strictest）知识标准的方式被知道的"。因此，希弗尔对相对化的认知封闭原则的完整描述是这样的："如果 S 相对于标准 N 而知道 p，如果 S 是在 K* 意义上知道 p 演绎地蕴涵 q，那么 S 相对于标准 N 而知道 q"（参见 Schiffer 1996, 320，有一些符号上的改写）。应该注意到，希弗尔在使用"K*"时，采取了一种相当工具性的（instrumental）的态度来使用相关约定，他并没有具体说明"K*"和"相对于 T 而知道"之间的区别。就我们目前的讨论而言，我们可以无伤大雅地把"K*"视为"相对于 T 而知道"，这样我们就不必把"K*"当作第三种独立类型的"知道"了（如果我们把"K*"看作一种既不同于"相对于 E 而知道"又不同于"相对于 T 而知道"的第三类"知道"，关于这三种类型的"知道"之间的关系将使得关于认知封闭原则在表述层面的复杂性变得更加难解）。

[3] 应该注意的是，给定"对 T 标准的满足蕴涵对 E 标准的满足"这一假设，（c）将不再是一个独立的原则，因为（b）将会蕴涵（c）。

语境主义版本进行更详细和更透彻的讨论，因为希弗尔在其论文中所讨论到的语境主义理论本身并未对知识的封闭原则提供任何更为系统且详细的说明。但是，笔者在此希望补充一些对希弗尔想法的评论。希弗尔对（d）为假的评论是基于他对认知语境主义的正确理解的：认知语境主义宣称保持认知谦逊态度，同时宣称可以保护我们的日常知识免受怀疑论的攻击。为了保持认知上的谦逊，语境主义者认为他们与（新）摩尔主义者不同，语境主义者承认我们相对于严苛的（怀疑的）标准是没有任何知识的，这也是语境主义认为怀疑论具有某些正确洞见的理由。从这个意义上说，语境主义者认为，即使我们可以在 K^* 的意义上知道 "我们作为无手的缸中之脑" 与 "我们有手" 是不相容的（这一点即使是相对于 E、相对于 T 而言也都是已知的），但是，在怀疑论语境中，我们是确实不知道我们不是无手的缸中之脑。然而，另一方面，认知语境主义者又同样确信，只要我们坚持我们的日常知识相对于 E 而言是成立的，那么，怀疑论就不能危害我们的日常知识。因此，对于语境主义者来说，持有（a）[与（b）（c）] 并拒斥（d）是至关重要的，这样他们才能获得他们所宣称的理论优势。但是，正如我们即将展示的那样，笔者认为，语境主义理论在理性保持认知谦逊态度、合理地接纳封闭原则以及提供对知识归属的语境敏感性解释之间存在着不可调和的紧张关系。为了清晰地揭示这种张力，我们需要更为细腻的语境主义版本的认知封闭原则。我们将选取乔纳森·沙弗尔的对比主义理论，因为它对知识推演的对比主义进行了系统的刻画。并且，正如我们即将说明的那样，相关的问题与挑战也可以扩展到其他形式的非对比主义的认知语境主义理论上，针对上述问题的讨论将构成接下来两个小节（即 5.3.2 小节和 5.3.3 小节）的核心内容。

5.3.2 对比主义与认知封闭原则

如第三章所述，对比主义是一种关于知识归属的三元的语境主义理论，该理论主张知识从本质上讲是认知者（S）、已知命题（p）和对比命题（q）之间的三元关系——S 必须排除 q 才能知道 p；相应地，动词 "知道" 在对比主义中具有三个主目。因此，对比主义对知识描述的完整表达将正式表示为"Kspq",其对应的日常语言表述为"S 知道 p 而不是 q"。例如,当一个对比主义者面对摩尔知道他有手这一知识归属语句时,该语句被清晰且完整表达的知识归属语句应该是:摩尔知道他有手而不是残肢。[1] 沙弗尔作为对比主义的最主要倡导者之一,他在上述三元知识归属说明之外,还为我们提供了一套非常精确的对比主义理论框架下的知识封闭原则。

根据沙弗尔的主张(参见 Schaffer 2007, 234),有两个基本假设可作为对比主义的基础:

(A_1)对比主义:知识状态是 Kspq,其中 q 是一个对比命题,其证据组分 Espq 是用以排除 q-世界的。

(A_2)封闭:Kspq 满足某些封闭模式(closure schema)。

从上面的表述看,沙弗尔把能够排除对比世界(即,q-世界)的证据组分的结构同样视为三元关系,因此他将该证据组分表述为"Espq"。为了与本章第 5.1 节中所使用的符号保持一致,也为了减少表述记号的冗余而避免不必要的混乱,笔者将使用"[[K]]spq"这一符号来替换沙弗尔的"Espq",而对于"[[K]]spq"我们可以采取如下的理解:

[[K]]spq =$_{df.}$ S 处于知道 p 而不是 q 的位置上(S is in a position to know that p rather than q)。

沙弗尔主张,系统性的、适当的封闭模式应当满足如下的标准(参见 Schaffer 2007, 234-237):

(C_1)适当的封闭模式应提供有关知识如何在蕴涵下扩展的合理解释。

(C_2)适当的封闭模式应解释证明如何扩展知识。

---

[1] 当然,这是我们迁就日常语言表述习惯而做出的一种简略的表达。更为严格的字面的对比主义表述应该是:摩尔知道他有一双手而不是他有残肢。但是,为了方便讨论、遵循表达方式的约定俗成,笔者在正文中依旧使用这个简略的表达。

（C_3）适当的封闭模式应当阻止产生"令人憎恶的合取式"（abominable conjunction）。[1]

（C_4）适当的封闭模式应当阻止产生"缺乏全知的反例"（lack-of-omniscience counter examples）。[2]

（C_5）适当的封闭模式应当阻止产生"缺乏信念的反例"（lack-of-belief counter examples）。[3]

（C_6）适当的封闭模式应当阻止产生"不合理的基础的反例"（irrational-basis counter examples）。[4]

（C_7）适当的封闭模式应当与对比知识 Kspq 状态有关。

（C_8）适当的封闭模式应当保持"认知上的谦逊"（epistemic modesty）。[5]

（C_9）适当的封闭模式应当匹配（fit）关于"是否"的知识（knowledge-whether）。[6]

（C_{10}）适当的封闭模式应当允许从关于 p 的"知识$_{R1}$"

---

[1] "令人憎恶的合取式"（abominable conjunction）这一术语最早是由德罗斯（DeRose 1995，27-29）提出的，"令人憎恶的合取式"指的是类似于如下表述的合取式：S 不知道自己不是无手的缸中之脑，但是 S 知道自己有手。根据沙弗尔的观点，一种适当的封闭模式绝不应该使人接受任何像上述陈述这样的"令人憎恶的合取式"。

[2] "缺乏全知的反例"（lack-of-omniscience counter examples）是本章 5.1 节中针对（CKI）原则所提出的一类反例，该反例表明一个人是无法知道他/她先前的知识所蕴涵的所有命题的，在这个意义上一个人对其知识的逻辑后承并不是全知的。根据沙弗尔的观点，一种适当的封闭模式不应该要求一个人知道其之前的知识在逻辑上所蕴涵的所有命题。

[3] "缺乏信念的反例"（lack-of-belief counter examples）是本章 5.1 节中针对（CKI）原则所提出的一类反例，该反例表明一个人即使既知道 p，又知道 p 演绎地蕴涵 q，但是他/她依旧可能无法形成关于 q 的信念，根据沙弗尔的观点，这个反例可以通过将 "Kspq" 削弱为 "[[K]]spq" 的做法加以避免。

[4] 根据沙弗尔的观点，如果一个人的相应信念只是基于某种非理性的基础而形成的，那么他/她就不可能知道某件事。例如，如果一个人的相应信念仅仅是占卜形成的，那么他/她就不可能知道即将发生的事情（Schaffer 2007, 235）。

[5] "认知上的谦逊"（epistemic modesty）不仅意味着"我们拥有对外部世界的温和的知识"（因此，摩尔知道他有手），而且意味着"我们……也承受了关于外部世界的温和的无知"（因此，摩尔不知道他不是缸中之脑）（Schaffer 2007, 236）。但是，这并不意味着沙弗尔会接纳"令人憎恶的合取式"，因为根据对比主义，"知道"是一个三元关系词，不同的对比命题可以阻断"令人憎恶的合取式"的出现。例如，

摩尔知道他有手而不是残肢。

摩尔不知道他有手而不是无手的缸中之脑在刺激下产生了"有手"的幻象。

以上这两条陈述没有产生"令人憎恶的合取式"。

[6] 根据沙弗尔的观点，"S 知道 p 是否成立"（"S knows whether p or not"）可以通过对"Kspq"中对比命题 q 的恰当选取而得以表达。

（knowledge$_{R_1}$）扩展到处于"知道$_{R_2}$"（know$_{R_2}$）p 的位置，其中 R1⊂R2。[1]

（C$_{11}$）适当的封闭模式应当允许从关于 p_1 的"知识$_R$"与关于 p_2 的"知识$_R$"扩展到处于"知道$_R$"（p_1 并且 p_2）的位置。

（C$_{12}$）适当的封闭模式应当允许从关于 p 的"知识$_{R_1}$"（knowledge$_{R_1}$）与从关于 p 的"知识$_{R_2}$"（knowledge$_{R_2}$）扩展到处于"知道$_{R_1 \cup R_2}$"p 的位置。[2]

在此基础上，沙弗尔提供了四个适当的封闭模式，并确认"对比性的知识可以通过（Expand-p）（Contract-q）（Intersect-p）和（Union-q）的方式扩展"（Schaffer 2007, 246），相关的知识拓展方式分别是：

（Expand-p）（Ksp_1q &（$p_1 \rightarrow p_2$）& $\{p_2\} \cap \{q\} = \varnothing$）→[[K]]$sp_2q$（Schaffer 2007，243）

（Expand-p）确保知识的扩展。这里的想法是，如果 S 知道 p_1 而不是 q；并且，如果 p_1 在逻辑上蕴涵 p_2；并且，如果包含 p_2 的集合和包含 q 的集合的交集为空，则 S 处于知道 p_2 而不是 q 的位置。

（Contract-q）（Kspq_1 &（$q_2 \rightarrow q_1$）& $\{q_2\} \neq \varnothing$）→[[K]]spq_2（Schaffer 2007，244）

（Contract-q）保证在对比命题收缩的情况下保留相关的对比知识。这意味着，如果 S 知道 p 而不是 q_1；并且，如果在逻辑上 q_2 蕴涵 q_1；并且，如果包含 q_2 的集合是非空的，则 S 处于知道 p 而不是 q_2 的位置。

（Intersect-p）（（Ksp_1q & Ksp_2q）→[[K]]s（$p_1\&p_2$）q（Schaffer 2007，245）

（Intersect-p）与合取引入下的经典封闭原则类似。这意味着，如

---

[1] 这里的 R$_1$ 和 R$_2$ 代表不同的相关替代选项的集合。S 知道$_R$（knows$_R$）$p=_{df.}$ "S 知道 p"在语境 C 中、相对于相关替代选项 R 而言为真的（参见 Schaffer 2007，239）。

[2] 在这里，"S 知道$_{R_1 \cup R_2}$ p" $=_{df.}$ "S 知道 p"在语境 C 中，相对于相关替代选项 R$_1$ 和 R$_2$ 的并集而言为真（参见 Schaffer 2007，239-240）。

果 S 知道 p_1 而不是 q，并且 S 也知道 p_2 而不是 q，则 S 处于知道（p_1 且 p_2）而不是 q 的位置。

（Union-q）（Kspq_1 & Kspq_2）→[[K]]sp（$q_1 \vee q_2$）（Schaffer 2007, 246）

（Union-q）表示对比性知识在对比命题的并集下得以保留。该原则规定，如果 S 知道 p 而不是 q_1 并且她/他还知道 p 而不是 q_2，则 S 处于知道 p 而不是（q_1 或 q_2）的位置。

因此，在沙弗尔那里，我们看到了他关于认知封闭原则所认可的两组不同的语句集，即 {（C_1），（C_2），……（C_{12}）} 和 {（Expand-p），（Contract-q），（Intersect-p），（Union-q）}。接下来，笔者将提供论证，证明论沙弗尔无法同时持有上述这两组语句集。讨论的重点是，（C_8）是否与（Contract-q）兼容。由于（C_8）和（Contract-q）在沙弗尔的理论中都具有重要地位，因此我们应当对（C_8）和（Contract-q）提供更详细的解释。

如上所述，术语"适度的谦逊"对语境主义至关重要，据语境主义者说，它使语境主义与（新）摩尔主义区分开来，而且解释了为什么怀疑论的假设（在怀疑论的语境中）会破坏我们的知识。根据沙弗尔的观点，一方面，我们对外部世界确实是有温和的知识的，因此，摩尔确实知道自己有手而不是残肢，这是事实；另一方面，我们对外部世界也是温和地无知的，因此，摩尔确实不知道他有手而不是无手的缸中之脑。正是这种"认知上的谦逊"使对比主义（作为一种语境主义）与摩尔主义和怀疑论区别开来。这也是我们将沙弗尔与科恩、德罗斯、刘易斯等学者归为一类（即语境主义者）的关键原因，因为他们的知识归属理论都宣称认可这种所谓的"认识上的谦逊"。因此，沙弗尔必须提出一个令人满意的封闭模式以避免在对比命题 q 表示某怀疑论假设时，某人 S 可以知道 p 而不是 q；为了保持"认知上的谦逊"，沙弗尔就必须主张，当对比命题 q 是一种怀疑论的假设时，人们无法知道 p 而不是 q。这是沙弗尔认为非语境主义的二元知识描述理论以及（CKI-CW）封闭原则无法令人满意的主要原因，因为在某些情况下，非语境主义的知识描述结合（CKI-CW）封闭原则会将一个人置于知道"他是否有手,或者是否是缸中之脑的位置上,而没有人可以居于这样的认知位置上"(Schaffer 2007,236)。沙弗尔认为,对比主义理论在这方面具有理论优势,因为对比主义允许保持"认知上的谦逊";沙弗尔进而宣称这也是对比主义理论具有吸引力的一个方面。

另一方面,(Contract-q)可以从关于知识归属的对比主义的理论描述中直接得出。在(Contract-q)的前件中,包含了 Kspq_1、($q_2 \to q_1$)以及 $\{q_2\} \neq \varnothing$ 这三个要素。根据知识归属的对比主义定义,(Contract-q)的前件中的第一个合取支"Kspq_1"表示 S 知道 p 而不是 q_1;当 Kspq_1 为真的时候,q_1 就被 S 所掌握的证据排除了。由于 S 排除了 q_1,因此我们可以推断出 q_1 所描述的事态并没有被实现出来,因此,q_1 是假的,而"非 $-q_1$"为真。将上述信息应用到(Contract-q)的前件中的第二个合取支"$q_2 \to q_1$"上,即结合"$q_2 \to q_1$"与"非 $-q_1$",我们按照否定后件推理(modus tollens)可以得出"非 $-q_2$"。因此,q_2 也被排除了。在这个意义上,S 就处于 p 而不是 q_2 的位置上,即"[[K]]spq_2",这正是(Contract-q)的后件。应该注意的是,(Contract-q)的前件中的第三个合取支,即"$\{q_2\} \neq \varnothing$",是一项出于技术思考的限制条件,它保证了 [[K]]spq_2 所表达的是真正的、饱和的三元对比性知识;因为假如包含 q_2 的集合是空集,即 $\{q_2\} = \varnothing$,则 [[K]]spq_2 中的第三项主目就是空的,[[K]]spq_2 也就不再是真正的三元对比性知识了。总而言之,我们可以看到(Contract-q)实际上是沙弗尔的对比主义理论所直接蕴涵的封闭模式。根据以上解释,在对比主义框架下,我们似乎没有必要对(Contract-q)引入任何进一步的限定或者修饰。但是,正如我们即将看到的那样,不加限定的(Contract-q)会在沙弗尔理论中产生反例,这时,沙弗尔就必须对(Contract-q)进行进一步的修正。但是,当沙弗尔对(Contract-q)施加限定之后,新生成的、被限定的(Contract-q)的封闭模式相较于最初版本的(Contract-q)而言,会丧失在对比主义框架下的直接性的理论支持。此外,由于(Contract-q)直接来自于对比主义的一般性思考,因此,如果(Contract-q)应该受到修订,也就意味着关于知识归属的对比主义的一般性理论想法也应加以修正。因此,当沙弗尔提出关于(Contract-q)的一些新的限定内容时,我们需要谨慎地评估这些新添加条款的合理性与合法性。

在对（C_8）和（Contract-q）做出上述细致解释之后，笔者将指出，存在着一种通用的方法，可以使我们轻松地构造一系列反例，迫使沙弗尔要么放弃或修正（C_8），要么放弃或修正（Contract-q）——上述两种情况对对比主义者来说都不是好消息。如果放弃或修正（C_8），对比主义将失去其宣称的关于"认知谦逊"的吸引力；如果放弃或修正（Contract-q），对比主义可能会无法为我们提供关于知识封闭的完整说明。更糟糕的是，（Contract-q）与对比主义的理论说明之间的联系是如此紧密、如此直接——如果沙弗尔放弃或修正（Contract-q），这也就意味着沙弗尔也要对对比主义学说本身进行重大修改。

克里斯托夫·凯尔普（Christoph Kelp）提供了一种通用方法，在该方法中，我们可以通过以下论证模式为（C_8）和（Contract-q）的合取式构造一系列的反例：

（P_1）S 知道 p 而不是 q。

（P_2）如果 S 处于怀疑论场景，在其中她／他被（邪恶的精灵）欺骗得相信了 p，但事实上的情况却是 q，那么 q。[If S is in a skeptical scenario where she/he is deceived（by an evil demon）into believing that p but as a matter of fact q, then q.]

（P_3）（Kspq &（$q_2 \rightarrow q$）&（$\{q_2\} \neq \varnothing$））$\rightarrow$[[K]]spq_2，这是对（Contract-q）的例示应用，其中 q_2 是如下的命题："S 处于怀疑论场景，在其中她／他被（邪恶的精灵）欺骗得相信了 p，但事实上的情况却是 q"。

（P_4）$\{q_2\} \neq \varnothing$

∴（C）S 处于知道 p 而不是 "S 处于怀疑论场景，在其中她／他被（邪恶的精灵）欺骗得相信了 p，但事实上的情况却是 q"。（参见 Kelp 2011，290）

为了避免自然语言表述上的繁复，我们可以将上述论证模式进行符号化处理。让我们把"S 处于怀疑论场景，在其中她/他被（邪恶的精灵）欺骗得相信了 p"记作"Dsp"。然后，我们可以把上述论证模式符号化为如下的形式：

（P_1）$Kspq$

（P_2）（$Dsp\&q$）$\to q$

（P_3）（$Kspq\&$（（$Dsp\&q$）$\to q$）$\&\{Dsp\&q\}\neq\varnothing$）$\to[[K]]sp$（$Dsp\&q$）[1]

（P_4）$\{Dsp\&q\}\neq\varnothing$

∴（C）$[[K]]sp$（$Dsp\&q$）

上述论证的结论（C）明显违反了（C8）中所规定的"认知谦逊"的主张，但（C）却是由封闭原则（Contract-q）经过有效推理而得出的。根据凯尔普的报告，沙弗尔本人不想完全放弃（C8）或（Contract-q），因此沙弗尔建议根据语境主义对"内容子句"（the content of that-clauses）的处理策略，对（Contract-q）做出一些进一步的修正。因此：

给定的内容子句指示（denote）哪些场景（scenario），部分地取决于量化域。因此，在某些情况下，（P_1）中被讨论的"q"子句将指示一组可能性，其中包括（P_2）中前件所指示的场景。在这种情况下，相关的对比知识归属将被证明是假的。另一方面，在某些语境中，同一条子句所指示的那组可能性将被限定于非欺骗的场景。[2]在这种情况下，如上述论证所示，相关的对比性知识归属可以继续为真的。（Kelp 2011，291）

上述经由凯尔普所转述的沙弗尔所接受的补救措施，涉及一些令人困惑的

---

[1]　（P_3）很明显地是对（Contract-q）封闭模式的具体应用。

[2]　虽然，这里明确使用的术语是"非欺骗的场景"，但从宽容原则的角度来看，更准确的表述应该是"非怀疑论的场景"（non-skeptical scenarios），因为在这里讨论的关键问题是如何避免把 S 置于一个可以排除怀疑论的替代选项的认知位置上。

陈述。有人可能会对沙弗尔的新限制提出抱怨，因为（由凯尔普所转述的）沙弗尔的上述言论混淆了命题和可能世界集合之间的区别，由此可能会产生一些严重的问题。[1] 例如，在什么意义上"……（P_1）中被讨论的"q"子句将指示一组可能性……？"由于"q"是一条命题，因此它不能表示一组可能性。在这里，让我们暂时搁置这种反对意见，并使用可能世界的语言尝试对沙弗尔的上述观点进行初步的解释。此外，正如沙弗尔本人所主张的，我们也可以在不那么准确的意义上使用"指示"（denote）这一术语。根据对比主义，（P_1）中的 $Kspq$ 表示 S 知道 p 而不是 q，换句话说，通过该对比主义知识归属的陈述，S 排除了"所有的 q 世界被实现出来"。因此，我们可以将 S 排除的一组可能世界的集合 Q 定义为如下的形式：

$$Q =_{df.} \{x|\ x\text{ 是这样的一个可能的世界：在 x 中（}P_1\text{）中的"}q\text{"为真}\}$$

相应地，作为结论出现的"[[K]]sp（$Dsp\&q$）"中的对比命题"$Dsp\&q$"[亦即（P_2）的前件]也表明 S 可以排除那些令"$Dsp\&q$"为真的可能世界。因此，我们还可以将 S 排除的另一组可能世界的集合 D 定义为如下的形式：

$$D =_{df.} \{x|\ x\text{ 是这样的一个可能的世界：在 x 中（}P_2\text{）前件中的"}Dsp\&q\text{"为真}\}$$

通过上述两个集合 Q 和 D，我们可以定义第三组可能世界 Q^*，即 Q 和 D 的差集（difference）：

$$Q^* =_{df.} Q\text{-}D$$

因此，沙弗尔的修正版本的（Contract-q）原则可以被表述为：

---

[1] 感谢尼古拉斯·格里芬教授提出这种批评策略。

假设命题 q^* 指示 Q^*，则

（Contract-q^*）（Kspq^* &（$q_2 \rightarrow q^*$）& $\{q_2\} \neq \varnothing$）$\rightarrow$ [[K]]spq_2

沙弗尔认为，这种经过修正的（Contract-q^*）原则可以阻止我们得出"[[K]]sp（Dsp&q）"这种反怀疑论的结论从而保持认知谦逊态度，因为在"Dsp&q"为真的可能世界是可能世界集合 D 当中的元素，由于可能世界集合 D 和 Q^* 之间的交集为空，因此，"Dsp&q"不再蕴涵"q^*"。沙弗尔在此提出的关键修订之处是，对原始版本的（Contract-q）前件中的第一个合词支命题（亦即相关对比性知识归属中的对比子句）"q"进行更为精确地、更为细腻地指派，从而获得修订版的（Contract-q^*）。换句话说，沙弗尔的相关修正建议旨在以更高的精度来明确指派对比子句 q 的内容。

但是，这里应该指出三个问题。（1）怀疑论者终还是占据了上风，因为根据（Contract-q^*），怀疑论者又将一部分原本在未加限定的（Contract-q）原则下可以归属给我们的日常知识切分了出去；换言之，怀疑论者通过对怀疑论场景进行精巧的设计，使之可以匹配于某些日常命题所讨论的情形，完成了对我们日常对比性的知识归属的进一步侵蚀。根据以上关于可能世界的解释，即使对于日常的对比主义知识，我们也必须区分出对比子句所表达的到底排除了哪些具体的可能世界：对比主义知识归属只允许我们排除那些不受任何类型的怀疑论假设（例如 Dsp）腐蚀的可能世界。换言之，那些经过精心设计、精心挑选的、可以令命题 q 在其中为真的怀疑论的可能世界（即命题 Dsp&q 所指示的可能世界）将不再纳入（Contract-q^*）的适用范围了。这也就是说，根据 S 知道 p 而不是 q，S 所排除的 q 更准确地说是那些"只有 q 为真，但 Dsp 为假"的可能世界。举例来说，从"摩尔知道自己有手而不是残肢"出发，摩尔不能认为他不受限制地排除了全部"摩尔有残肢"的可能世界，因为他不能处于排除了"摩尔是一个被配以残肢的缸中之脑"的怀疑论的可能世界。（2）沙弗尔关于对比命题的新的限制调控最终证实了笔者的预测：如果沙弗尔希望对初始的未加限定的（Contract-q）进行修正，他也不得不相应地修订关于知识归属的一般性的三元对比关系的描述。具体说来，沙弗尔关于对比子句

的修订性主张，聚焦于对"q"的澄清，这要求我们把原初的 Kspq 更精确地分析为 Kspq^*。这其实是对沙弗尔原初的对比主义知识描述进行了实质性的限定与修订。但是，这种新的限定与修订会导致一个严重的问题：具有完整形式的或被完整表达的对比性知识归属语句"S 知道 p 而不是 q"本身依旧是具有某种"语境敏感性"，因为相关表述中的对比命题 q 实际上（至少）具有"不加限定的 q"与"被限定后的 q^*"两种"含义"。换言之，沙弗尔最初给定的对比性知识归属语句"S 知道 p 而不是 q"中的对比命题"q"的表达精确性是比较差的。这也就意味着，沙弗尔关于知识归属的三元对比主义刻画即使按照他所主张的完整表述进行重述之后，依旧未完全地、完整地捕获或者穷尽关于"知道"的所谓语境敏感性——对比命题"q"还残存着一些歧义！[1]沙弗尔所引入的新的限制条款还令人尴尬地道出了一种关于胜任的语言使用者的错误理论（error-theory）式的不当"批评"指责——一位胜任的语言使用者在面对关于"知道"的三元知识归属语句进行完整表述的时候，并没有准确地给出真正的对比子句（即"q^*"）却给出了含混、歧义的对比子句"q"。（3）在上述解释下，沙弗尔对（Contract-q）所做出的新限制完全是特设性的（ad hoc）。因为沙弗尔采用相关限定，纯粹是为了把他所宣称的具有认知谦逊性的对比主义从凯尔普的反例中拯救出来，但是，沙弗尔并提供没有任何独立的理论或论证来说明为什么应该对"Dsp&q"这类对比命题进行区别对待。

笔者认为，沙弗尔很难为上述问题中（1）和（2）找到合理的解决方案。但是，还有人会主张，沙弗尔所引入的新限制是有可能规避有关怀疑论的替代选项"Dsp&q"的所谓的特设性（ad-hoc-ness）的指责。乍看上去，当沙弗尔的新限制能够以更普遍的形式加以解释的时，相关特设性的指责就可以被规避了。为了探讨这个问题，让我们暂时搁置上述问题中的（1）和（2），集中精力考虑问题（3）的可能的解决方案。

从表面上看，关于问题（3）的一般性解决方案似乎是可行的，因为沙弗尔对对比命题的新限制相当于对一般性的关于知识归属的对比主义关

---

[1] 这也恰好印证了笔者在本书第三章对沙弗尔关于知识归属的对比主义理论的批评意见。

系进行了新的解释。问题的关键在于沙弗尔对"D$sp\&q$"的所谓特设性处理是否可以被归纳或者总结出某些一般的对比主义的理论刻画内容。从宽容原则的视角来看，沙弗尔之所以否定"[[K]]sp（D$sp\&q$）"可能是基于以下考虑：当替代选项"D$sp\&q$"起效时，支持 S 的对比性的知识归属"Kspq"的相关证据将被无效化（neutralized），因此，S 将不再具有恰当的、充分的证据来位于"[[K]]sp（D$sp\&q$）"的认知地位。换言之，我们在此获得的关于三元的知识归属的一般性教益是：如果有一个替代选项能够将 S 的对比性的知识归属"Kspq"的证据无效化，如果对比命题 q 是被该替代选项演绎地蕴涵的，那么，该替代选项为真的可能世界的集合应该从对比命题 q 所指示的可能世界的集合中排除出去。也就是说，一名认知主体 S 所具有的支持其初始的对比主义知识归属的证据，在不发生改变的情况下，无法排除那些替代选项所指示的可能世界的集合。我们可以将上述关于对比主义知识归属的一般性的思想更为准确地表述为：

假设初始的对比主义的知识归属陈述为 Kspq_1，其中 q_1 表示如下的一组可能世界 $Q_1 =_{df.} \{x| x$ 是这样的一个可能世界：在 x 中，q_1 为真$\}$；此外，假设存在另一种替代选项 α：α 不仅蕴涵 q_1，而且 α 也并未被 S 关于"Kspq_1"证据所排除。现在，让我们定义一组可能的世界 $U =_{df.} \{x| x$ 是这样的一个可能世界：在 x 中，α 为真$\}$。命题 q_1^* 指示的是如下的可能世界的集合 Q_1^*，而 Q_1^* 是 Q_1 与 U 的差集，即 $Q_1^* =_{df.} Q_1 - U$。在上述设定下，

被限制的（Contract-q）：（Kspq_1^* &（$q_2 \rightarrow q_1^*$）& $\{q_2\} \neq \varnothing$）$\rightarrow$[[K]]spq_2

根据这种解释，怀疑论的替代选项"D$sp\&q$"就变成了未被排除替代选项 α 的一种特定的例示（即在怀疑论场景中的替代选项）。[1] 换句话说，上述的一般性理论概况是可以从沙弗尔对怀疑论的替代选项"D$sp\&q$"的处理

---

[1] 诚然，这一解决方案仍然面临前述问题（1）与（2）的相关指责。特别是考虑到问题（2）的时候，这一解决方案尤其令人不满意。但是，笔者在这里将继续遵循既定的约定，忽略这些相关的担忧。

中归纳和总结出来的，沙弗尔似乎为我们提供了一些一般性的理论说明与解释来澄清那些与非怀疑论的日常知识归属有关的认知现象。为了更形象地把握这一观点，让我们在非怀疑论的语境中考虑以下案例：

估计者案例（The Estimator Case）：

假设 S 用肉眼能够可靠地估计物体的长度，他特别擅长估计并判断某一物体的长度是否为 1 米。S 相关的估计能力是可靠的，不仅因为在大多数情况下，他对某一物体的长度是否是 1 米的估计始终是正确的，而且还因为他对物体的长度非常敏感——他能够用裸眼分辨出 1 米与 1.005 米的长度差异。现在，我们向 S 展示一根 1 米长的物体，并要求他估计该物体的长度是否为 1 米（当然，S 事先没有任何关于该物体长度的信息）。在仔细检查并估计了该物体的长度之后，S 声称："我知道棒的长度为 1 米，而不是该物体的长度大于 1 米。"在这种情况下，以下对比主义者的知识归属是正确的：

（e_1）S 知道该物体的长度为 1 米，而不是该物体的长度大于 1 米。

从数学的精度上讲，如果该物体的长度为 1.000001 米，则其长度超过 1 米。当然，类似地，如果物体的长度为 1.01 米，那么其长度也超过 1 米。现在的问题是：以下对比主义的知识归属语句是真的吗？

（e_2）S 能够知道该物体的长度为 1 米，而不是该物体的长度为 1.000001 米。

（e_3）S 能够知道该物体的长度为 1 米，而不是该物体的长度为 1.01 米。

根据不加限定的（Contract-q）原则，（e_2）和（e_3）都应当是真的，因为它们都可以从（e_1）通过（Contract-q）原则推导得出。但是，这种结果却是令人担忧的。即使承认 S 特别擅长估计并判断某一物体的长度是否是 1 米，我们恐怕也不愿意认为（e_2）是真的或者将（e_2）归属给 S，因为 S 的裸眼估计能力无法保证 S 可以区分性地以视觉方式识别 1 米与 1.000001 米的长度差异。但是，在给定的案例场景的设定下，(e_3）当然应该是真的，因为 S 的裸眼估计能力可以使其可靠地分辨出 1 米和 1.01 米之间的长度差异。因此，"估计者案例"也会要求我们修正不加限定的（Contract-q）原则，从而可以使只有（e_3）——而非（e_2）——通过基于已知的演绎蕴涵的认知封闭原则被推导出来。

显然，"被限制的（Contract-q）"能够满足上述要求。根据"被限制的（Contract-q）"，（e_1）中的对比度命题实际上指示的是"该物体长度大于或等于 1.005 米"的一组可能世界，因为这是由 S 能够以裸眼的方式将相关长度与 1 米进行有效的视觉区分的能力所保证的。根据"被限制的（Contract-q）"原则，（e_2）不再能够从（e_1）合理地推论出来，因为"该物体的长度为 1.000001 米"并不蕴涵"该物体长度大于或等于 1.005 米"，此时"被限制的（Contract-q）"原则前件中的第二项合取支不被满足。而另一方面，（e_3）依旧可从（e_1）"被限制的（Contract-q）"原则而推导出来，因为"该物体的长度为 1.01 米"蕴涵"该物体长度大于或等于 1.005 米"。

应该再次强调的是，"估计者案例"不涉及任何典型的怀疑论场景或假设。"估计者案例"是针对人类的日常认知实践而构建出来的思想实验案例。在这样的解读下，借助"估计者案例"这类思想实验，用"被限制的（Contract-q）"原则取代原初的、未加限制的（Contract-q）原则的做法，在理论层面具有广泛的合理性，因为"被限制的（Contract-q）"原则不仅可以更好地解释我们关于日常知识归属实践中的现象，同时在面对怀疑论假设的时候还可以保持我们的认知谦逊态度，在这个意义上，沙弗尔似乎可以合理地主张，他所引入的关于原初的、未加限制的（Contract-q）原则的相关修订条款，并没有犯下"特设性"的错误。

但是，正如笔者一再强调的那样，沙弗尔所引入的相关新的限制条款也相当于对一般性的关于知识归属的对比主义关系进行了新的修正，因此，沙弗尔关于对比子句 q 的相关限定条款，也就是对三元对比关系的"知道"的限定。基于上述理解，我们可以在沙弗尔的对比主义中加入以下关于对比子句的澄清：

（c-c）：未加限制的（Contract-q）前件中第一项合取支"Kspq_1"应当被正确地理解为被限制的（Contract-q）的前件中第一项合取支"Kspq_1^{*}"。[1]

由于"被限制的（Contract-q）"原则仍然被视为知识的一般封闭模式，因此沙弗尔必须承认（c-c）应该普遍适用于所有符合"被限制的（Contract-q）"前件中的第一项合取支所要求的对比性知识归属语句。在对比主义理论中，关于"q_1^{*}"的另一个明显要求是：由"q_1^{*}"所构成的集合"$\{q_1^{*}\}$"不能表示一个空集；否则，"Kspq_1^{*}"中的第三项主目位置将得不到饱和性的填充，因而无法使"Kspq_1^{*}"表达完整的命题。但是，正如我们即将看到的那样，新增加的关于对比子句的澄清会给沙弗尔的对比主义理论带来严重的反例，例如：

几何学案例（The Geometry Case）：
假设 S 是一个对欧几里得几何学知识掌握不多的人——S 能够胜任将某一平面几何图形正确地识别为三角形，而且她知道三角形是具有三条直边的闭合的平面几何图形。除了上述信息之外，S 几乎不了解欧几里得几何学中的任何其他术语。现在，有人递给 S 一张纸，这张纸上正好画有一个三角形（如图 5.2 所示）。

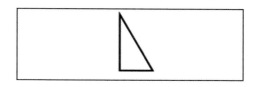

图 5.2　画有三角形的一张纸

---

[1] 需要澄清的是，笔者在此提出（c-c），并不意味着现实中有任何哲学家对这一原则实际做出承诺。笔者在这里所做的是指出沙弗尔对比主义理论所需的、必要的理论组成部分，以便使沙弗尔所引入的相关修正建议不至于陷入特设性的指责。另一个值得注意的方面是，笔者在这部分论证中所采用的策略是"归谬"（reductio ad absurdum）性的，笔者最终希望论证的结论是：沙弗尔的相关修正建议同样存在着严重的问题。

经过仔细观察，S 相信纸上所画的集合图形是三角形，而不是由四条等长的直边所构成的封闭的平面几何图形。因此，以下对比性的知识归属是正确的：

（g_1）S 知道纸上的图形是三角形，而不是一个由四条等长的直边所构成的封闭的平面几何图形。

由于 S 不知道欧几里得几何学中的任何其他术语，所以 S 不知道在欧几里得几何学当中"菱形"是被定义为"由四条等长的直边所构成的封闭的平面几何图形"[1]。显然，以下的对比性的知识陈述是假的：

（g_2）S 知道纸上的图形是三角形，而不是纸上的图形是菱形。

我们不能从（g_1）推导出（g_2），因为"被限制的（Contract-q）"禁止进行相关推理操作，而这又会要求（g_1）中的对比子句实际上指示的是如下的可能世界的集合 G_1：{x| x 是这样的一个可能世界：在 x 中，纸上所画的图形是由四条等长的直边所构成的封闭的平面几何图形，但该图形不是菱形}。

根据（c-c），仅当（g_1）中的对比子句指示可能世界的集合 G_1 时，（g_1）是真的；但是，十分明显的是，可能世界的集合 G_1 是空集，因为并不存在任何一个平面几何图形可以同时满足"由四条等长的直边所构成"但是"不是菱形"的相关要求。因此，（g_1）在这种理解下并不表示完整的三元认知归属命题，因而我们也不能有效地讨论（g_1）是不是真的；我们可以看到，在引入新的限制下，沙弗尔的理论无法真正有效地讨论"几何学案例"中的对比性知识归属语句（g_1）的命题内容与含义。换句话说，根据添加了修正条款的对比主义理论而做出的关于（g_1）真值的理论预测是完全荒谬的。因此，我们可以得出结论，沙弗尔所引入的新的限制条款面临着严重的挑战。

更糟的情况是，沙弗尔通过限定（Contract-q）所引入的相关限定性条

---

[1] 我们在此接受欧几里得几何学关于图形分类的相关设定，根据这些设定，正方形是一种特殊类型的菱形，即正方形是四个内角为直角的菱形。

款同样要求他对对比主义一般原则进行一些调整和限定。在没有进行进一步的限定性调整之前，上述反例所带来的令人不安的结果是难以消除的；而假使沙弗尔做出相关调整后，另一种理论层面的担忧便是，经过进一步限定后的对比主义理论能否对相关知识归属的实践保持对应的解释效力。不幸的是，据笔者所知，沙弗尔并未对他的对比主义理论的一般原则提供任何进一步的修订，因此，围绕该理论的相关担忧也就不会消除。

  总而言之，笔者认同凯尔普对沙弗尔的相关批评意见，沙弗尔不能有效且合理地在他的知识归属对比主义理论中同时保留（C_8）和（Contract-q）原则——该原则不论是原初版本的还是限制版本的。沙弗尔必须选择放弃（C_8）或者选择放弃（Contract-q），以便规避相关反例对他的对比主义理论带来的挑战。但是，我们应该明确，不论沙弗尔最终选择放弃上述两个原则中的哪一者，都会严重削弱他的对比主义理论的吸引力。如果沙弗尔放弃的是（C_8），那么他将放弃他所宣称的对比主义理论最具吸引力的特征之一。这也模糊了他的对比主义理论立场比之那些非语境主义的知识归属理论立场［例如，（新）摩尔主义、怀疑论］的理论优势。特别关键的是，一旦我们决定放弃认知谦逊的主张，我们也就似乎放弃了采取关于"知道"的语境主义立场的主要动机，因为认知谦逊被认为是语境主义的一大优点。另一方面，如果沙弗尔放弃（Contract-q），他也会失去关于对比主义的认知封闭模式的一个关键组成部分，更加令人担心的是，由于（Contract-q）直接来自对比主义知识归属理论的相关理论主张，因此相较于其他认知封闭模式而言，（Contract-q）与对比主义理论的核心主张之间的联系更为紧密，也更为关键，以至于对（Contract-q）的进一步限制也会对于对比主义的一般性的理论主张造成影响，产生一系列令人无法接受的结果。在这种意义上，沙弗尔面临的理论困境是无法轻易解决的。我们在此进行的关于沙弗尔知识的封闭原则的对比主义理论刻画案例研究也意味着，我们希望同时维护知识的封闭原则并解决怀疑论难题，这不应该使我们更普遍地倾向于接纳对比主义或者其他非对比主义的语境主义立场，因为这些理论似乎均不能一贯性地同时维护认知谦逊性和认知的封闭原则。

  但是，可能有人会抱怨说，仅仅凭借对比主义的案例研究就断定"即使是非对比主义的语境主义也面临类似的挑战"这样的说法可能是不恰当的，做出这种一般性的理论判断恐怕是为时尚早，因为其他非对比主义的语境主义理论在其具体的理论承诺方面是不同于对比主义的。虽然上述这种观点听上去有一定的道理，但是笔者认为，我们在沙弗尔的对比主义中所发现的问题也暗示出其他非对比主义的语境主义理论最终也将面临类似的理论困难，因为对比主义理论面临的相关理论挑战的根源（例如，排除错误可能性、知识论谦逊、承认怀疑论直观的效力，等等）是位于知识归属的语境主义的一般性理论精神之内的。为了上述判断，在下一小节中，笔者将展示那些非对比主义的语境主义理论为何也会产生类似的理论问题，面临类似的理论挑战。

5.3.3　关于认知归属的非对比主义的语境主义理论与封闭原则

在上一节关于对比主义相关讨论的基础上，笔者在本小节将提供一种类似的平行论证。为了展开相关的讨论，让我们首先确立两个约定：（1）在本小节的讨论过程中，我们将以（CKI-CW）的语境主义版本刻画为核心研究案例。（CKI-CW）的语境主义版本刻画可以表示为：

（C-CKI-CW）：对于任何给定的语境 Ci，如果在 Ci 中 S 知道 p，并且在 Ci 中 S 知道 p 演绎地蕴涵的 q，那么，在 Ci 中 S 处于知道 q 的位置上。上述思想可以符号化表示为：

（C-CKI-CW）：对于任何给定的语境 Ci，
$\{K_{Ci}sp \ \& \ K_{Ci}s(p \rightarrow q)\} \rightarrow [[K]]_{Ci}sq$。

（2）遵循希弗尔的相关主张，笔者在此也假定一些逻辑真理和逻辑规则［例如，($p\&q$)→q、not-q→not-($p\&q$)、肯定前件推理（$modus\ ponens$）、否定后件推理（$modus\ tollens$），等等］都可以在最严格的意义上是已知的（being known in the strictest sense）；也就是说，当主体明确思考关于某些逻辑真理和逻辑规则的知识时，这些知识会在大多数的（即使不是全部的）知识归属的语境中被保持下来。笔者认为，即使怀疑论者希望通过怀疑论论证破坏我们关于外在世界的知识,他们也会接受上述关于某些逻辑真理和逻辑规则的约定。

有了以上两个约定,我们现在可以展开关于非对比主义的语境主义理论的分析与讨论。对诸如德罗斯、刘易斯等非对比主义的语境主义者而言,当我们在某一语境中,将某一知识归属给某一认知对象的时候,该语境也总会有一些错误的可能性(possibilities of error)或相关的替代选项(relevant alternatives)被 S 的证据消除了。当然,这些非对比主义的语境主义者也同样持有认知谦逊的主张:即没有人能够知道怀疑论的假设是错误的,因为人类在怀疑论的语境中并不具有足够的证据来消除怀疑论的相关可能性或怀疑论的替代选项。现在我们考虑以下案例:

勃朗峰案例(The Mont Blanc Case):

假设在完美的日常语境 Co 中,S 是一个正常的认知主体,她在客厅里坐在电脑桌前,正对着她的电脑,她的房子位于加拿大安大略省的汉密尔顿市。S 非常清楚自己客厅的陈设情况,并且她正在用自己的电脑撰写哲学论文。S 相信她坐在客厅里(让我们用"l"代表"S 坐在客厅里")。她明确考虑并排除了她正在攀登勃朗峰的选择(让我们用"b"代表"S 正在攀登勃朗峰")。因此,S 在 Co 中确实知道 l。由于 S 明确地排除了她正在攀登勃朗峰的替代选项,所以 S 也知道(l 蕴涵非-b)。因此,根据(C-CKI-CW),S 在 Co 中处于知道非-b 的位置。当然,这种推论是很琐屑的(trivial)。但是,这里的关键点是:S 对 l 的知识和对非-b 的知识在 Co 中都是成立的,并且关于 l、非-b 及其相关知识的讨论中没有任何因素可以引起语境的实质变化。假设在 Co 中,S 还知道[非-b 蕴涵如下的情况不是真的:S 是被邪恶的恶魔欺骗得相信了 l(将这一命题记为 Dsl),但实际情况却是 b;即 S 知道("非-b"蕴涵"非-(Dsl& b)")]。S 当然可以在 Co 中知道上述的蕴涵式,因为"'非-b'蕴涵'非-(Dsl&b)'"的蕴涵关系是对逻辑重言式模式 not-$\varphi \rightarrow$ not-(ψ&φ)的逻辑真理的实例。现在的问题是:S 在 Co 中是否可以位于知道"非-(Dsl&b)"

的位置上呢？

针对上述案例，如果非对比主义的语境主义者想要保持认知的谦逊，就必须否认 S 在 Co 中位于知道"非-（Dsl & b）"的位置上，这也就意味着（C-CKI-CW）原则失效；反之，非对比主义的语境主义者如果希望断言 S 在 Co 中位于知道"非-（Dsl & b）"的位置上，那么，他们就不得不放弃认知谦逊。为了解决这个问题，非对比主义的语境主义者必须从以下三个选项中做出抉择：(ⅰ) 他们不得不放弃认识上的谦逊，并断定 S 在 Co 中位于知道"非-（Dsl&b）"的位置上；或者 (ⅱ) 他们必须放弃或者限制（C-CKI-CW）；或者 (ⅲ) 他们必须指出案例所讨论的语境发生了变化，并对语境如何发生变化给出合理的解释。

如果非对比主义的语境主义者选择选项 (ⅰ) 的话，我们之前对沙弗尔的对比主义的相关批评可以很容易地扩展到目前的讨论上：非对比主义的语境主义也失去了一个吸引人的特征，非对比主义的语境主义与其理论竞争对象（新）摩尔主义之间的区别是含糊晦涩的（特别是在讨论日常知识归属的情形时）。更糟糕的是，当非对比主义的语境主义者放弃认知谦逊并接受 S 在 Co 中位于知道"非-（Dsl&b）"的位置上时，他们就会面临如下的难题：要么他们赞同类似于 5.3.1 小节希弗尔的评论中命题（d）的那种合理的想法；要么他们就不得不修改关于语境主义的一般理论，并以此告诉我们 S 在 Co 中是如何位于知道"非-（Dsl&b）"的位置上的。对于前一析取支的情况来说，根据非对比主义的语境主义，"非-（Dsl&b）"作为怀疑论假设的否定，S 只能相对于 T 而知道"非-（Dsl&b）"，而"l"和"非-b"对 S 来说都是相对于 E 而言为可知的，在这种情况下，这一解读反而暗示了非对比主义的语境主义者混淆了 Co 和怀疑论语境。而对于后一析取支中所指明的情况而言，笔者认为，相关的修改要么是特设化的（*ad hoc*），要么则是神秘的（mysterious）：如果他们否认"非-（Dsl&b）"是对某种怀疑论假说的否定，那么，这种修订意见就是特设的，因为"Dsl&b"和一些典型的怀疑论假说（比如，S 是被笛卡尔的邪恶精灵欺骗了才相信 l 的）并没有什么实质的或者重大的区别。如果非对比主义的语境论者承认"非-（Ds*l*&*b*）"是对某种怀疑论假说的否定，但却一口咬定"非-（Ds*l*&*b*）"在 Co 中仍然可以被知道，那么相关的修正就很神秘了，因为我们可能会想，为什么在 Co 中只有"非-（Ds*l*&*b*）"是被 S 知道的，而其他类型的经典怀疑论假设的否定在该语境中却是不可知的。

如果非对比主义的语境主义者选择选项（ii）的话，笔者认为，他们不能简单地放弃（C-CKI-CW）原则，因为放弃（C-CKI-CW）等于放弃了知识的封闭原则。由于非对比主义的语境主义者与沙弗尔不同，他们没有提供任何进一步的、更为详尽的认知封闭的子规则[1]，因此，如果非对比主义的语境主义者放弃（C-CKI-CW）原则，则会给非对比主义的语境主义带来无法承受的理论代价。因此，非对比主义的语境主义者只能对（C-CKI-CW）原则加以限制或修正。但是，令人遗憾的是，就笔者所知，非对比主义的语境主义者并没有提供任何细致的修正方案。不过，我们在此可以提醒他们注意的是：非对比主义的语境主义者不应该采取类似于沙弗尔的策略来更精确地指明被排除的相关替代选项[2]，因为这样做会产生更为严重的问题。首先，这无异于认可了怀疑论者和怀疑论场景对我们日常知识的进一步侵蚀。其次，知识归属的语境主义的相关语义机制将变得极为复杂——不仅"知道"是语境敏感的，而且表征被排除的替代选项的命题在语义上也是有歧义的或含糊的——这将导致他们不得不进一步声称：胜任的语言使用者对表达相关替代选项的命题也是在语义上盲目的。最后，如果非对比主义的语境主义者只专注于类似"Ds*l*"这类怀疑论假设，那么相关限制又将是特设性的。如果他们希望规避来自特设性的指责，就需要对相关限定条款进行一般性或者普遍性的解读，而这种操作又可能会导致出现类似于"几何学案例"这样的反例。

如果非对比主义的语境主义者选择选项（iii）的话，则他们必须指明相关的、合理的规则来告诉我们案例中所涉及的语境是如何变化的，并且这些规则不应是特设性的。在非对比主义的语境主义的相关文献中，刘易

---

[1] 与此形成对比的是，除了（Contract-*q*）之外，沙弗尔还提供了（Expand-*p*）（Intersect-*p*）与（Union-*q*）等规则。

[2] 换言之，在"勃朗峰案例"中，非对比主义的语境主义者不应当提出：当 S 消除 *b* 所指示的可能世界时，在更为精确的意义上，S 只消除那些"Ds*l*&*b*"为假的那些 *b* 的可能世界。

斯的"关于关注的规则"可以为"勃朗峰案例"中的语境变化提供理论解释。但是,正如我们在第二章已经看到的,刘易斯的"关于关注的规则"其实是不可维系、存在问题的——非对比主义的语境主义者必须提供其他规则来解释"勃朗峰案例"中被假定的语境变化。但是,再次令人遗憾的是,我们并没有看到非对比主义的语境主义者在此方面进行实质性的探索。

综上所述,我们可以得出结论,非对比主义的语境主义同样面临着一系列严重的理论困难,这些理论困难与沙弗尔的理论所面临的困难是类似的、平行的。如果本小节向非对比主义的语境主义者所提出的困难很难解决,那么,非对比主义的语境主义理论也将是不可维系的。

接下来,基于本章关于认知封闭原则的相关讨论以及上一章关于怀疑论的相关讨论,我们将简要评述认知封闭原则与怀疑论问题之间的关系。

5.4　认知封闭原则与怀疑论问题

有一个问题残留于我们对知识的认知封闭原则的讨论中,这就是我们应当如何解决 5.2.1 小节通过(AI)论证所提出的怀疑论之谜。但是,笔者认为,我们在本章中不过多谈论如何合理地解决怀疑论问题其实是可以理解的。首先,对怀疑论之谜的本质及其解决方案的研究是一项巨大的理论研究工程,无法在本书目前的研究框架下进行实质性的探讨。其次,本章主要致力于研究关于知识的认知封闭原则,而关于知识的认知封闭原则的相关讨论原则上是可以独立于关于怀疑论本质的讨论的。但是,由于怀疑论的问题确实会不时地出现在我们的讨论中,因此,对笔者而言,最好的办法似乎是简要地总结一下,基于现在所讨论的内容,我们在怀疑论问题的研究方面应该吸取哪些经验,这可以作为本章相关讨论的最后一节。

第一,应该指出的是,拒斥某些版本的关于知识的认知封闭原则不一定总是出于对怀疑论之谜的恐惧,而是还有其他一些独立的原因。例如,(CKI)原则要求一个人在逻辑上对自己知识的所有逻辑后果达到全知的程度，这显然是荒谬的。笔者在此想要强调的关键点在于，鉴于彻底放弃关于知识的认知封闭原则不是一种明智的选择，知识论者应该选择一种更为合理的关于知识的认知封闭原则的表述与刻画形式［例如（CKI-AS）原则或者（CKI-CW）原则］。

第二，根据上述提示，我们还可以进一步建议，只要我们选择了更为合理的关于知识的认知封闭原则的表述与刻画形式［例如（CKI-AS）原则或者（CKI-CW）原则］，怀疑论者并不会很容易地利用这些更为合理的认知封闭原则来构造出有吸引力的怀疑论论证。笔者认为，存在着相当有说服力的证据表明，关于知识的合理的认知封闭原则并不是产生怀疑论之谜的主要原因。至少存在着两种不同的方法可以确立上述论断：（1）第一种方法是基于我们对如下两类信念的认知优先性层面的认识论机制——这两类信念分别涉及对外部世界的日常陈述（以下用"O"来标示）以及对怀疑性假说的否定陈述（以下用"非-H"来标示）。具体说来，相关情况是这样的：如果我们对"非-H"的信念在认知上优先于我们对"O"信念的话[1]，那么无论是否诉诸认知的封闭原则，由于我们缺乏关于"非-H"的知识，怀疑论之谜都会出现；而如果我们对"O"的信念在认知上优先于我们对"非-H"的信念，那么我们实际上可以利用"O"的知识，按照某种合理版本的认知封闭原则的要求，得出关于"非-H"的知识；也就是说，我们此时可以接纳某种摩尔主义的反怀疑论立场。无论上述哪种情况，合理的认知封闭原则都不会直接为怀疑论论证提供决定性的支持。（2）第二种方法则是基于怀疑论论证的论证模式（the argumentation schema of skeptical arguments）：如果怀疑论者所接受的也是某种合理版本的认知封闭原则，那么他们并非总是能够借助相应版本的认知封闭原则构造出强有力的怀疑论论证。我们可以通过如下的例示来大致展示相关想法：假设怀疑论者接受的是（CKI-AS）原则，将（CKI-AS）应用于"O"与

---

[1] 理解认知优先性的一种方法是：既然我们的日常知识归属的前提或预设（presupposition）是一些重要命题（如存在外部世界、存在物理对象等）为真，而这些命题恰恰受到怀疑论假说的严重威胁，那么，我们就必须优先确立关于怀疑论假说的否定式的相关知识归属的真（truth）。在这个意义上，确立关于怀疑论假说的否定式的相关知识归属的真，在认知上应该先于确立日常知识归属的真。换言之，关于"非-H"的知识归属的确立，在认识上应优先于关于"O"的知识归属。

"非–H",则可以得到:

(a) $\{KsO \& Ks(O \rightarrow not\text{-}H) \& B^*s(not\text{-}H)\} \rightarrow Ks(not\text{-}H)$

按照怀疑论者的主张,由于我们不知道关于怀疑论假设的否定,即"非–Ks(not-H)",将"非–Ks(not-H)"与(a)结合,我们就得到了关于(a)的前件的否定式,即"非–{KsO&Ks(O→not-H)&B*s(not-H)}",该陈述意味着"KsO""Ks(O→not-H)"与"B*s(not-H)"中至少有一者是假的,亦即"[not-KsO ∨ not–Ks(O→not-H) ∨ not-B*s(not-H)]"。因此,在没有提供合理的理论说明来解释为何不是"非–B*s(not-H)"导致(a)的前件为假的情况下[1],怀疑论者实际上无法有效地得出我们不具备关于外部世界知识的结论[2]。

更为糟糕的事实是,怀疑论者还有可能陷入两难的困境:如果怀疑论者不能提供合理的解释,说明 S 如何可以合理地接受并相信"not-H"(即"B*s(not-H)"为真),那么他们就不能直接得出具有破坏性的怀疑论结论(即 S 不知道 O)。而另一方面,如果怀疑论者提供了合理的解释,说明 S 是如何合理地接受并相信"not-H"[这不仅要指明"B*s(not-H)"是真的,而且还需要提供用以支持"B*s(not-H)"的理由或证据],在相关解释下,如果我们可以理解"B*s(not-H)"和"Ks(not-H)"之间的内在联系,我们又会质疑怀疑论者如何得以首先合理地确立"非–Ks(not-H)"。因此,我们可以看到,在任何一种情况下,怀疑论者都没有取得他们所宣称的决定性的理论优势,从而得出极端怀疑论的结论。

一般而言,在(CKI-AS)模式中,我们在前件的刻画中引入更为丰

---

[1] 考虑到怀疑论者关于"非–Ks(not-H)"的主张,相关认知主体 S 可以基于她/他被怀疑论假设所打动而认为自己不具备"Ks(not-H)",由于 S 意识到自己缺乏相关知识,因此也会基于对相关知识的缺乏这一理由而无法在信念层面合理地接受和相信"not-H",在这种意义上,"not-Ks(not-H)"与"not-B*s(not-H)"恰好构成了一个更为融贯的"信念–知识"解释系统。

[2] 当然,我们还可以假设相关怀疑论者能够接受(CKI-CW)版本的认知封闭原则,但是正如本章关于对比主义、非对比主义的语境主义与认知封闭原则的相关讨论所展示的那样,后件削弱版本的认知封闭原则同样可以产生某些反怀疑论的结论,这也就意味着(CKI-CW)版本的认知封闭原则也并非总是将怀疑论者置于有利的理论地位。本章关于对比主义、非对比主义的语境主义与认知封闭原则的相关讨论已十分详尽,笔者在此就不再重复了。

富、更为细致的分析，从而导致其前件成为更为复杂的合取式，那么这些被新引入的要素都有可能被用来抵抗怀疑论者对我们日常知识的攻击和破坏的。[1]

第三，根据以上关于"非-B*s（not-H）"评论，我们可以合理地推测：怀疑论论证直觉上的理论力量可能更多的是来自信念形成的机制，而不是认知封闭原则（或者是关于"O"和"非-H"本身是否具有知识）。诚然，我们的信念可能对凸显出来的错误的可能性非常敏感。怀疑论者通过对 S 提出怀疑论的假设，使这种极端的错误的可能性变得如此显著，以至于 S 变得不愿意肯定自己知道"非-H"。这种现象可能只是反映了一个事实，即：怀疑论所引出的错误可能性的显著性主要影响的是 S 对"非-H"的信念。这里关键的变数其实是 S 对 O 的信念（及其相应知识）是否被取消或者撤回。如果在某些情况下，S 对 O 的信念受到严重挫败，以致 S 无法继续持有关于 O 的信念，这将导致 S 也丧失对 O 的原初的知识归属。但是，在另外的一些情况下，S 对 O 的信念仍然可以被较好地维持下来，并且 S 在保持关于 O 的信念的同时，还维持了关于 O 的原初的知识归属；在这种情况下，S 似乎也就可以知道"非-H"了。[2] 不论是上述的哪种情形，相关的认知机制（例如，信念的敏感性、认知主体的相关心理状态、基于证据的信念等）都比认知封闭原则所描述的内容来得更为丰富也更为复杂。这也展示出认知封闭原则与怀疑论问题之间的概念的、理论的距离。

总而言之，笔者在此希望强调的是：关于认知封闭原则的评估可以独立于怀疑论论证的诊断而进行。我们对拒斥怀疑论结论的渴望不是放弃合理的封闭原则［例如，（CKI-AS）或（CKI-CW）等原则］的恰当动机。正如本章所展示的那样，我们应当寻求并保留关于认知封闭原则的合理且恰当的理论刻画模式。本章的相关讨论还表明，语境主义并未对保持合理的认知封闭原则提供有效的理论框架，这是因为：（1）并不存在强有力的

---

[1] 沿着此种方法论策略对怀疑论进行批驳的研究可以参见 David & Warfield 2008。
[2] 这种关于信念维系的刻画视角可以帮助我们理解霍桑在其"单一前提的封闭"（Single-Premise Closure，简写作 SPC）和"多前提的封闭"（Multi-Premise Closure，简写作 MPC）的相关认知封闭原则的刻画中为何会突出强调 S "全程保留对 p 的知识"这一要求（参见 Hawthorne 2004, 33-34）。

理论证据表明：如果我们要持有合理的认知封闭原则，语境主义立场就是我们的最佳选择。（2）合理的认知封闭原则、语境主义所宣称的认知谦逊和语境主义的知识归属的一般性理论主张之间存在着内在张力。从这个意义上说，语境主义不能对诸如（CKI-AS）或（CKI-CW）之类的合理的认知封闭原则提供令人满意的辩护。

由于我们可以在不直接诉诸认知封闭原则的情况下引入怀疑论之谜，因此我们应该在认知封闭原则之外来继续寻找解决怀疑论问题的方法。如果我们能够找到并拒绝怀疑论者所依赖的根本性的学说立场，我们也许就不再遭受怀疑论问题的困扰。许多知识论学者认为，怀疑论的根源来自关于知识的不可错主义（infallibilism）观念，而这一观念已被当代可错主义（fallibilism）理论立场所拒斥。对于可错主义的相关思考将会引导我们进入本书的下一章，即关于语境主义和可错主义关系的讨论。

第六章　语境主义与可错主义

在上一章的结尾处，我们借助对认知封闭原则与怀疑论问题的简要评述，引出了围绕怀疑论问题而展开的关于知识的"可错主义"与"不可错主义"之争。本章将详细讨论与可错主义相关的一系列理论问题，特别是将可错主义与语境主义相对比，最终在"语境主义是不是接纳关于知识的可错主义观念的最佳理论框架"这一问题上达成明确的判定。

6.1　怀疑论问题与可错主义

对认知怀疑论问题的一般性思考表明，怀疑论者似乎隐含地认可了一种潜在的关于"知道"的观念，即如果某人 S 知道 p，则 S 应该能够排除与 p 不相容的所有的犯错误的可能性（*all* possibilities of error）。如果某些知识论学者对知识也持有类似于上述刻画的观念，那么对于他们来说，希望在这种关于知识的观念下寻求反驳怀疑论的方法，将注定是失败的。换句话说，"任何主张'只有在 r 蕴涵 p 的情况下，S 才能根据理由 r 而知道 p'的原则，都注定会产生怀疑论的结果"（Cohen 1988，91，部分符号有所改写）。许多当代的知识论学者都认为，我们应该拒绝上述的原则，因为（1）该原则要求太高并且与我们确实知道很多事情这一事实直接矛盾；（2）这样的原则既不能捕获也不能反映我们人类的知识的本质，也不能帮助我们更好地从事日常的认知实践。对上述原则的直接拒斥就生成了可错主义的原则，可错主义原则"允许 S 能够基于〔理由〕r 而知道 p，其中 r 仅使 p 变得更为可能"（"S can know p on the basis of r where r only makes p probable", Cohen 1988, 91, 部分符号有所改写）。一些当代的知识论学者甚至乐观地提出"我们现在都是可错主义者"（Siegel 1997, 164）。由于语境主义者声称他们关于知识归属的语境主义理论为怀疑论问题提供了很好的解决方案，因此，语境主义者也乐于声称他们关于知识归属的语境主义理论同样为可错主义的观点提供了有力且合理的解释。一些语境主义者甚至建议，如果某人想成为真正的可错主义者，那么她/他就必须接受关于知识归属的语境主义理论（参见 Cohen 1988）。在这一方面，语境主义知识论学者斯图尔特·科恩可以被视为典型代表。因此，在下一小节中，笔者将首先介绍科恩关于如何成为一位语境主义的可错主义者的相关理论主张。

6.2　科恩论语境主义与可错主义

在当代语境主义者中，科恩是对语境主义与可错主义之间密切联系的观点最为杰出的捍卫者。科恩明确主张，成为一名可错主义者就意味着要接受关于知识归属的语境主义。根据科恩的说法，一般性的可错主义立场可以被视为对如下"蕴涵原则"的拒斥：

蕴涵原则（The Entailment Principle）：
仅当 r 蕴涵 p 时，S 才根据理由 r 而知道 p。（Cohen 1988, 91）

因此，一种可错主义的知识理论可以简单地通过允许"S 能够基于（理由）r 而知道 p，其中 r 仅使 p 变得更为可能"来规避怀疑论问题（Cohen

1988，91）。换言之，一名可错主义者允许"即使有出错的机会（即有其他的替代选项是与 [S] 的理由相容），S 依旧可以知道 p"（Cohen 1988，106），其中命题 p 的替代选项是指与 p 不相容的（incompatible）那些命题。因此，一方面，通过拒斥"蕴涵原则"，可错主义者认为 S 可以基于理由 r 而知道 p，即使 S 此时只能基于 r 排除了 p 的某些（而不是全部）替代选项，这也就是说，还存在着一些 p 的替代选项未被 r 排除——但是，这些未被排除的替代选项并不能妨碍 S 知道 p。从这个意义上说，我们必须将这些无害的替代选择与那些可以破坏 S 关于 p 的知识的替代选项区分开来。因此，"一种可错主义的理论，在其最低限度上，至少承诺区分两种条件：一种是 S 关于那些与 r 相容的替代选项的认知位置（S's epistemic position with respect to alternatives consistent with r）会阻碍知识的相关条件，另一种是 S 关于那些与 r 相容的替代选项的认知位置并不阻碍知识的相关条件"（Cohen 1988，101）。

为了恰当地做出上述区分，科恩从相关替代选项（relevant alternative）知识理论中借用了"相关替代选项"这一术语，并以语境主义的方式重新定义了该术语。[1] 科恩所提出的"相关替代选项"的定义如下：

> 一个（对 p 而言）替代选项 h 在语境 C 中（对 S 而言）是相关的 $=_{df.}$ S 对 h 的认知位置阻碍了 S 在同一语境 C 中形成对 p 的知识。
> （Cohen 1988，101）

科恩还强调，以上定义中的"相关的"（relevant）一词是一项技术术语，"支配相关性的标准是语境敏感的"（Cohen 1988，96）。一般而言，语境主义对相关替代选项的解释旨在反映关于支配相关性标准的两项重要的特征：（1）相关替代选项应与 S 相信 p 的理由的本质以及 S 的认知环境之间存在密切的联系。例如，如果 S 的理由使他相信某一替代选项 h，或者 S 的认知环境的某些特征构成 S 相信 h 的理由，那么这种替代选项 h 就是

---

[1] 相关替代选项的知识理论，就其性质而言，并不必然承诺任何版本的关于知识归属的认知语境主义立场。例如，作为相关替代选项理论积极倡导者的德雷茨克就曾经申明否认命题知识的归属在任何方面是语境敏感的（参见 Dretske 1981，107-111）。

相关的。艾尔文·戈德曼（Alvin Goldman）的"假谷仓案例"（The Fake Barn Case，参见 Goldman 1976，772-773）就是一个很好的例证：在该案例中，认知主体关于"面前的对象是谷仓"的信念能否被视为知识，取决于"假谷仓的替代选项"（a fake-barn alternative）是不是"相关的"（relevant），以及一旦该替代选项是"相关的"，它是否被认知主体的证据所排除；而这里决定"相关性"的关键因素则是假谷仓在该区域中的数量及其与真谷仓的比例关系。为了更准确地表达相关思想，科恩引入了"关于相关性标准的外在条件"的刻画：

关于相关性标准的外在条件（The External Condition on the Criterion of Relevance）：
如果 h 以理由 r 和某些环境特征为条件的概率充分地高（其中概率充分地高的水平由语境决定），则 h 作为（关于 p 的）替代选项是相关的。（Cohen 1988，102）

有了上述关于相关性标准的外部条件的刻画，科恩就可以在其语境主义化的相关替代选项理论中正确地处理类似于戈德曼的"假谷仓案例"这样的思想实验了。（2）更重要的是，科恩认为，相关替代选项同样会影响认知主体的认知状态、信念状态等内在状态与内在机制。这需要我们刻画出一种"关于相关性标准的内在条件"：

关于相关性标准的内在条件（The Internal Condition on the Criterion of Relevance）：
如果 S 缺乏足够的理由来否认 h，即相信"非-h"，则 h 作为（关于 p 的）替代选项是相关的。（Cohen 1988，103）

根据科恩的说法，上述内在条件同样提供了测度 S 的认知位置相关强度的标准，因为上述内在条件决定了"支配 S 相信 p 的全部理由需要达到多强的地步才能使 S 知道 p 的标准"（Cohen 1988，103）。

尽管在上述关于相关性标准的外在条件与内在条件的刻画中都没有明

显出现语境参数 C，但科恩仍然强调，关于相关性标准的外在条件与内在条件都是具有语境敏感性的（Cohen 1988，103），这是因为在科恩的理论中，"每个语境都为每个'命题 – 替代选项'的对子（proposition-alternative pair）选定了一种标准"，并且该假设"决定了为了能够否定替代选项，S 的理由所需要达到的强度，从而保证 S 知道相关命题"（Cohen 1988，120，endnote 29）。因此，根据科恩的语境主义版本的相关替代选项理论，在某一给定的语境 C 中，"关于否定 h 的理由必须达到多强才能使 S 知道 p 的标准"与"关于否定 h 的理由必须达到多强才能使 S 知道'非 –h'的标准"之间可能并不具有实质的差异。科恩认为，在语境主义版本的相关替代选项理论中，"相关的"或者"相关性"始终是一条具有语境敏感性的技术术语，在这种关于"相关的"或者"相关性"的理解下，任给的某一"非 –p"并不总是 p 的相关替代选项。[1]

正是由于科恩的理论对"相关替代选项"进行了语境化的处理，结合上述关于相关性标准的外在条件与内在条件，科恩声称他的语境主义理论比传统的、非语境主义化的相关替代选项理论具有更多的理论优势。为了证明这一点，科恩将自己的理论与德雷茨克的非语境主义化的相关替代选项理论进行了比较，进而指出语境主义理论保留了更多合理的要素（例如关于知识在已知的演绎蕴涵下认知封闭的原则等）。让我们先回想一下著名的"斑马案例"：

斑马案例：

某人 S 带儿子去动物园，在那里他们看到了几匹斑马，当他的儿子问他面前的动物是什么时，S 告诉他的儿子：面前的动物是斑马。假设 S 确实知道斑马是什么样的，他们造访的是他们所在城市的动物园，并且圈养这些动物的笼子的指示牌上清楚地标示着"斑马"。从这个意义上讲，S 可以合理地声称他知道他们面前的这些动物是斑马。而且似乎很明显，某一动物是斑马，就蕴涵着它不是园方巧妙伪

---

[1] 例如，在其论文的尾注 29 中，科恩明确指出："读者应该记住，'相关性'在这里是作为一条技术术语来使用的。鉴于我对'相关性'的定义，'一个命题 q 的否定式并不是 q 的相关替代选项'的说法中并没有什么奇怪之处。"（Cohen 1988，120）

装的骡子。让我们假设 S 也知道这种明显的蕴涵关系。但是，S 是否知道他们面前的这些动物不是园方巧妙伪装的骡子呢？（参见 Dretske 1970，1015-1016）

德雷茨克认为，S 不知道面前的动物不是动物园园方巧妙伪装的骡子；这导致德雷茨克拒绝接受知识在已知演绎蕴涵下是封闭的这类认知封闭原则，因为在德雷茨克看来，如下三条陈述——S 知道面前的动物是斑马，S 知道"如果面前的动物是斑马，那么它们就不是被巧妙地伪装的骡子"，但是，S 不知道面前的动物不是被巧妙伪装的骡子——直接构成了认知封闭原则的反例。根据德雷茨克的理论，对认知封闭原理的拒斥仅源于以下的事实：一方面，"面前的动物是被巧妙伪装的骡子"的替代选项对于初始的知识归属断言"S 知道面前的动物是斑马"来说不是相关的，因此 S 不需要用他的理由（或证据）来排除这种无关的替代选项；另一方面，当讨论的目标变成"S 知道面前的动物不是被巧妙伪装的骡子"的时候，"面前的动物是被巧妙伪装的骡子"的替代选项就变成相关的了。由于 S 的理由（或证据）不足以排除当前讨论中"面前的动物是被巧妙伪装的骡子"这种相关替代选项，所以 S 不知道这些动物不是伪装的骡子。由于德雷茨克既认为 S 知道动物是斑马，又认为 S 不知道面前的动物不是被巧妙伪装的骡子，所以在上述理论解释之下，德雷茨克只能选择普遍性地拒斥认知封闭原则。

但是，科恩认为，普遍性地拒斥认知封闭原则的做法令人无法接受。根据科恩的诊断，德雷茨克之所以会犯下拒斥认知封闭原则的"错误"，是因为他忽视了知识归属的语境敏感性与相关性的语境敏感性之间的紧密联系。根据科恩的观点，语境主义版本的相关替代选项理论并不需要拒斥认知封闭原则，因为借助语境刻画，某些合理版本的认知封闭原则是可以得到保留的。让我们用"C_1"来指代如下的语境：在 C_1 中，S 知道面前的动物是斑马。当 S 正确地声称自己知道面前的动物是斑马的时候，科恩实际上是同意德雷茨克的判断的，即："面前的动物是被巧妙伪装的骡子"的替代选项对于 S 在 C_1 中的知识归属而言不是相关的。但是，科恩认为德雷茨克所忽视的，正是语境（即 C_1）决定了上述关于骡子的替代选项是无关的。换言之，在 C_1 中，S 基于相关证据或理由而知道面前的动物是斑马，而 S 所具有的证据或理由与"面前的动物是被巧妙伪装的骡子"这一无关的（irrelevant）替代选项是相容的。但是，由于"面前的动物是被巧妙伪装的骡子"这一替代选项在 C_1 中是无关的，因此，该替代选项不应该阻止 S 获得相应的知识；而在固定 C_1 不变的情况下，S 可以从他关于"面前的动物是斑马"的知识，通过合理的认知封闭原则所指定的推导路线，最终得出"面前的动物不是被巧妙伪装的骡子"的结论，并进而知道面前的动物不是被巧妙伪装的骡子。由于在 C_1 中，"面前的动物是被巧妙伪装的骡子"这一替代选项是无关的，因此，该无关的替代选项也不应阻止 S 知道面前的动物不是被巧妙伪装的骡子。因此，科恩主张，在相同的语境中，某种合理版本的基于已知演绎蕴涵关系的认知封闭原则是可以被保留下来的，而且，相关的知识归属在同一个语境中也可以同时为真。

从上面的论述，我们可以看到语境在科恩理论中起到了重要的作用。根据科恩的说法，正是因为引入了语境因素，语境主义版本的相关替代选项理论相较于传统的、非语境主义版本的相关替代选项理论而言，才具有了更大的理论优势。科恩进一步主张，保留合理版本的认知封闭原则并不是语境主义版本的相关替代选项理论的唯一优势。科恩宣称，语境主义版本的相关替代选项理论既为我们解决了怀疑论问题，也为关于知识的可错主义观念提供了更合理的理论框架。正如本章开篇处所提到的那样，传统的可错主义通过拒斥"蕴涵原则"的方式来拒斥怀疑论的相关结论。但是，在科恩看来，传统的可错主义在面对如下问题时依旧欠大家一个解释——我们为什么会被怀疑论的论证所打动——而这种解释似乎可以由科恩支持的语境主义化的相关替代选项理论来提供。

根据科恩的分析，怀疑论者通过对他们的怀疑论场景采取精巧设计的方式，蓄意在暗中触发相关知识归属的语境的变化，而我们一旦未能识别出相关语境的变化，就会随之陷入怀疑论的陷阱。因此，当我们同时倾向于接受 S 知道 O 和 S 不知道"非-h"（其中 O 代表日常知识命题中的命题内容，而 h 则表示怀疑论的相关假设，例如，S 是缸中之脑、S 是被笛卡尔的邪恶精灵所欺骗的受害者，等等）的时候，"我们未能保持相关性标准固定不变"（Cohen 1988，106）。更准确地说，怀疑论者通过引入其精巧设计的怀疑论场景，偷偷地把那些原本与日常知识归属语境无关的怀疑论的替代选项引入进来，从而使得原本在日常知识归属语境中并不明显的某些犯错的可能性变得显著起来。在引入怀疑论场景的过程中，怀疑论者也暗中将关于日常知识归属的语境变化为怀疑论的语境，而在关于知识归属的怀疑论语境中，怀疑论的替代选项则变成相关的了。恰恰是通过这种方式，怀疑论者"迫使我们以一种使犯错的机会变得明显的方式来看待理由"（Cohen 1988，108）。上述分析中所指出的语境的转变，当然也会进而引发关于相关性标准的变化，使得即使是一个可错主义者在相关案例中也不愿意将知识归属给相应的认知主体。对此，科恩评论说：

> 作为可错主义者，我们允许 S 知道 p——即使存在着错误的可能（即存在与他的理由相容的替代选项）；尽管如此，当错误的可能性变得显著时，就不愿将相关知识归属给 S 了。（Cohen 1988，106）

科恩认为，语境主义可以帮助我们识别怀疑论难题的根本症结——怀疑论论证和怀疑论场景利用了如下的事实，即：我们的某些思考可以通过改变知识归属的语境进而改变相关性标准——"未能意识到这种转变会导致我们陷入怀疑论悖论"（Cohen 1988，110）。因此，科恩主张，只要清晰地、明确地保持日常语境（及其对应的相关性标准）与怀疑论语境（及其对应的相关性标准）之间的区别，语境主义化的可错主义者就能很好地解决怀疑论问题。科恩进一步指出，一名可错主义者可以承认，我们相对于怀疑论的标准而言没有任何知识，这不会带来什么实质性的恶果（参见Cohen 1988，117）。可错主义者真正需要做的是坚决否认"怀疑论标准在通常情况下也会支配我们的日常知识归属"（Cohen 1988，117），只要做到这一点，我们的日常知识就不会被怀疑论威胁，从而我们的日常知识归属就能得到很好的保存和保护。从这个意义上说，科恩认为自己对可错主义采取语境主义的诠释不仅保留了传统的（非语境主义的）可错主义的所有优点,而且以一种更合理的方式解释和容纳了"可错主义"立场。因此,科恩认为,成为可错主义者的最佳方法就是接纳语境主义。

但是,科恩对可错主义的语境主义诠释是否真如他所宣称的那么优秀呢?我们将在本章的其余部分揭晓对上述问题的答案。由于上一章已详尽地讨论了认知封闭原则和语境主义之间的关系及其相关的问题,笔者在此不再重复相关讨论。在下一节中,笔者将对科恩的语境主义化的可错主义提出两种批评意见:第一种批评意见是论证语境主义化的可错主义不是对传统的(非语境主义的)可错主义的良性改进;第二种批评意见则源于对可错主义观点的清晰表述所具有的那种听上去的"古怪性"(oddity)。接下来,就让我们依次展开相关的讨论。

6.3 对语境主义化的可错主义的理论挑战

6.3.1 语境主义化的可错主义与传统的(非语境主义的)可错主义

根据科恩的观点,怀疑论者在构建怀疑论论证或怀疑论场景时,会通过秘密变更知识归属的语境的方式,利用"某些思考可以导致相关性标准发生变化的事实"(Cohen 1988, 110),让我们在忽视相关语境变化的情况下,陷入怀疑论的陷阱。换言之,如果我们无法有效追踪相关知识归属语境的异动或者忽略了相关性标准的变化,我们就成为怀疑论的受害者。但是,这种关于怀疑论的语境主义诊断果真揭示了怀疑论论证(与怀疑论场景)的本质吗?笔者认为,相应的回答恐怕是否定的。为了更好地说明笔者对科恩上述诊断的担忧,让我们再次回想一下第二章中所讨论的科恩的"机场案例"或者德罗斯的"银行案例"。通过引入这些案例,认知语境主义者试图让我们相信,胜任的认知者与胜任的语言使用者能够直观地(intuitively)分辨出对话语境的差异,并对不同的知识归属语句的真(或假)做出直观上准确的判断。笔者在此之所以强调"直观地"或"直观上",是因为这些语境主义者既没有对他们的案例做出任何令人信服的理论分析，也没有试图论证他们所提供的案例反映了或者体现了我们日常认知实践的现实。认知语境主义者似乎认为他们提供的案例是如此地明显、如此地直观，以至于没有人能够合理地反对这些案例。尽管正如笔者在第二章中指出的那样，认知语境主义者所提出的案例本身还是可以进行商榷的，但是，就本章目前所进行的讨论而言，让我们暂时悬置关于相关案例的争议，暂时假定认知语境主义者关于他们所提供的案例的相关判断和主张是合理的。在这种意义上，我们其实是假设了：作为胜任的认知者和胜任的语言使用者，我们能够直观地分辨出知识归属语境之间的差异，并且能够根据我们对语境的直观判断来做出不同的知识归属语句，而这些知识归属语句在对应的认知语境中都是真的。就此而言，根据语境主义的相关假设，我们作为胜任的知识归属者，对于语境本身的变化是很敏感的。但是，当我们将上述基于"机场案例"和"银行案例"而做出的理论判断对照于科恩关于怀疑论的语境主义诊断时，很自然地就会产生相关疑问：作为对于语境变化辨识敏感的、胜任的知识归属者，为什么当我们面对怀疑论论证或者怀疑论场景的时候，会突然失去跟踪语境变化的能力呢？笔者认为，科恩等认知语境主义者恰恰在这一方面没有针对怀疑论的悖论提供合理的解释。如果认知语境主义者不能针对我们对日常知识归属的语境转变的敏感性和对怀疑论的语境转变的不敏感性之间的张力做出合理分析或理论说明，那么，语境主义关于怀疑论本质的分析与诊断至少看上去是十分神秘的。即使在语境主义的理论框架内，科恩式的解释也忽视了一些至关重要的内容。语境主义者在这里要完成的任务不仅是把怀疑论悖论的本质归结为语境的变化或语境的转移，而且要指出怀疑论者是如何通过这种在理论结构上颇为简单的（structurally simple）哲学论证与思想实验情景，就能够欺骗我们并使我们失去对语境变化的有效追踪的。如果认知语境主义者用来支持"机场案例""银行案例"等所谓的语境主义直觉非常可靠，那么，怀疑论者的论证或怀疑论的场景又怎么会如此轻松地造成我们相关直觉与相关追踪能力的失灵，从而导致我们忽视日常知识归属语境与怀疑论语境之间的转变呢？遗憾的是，在科恩式的语境主义理论中，我们并没有看到任何相关的理论说明或者理论分析。在这个意义上，即使是一个深深同情语境主义立场的知识论学者也不得不承认,科恩式的关于怀疑论悖论本质的诊断(至少)是不完整的(假定相关理论不是完全错误的话)。而且,需要进一步明确的是,笔者在这里的批评意见并非单一地针对科恩本人所持有的某种特定版本的语境主义理论——我们在此揭示出来的相关问题其实普遍渗透在各种版本的关于知识归属的认知语境主义理论之中。更令人遗憾的是,我们在认知语境主义理论中并未找到针对上述批评意见的任何令人满意的回应。

但是,语境主义化的可错主义的拥护者可能依旧会认为他们的理论立场比传统的(非语境主义的)可错主义更有优势,因为语境主义化的可错主义者毕竟为可错主义添加了某些(尽管是不完整的)关于怀疑论本质的理论诊断——聊胜于无,难道不是吗?但是,这种回答反而使笔者对语境主义化的可错主义立场的理论前景变得更加忧心与不安。由于科恩明确指出,当我们在传统的可错主义观点中加入语境主义要素时,一名语境主义化的可错主义者将不得不承认,相对于怀疑论的标准而言,我们没有任何知识,但相对于日常知识归属的标准来说,我们依旧如我们所宣称的那样知道很多东西。在这种解读下,根据语境主义的观点,当怀疑论者使用"知道"一词时,他们的"知道"与我们在日常知识归属语境中所使用的"知道"的意义内容是不同的。换言之,怀疑论者对知识提出的标准是如此地苛刻,以至于他们的"知道"的意义是如此地不同于我们日常知识归属语境中的"知道",这使得怀疑论者可以"合理地"主张(根据怀疑论标准)没有任何人能够"知道"任何事情。假定上述的描述是成立的,但是,这是否意味着我们作为可错主义者必须向怀疑论者妥协与让步——至少在某些层面,承认怀疑论者对"知道"的"重新定义"(re-definition)呢?恐怕我们会更倾向于得出否定性的回答。在这里,我们不妨再次思考斯特劳德所举出的对"医生"进行重新定义的案例:

> 假设有人宣布了一个相当惊人的消息:纽约市没有医生。这当然看上去违背了我们都认为我们知道的事实。如果在纽约那么大的城市里根本没有医生,那就真的是令人吃惊了。当我们问到这个了不起的

发现是如何做出的以及这种可悲的状况持续了多长时间的时候，假设我们发现，这个惊人消息的传递者说这是真的，因为正如他所解释的那样，他所说的"医生"是指具有医学学位并且可以在两分钟之内治愈任何可以想象的疾病的人。我们对他的宣称将不再感到惊讶，也不觉得这与我们都以为是真的那些事实有什么矛盾。我们发现，我们确实相信，整个城市里没有一个人符合做出惊人宣称的人关于"医生"的这一奇特的"重新定义"所要求的全部条件。一旦我们理解了它的本意，除了它的表达形式之外，这个公开的宣称并没有什么令人震惊的地方。它并没有否认乍一看似乎要被否认的东西，也没有对我们原来的信念（即纽约有成千上万的医生）构成威胁。（Stroud 1984，40）

针对上述案例，笔者认为，应该几乎不会有人同情上述案例中关于重新定义"医生"的那种过于苛刻的要求——在上述案例中，我们无需向那位重新定义"医生"的人进行任何的妥协或屈从，我们也没有理由来承认或接纳他关于"医生"的重新定义（不论相关承认或接纳是在某些具体的语境化的场景中还是在某些特例情形中）。类似的想法也可拓展到关于"知道"的讨论中：因为除了向我们提供一个生动的怀疑论场景（及其结构上简单的怀疑论论证）之外，怀疑论者没有提供任何进一步的理论分析或者动机理由，来让我们接纳他们关于"知道"所谓的、更为苛刻的"重新定义"是合理的或者可信的，所以，我们可以采取类似于对待关于"医生"重新定义的态度来拒绝怀疑论者关于"知道"的重新定义[1]——我们甚至可以基于相关类比策略，进而指责怀疑论者误解或歪曲了知识的本质，这就正如我们可以指责斯特劳德所举案例中那个重新定义"医生"的人误解了"医生"的本质一样。但是，正如我们在知识论研究中所观察到的，相当多的知识论学者认为怀疑论者对于知识本质的理解是不同于对于"医生"进行重新定义的情形的，那么，这些学者其实在理论研究实践上拒斥了语境主义关于怀疑论者重新定义"知道"的解读策略。

---

[1] 应当承认，在当代知识论中，关于怀疑论者是否是"通过重新定义'知道'而引发了怀疑论难题"这一论题本身仍然存在争议。但是，相关争议并不是我们目前讨论的核心问题。

科恩提出的对怀疑论的语境主义妥协还存在着导致误解可错主义观念的潜在危险。坦率地说，传统的、非语境主义的可错主义本身从来都不是一种优雅的知识论理论；例如，传统的、非语境主义的可错主义甚至没有指明可错的知识的具体类型和范围。仅从传统的、非语境主义的可错主义的表述中，我们甚至无法对如下涉及可错主义的知识论问题简要地勾勒回应的大体策略或者粗糙线路，这些问题包括：所有命题知识都是以可错主义的方式获得的吗？是否存在着某些命题可以通过不可错的方式被知道？必然为真的命题（a necessarily true proposition）是如何以可错主义的方式被知道的？如此等等。更为重要的是，可错主义只是针对怀疑论知识观念做出的合理否定性的相反陈述：可错主义简单说来就是反映了如下的这一事实，即在许多（如果不是大多数或者全部）情况下，我们人类既非全知的，又非全能的，我们没有能力排除与我们知识的目标命题在逻辑上不相容的全部替代选项，而只能排除一些（相关的）替代选项，这就是人类知识归属的真实本质状态。因此，从可错主义者的角度来看，怀疑论者确实是误解了人类知识的本质，因为怀疑论者认为我们人类只有在排除所有逻辑上可能的犯错可能性之后才知道相应的目标命题。从这个意义上讲，可错主义者应将其可错主义立场的相关表述视为对怀疑论关于人类知识的误解的一种纠正性的、剔除性的"治疗"措施。因此，如果没有任何进一步的理论解释或者理论说明来揭示为什么可错主义者需要按照语境主义的方式对怀疑论做出相应的让步，我们就没有充分的理由在可错主义的立场中引入语境主义要素，因为可错主义从一开始就是以拒斥怀疑论立场的样态出现在知识论研究领域中。如果我们主要关注的是如何拒斥怀疑论，那么，源自语境主义的相关补充要素对可错主义而言似乎就是一个"空转轮"（an idle wheel），这将使语境主义对可错主义的相关补充变得琐屑（trivial）。

根据笔者上述的澄清与说明，传统的、非语境主义的可错主义只是对人类知识本质的一种真实表述（而非理论）而已。明确了上述关于可错主义的本质之后，当我们发现这种传统的、非语境主义的可错主义无法解释诸如怀疑论之类的更为复杂、更令人困惑的知识论理论问题时，我们并不会感到惊讶或者不满。正如我们所做的相关澄清所预示的那样,可错主义立场的相关表述本身并不能从哲学理论层面为我们提供任何关于怀疑论悖论的本质的详尽分析与解释。笔者认为,对于所有的可错主义者来说,无论他们是否接受语境主义立场,都应该对他们持有的关于人类知识本质的真实的可错主义表述感到满意。因此,当语境主义者指责传统的、非语境主义的可错主义未能解释怀疑论悖论的本质时,这种指责实际上是错位的,也是不合适的,因为相关指责是建立在误解可错主义表述的范畴地位之上的。上述的观察还进一步表明,在成为可错主义者和成为语境主义者之间还有很大的理论空间。由于传统的、非语境主义的可错主义只是对人类知识本质的一种陈述,因此可错主义原则上可以与其他任何知识论理论进行比对,只要可错主义的表述与相关知识论理论中的理论主张相一致,可错主义就可以被引入到该知识论理论当中。从这个意义上说,我们恰恰是需要判断某一具体的知识论理论是否可以转变为可错主义的,而不是对可错主义进行某种特定类型的知识论理论化处理。因此,我们可以发现,科恩的总体计划是失败的,因为如果一个人想成为可错主义者,并不必然意味着他/她要成为语境主义者。因此,科恩所主张的语境主义化的可错主义要优于传统的、非语境主义的可错主义的判断也是不恰当的,因为将语境主义理论与可错主义立场表述合取之后,将之对比于可错主义立场本身的做法是不公平的——更公平的做法是将可错主义的语境主义理论与可错主义的非语境主义理论(例如,可错主义的新摩尔主义理论、可错主义的恒定主义理论等)进行比较才对。如果科恩真诚地希望说服我们:成为一名可错主义论者就意味着成为一名语境主义者,那么,他就必须向我们提供上述各种可错主义的知识论理论之间的比对。然而,遗憾的是,科恩在其相关论述中并没有提供这类对比与说明。

  通过以上分析,我们观察到,科恩对可错主义进行的语境主义化的处理与解释并不是对可错主义的真正改进或改善,可错主义与语境主义之间也并不存在科恩所宣称的那种本质性的紧密联结。正如我们将在下一小节中看到的那样,刘易斯所持有的语境主义理论同样对科恩关于语境主义与可错主义内在关系的主张提出了挑战。作为认知语境主义的积极倡导者,刘易斯恰恰认为可错主义不是一个值得接纳的好的理论选项，因为刘易斯认为，可错主义的一般性表述听起来是十分古怪的（如果不是自相矛盾的话）。关于可错主义表述上的古怪性问题，我们将在下一节中展开讨论。

6.3.2　可错主义表述上的古怪性

尽管在当代知识论的研究中，不同的学者对可错主义进行了热烈的讨论，但是，知识论学者似乎都是在比较宽松的意义上使用"可错主义"这一概念的。不同的学者对可错主义的表述总是各有不同，有些时候，某位知识论学者甚至会在同一篇论文中使用几种不同的表述来刻画可错主义的立场。例如，科恩在他的论文《如何成为一个可错主义论者》（"How to Be a Fallibilist"）中（至少）提供了四种关于可错主义的不同表述[1]：

S 可错地知道 p（S fallibly knows that p），当且仅当：S 基于理由 r 而知道 p，但是 r 并不蕴涵 p。[2]

S 可错地知道 p，当且仅当：S 基于理由 r 而知道 p，其中 r 仅使 p 变得更加可能。（参见 Cohen 1988，91）

S 可错地知道 p，当且仅当：S 知道 p，即使存在着犯错的可能。

S 可错地知道 p，当且仅当：S 知道 p，即使存在着与 S 的理由相容的替代选项。（参见 Cohen 1988，106）

有足够的文献证据表明，科恩在某种程度上不加区分地使用上述关于可错主义的定义。这表明科恩认为上述四种表述都等价地表达了可错主义的观点。这种现象在当代知识论文献中颇为普遍。例如，霍桑也不加区分地使用以下两种关于可错主义的定义：

S 可错地知道 p，当且仅当：S 知道 p，但是仍然存在着"非-p"

---

[1] 这里给出的关于可错主义的四种表述均从科恩（Cohen 1988）的相关陈述改写而来，虽然科恩从未明确地把他对可错主义的表述按照"充分-必要条件"或者"定义"的表述形式来进行刻画。因此，笔者对于相关表述只提供其在论文中出现的页码，而不逐一重复强调这里的四种表述都是经过改写的。

[2] 参见科恩对"蕴涵原则"的表述（Cohen 1988, 91）。

的可能性。

> S 可错地知道 p，当且仅当：S 知道 p，但是仍然存在着 q 的可能性（其中已知 q 与 p 是不相容的）。（参见 Hawthorne 2004，26）

与此类似，刘易斯对可错主义采取了如下的刻画：

> S 可错地知道 p，当且仅当：S 知道 p，但是 S 并未排除所有的犯错的可能性。（Lewis 1996，550）

当我们比较上述关于可错主义的定义时，很容易看到这些表述是各不同的，不同的知识论学者会使用不同的核心术语来定义关于知识的可错主义立场。科恩、霍桑与刘易斯等哲学家都将上述陈述视为关于可错主义观点的真实表达。尽管如此，上述三位学者关于可错主义的判定却是不同的。科恩认为可错主义的相关表述没有任何实质问题，而且相关表述能够借助认知语境主义理论加以完善和改进；而在霍桑和刘易斯看来，不论是何种关于可错主义的表述版本，都（至少）是听起来古怪的（霍桑甚至认为可错主义的表述是自相矛盾的）。为了方便展开接下来的讨论，笔者将主要以刘易斯和霍桑的观点为例，介绍关于可错主义表述上的古怪性问题。首先让我们把刘易斯关于可错主义的表述中位于"当且仅当"之后的命题标记为（PF），即：

> （PF）：S 知道 p，但是 S 并未排除所有犯错的可能性。

我们后续将主要结合（PF）来展开关于可错主义表述上的古怪性问题的讨论。

作为敏感的适度恒定主义（sensitive moderate invariantism）的知名拥护者，霍桑认为诸如（PF）之类关于可错主义相关表述的陈述听起来非常古怪的（参见 Hawthorne 2004，26）。尽管霍桑没有对（PF）听上去的古怪性进行彻底诊断或指明其原因，但他确实是十分严肃地对待（PF）听上去的古怪性的。也正是因为（PF）具有听上去的古怪性，霍桑认为（PF）

所代表的不可错主义的立场是不可维系的。我们同样可以发现，在一些语境主义者那里，存在着关于（PF）的类似担忧。例如，刘易斯也因（PF）在其表述上的古怪性而对可错主义立场感到不安，尽管刘易斯愿意承认"如果被迫进行选择的话，我会选择可错主义"，因为"可错主义毕竟比怀疑论要更好一些"（Lewis 1996, 550）。但是，刘易斯依旧主张，对于知识论学者而言，可错主义并不是真正的好选择，因为"看起来，按照定义，知识必定是不可错的"；从这个意义上说，"尽管存在着无法排除的犯错的可能性，但是，谈论可错的知识，听起来却是矛盾的（contradictory）"（Lewis 1996, 549）。我们在这里应强调两点：（1）刘易斯认为，（PF）确实表达了可错主义的知识概念，因为（PF）中的让步子句"S 并未排除所有的犯错的可能性"是可错主义观念的精确表述。正因如此，当刘易斯在可错主义和怀疑论之间进行比较时，他实际上认为，恰恰是渴望拒斥怀疑论的想法成为接纳可错主义的动机。而且，更重要的是，（2）刘易斯的相关表述并没有确定地断言（PF）真的是自相矛盾的，因为刘易斯明确地将自己关于可错主义的相关判断刻画为（PF）仅是听上去很古怪。这也可以帮助我们理解，刘易斯为何会认为可错主义要比怀疑论更好——由于怀疑论并未明确地涉及任何矛盾。假使（PF）是矛盾的话，那么可错主义怎么可能会比怀疑论更好呢？基于上述的说明，我们在此不会通过在语义层面将（PF）分析为矛盾语句的做法来寻求关于（PF）听上去的古怪性的合理解释方案。只有明确拒斥了上述将（PF）在语义上分析为矛盾语句的做法之后，我们才不会对刘易斯如下的评论产生误解：

> 如果您是一个满意的可错主义者，我恳请您要诚实、要素朴，请您重新听一下："他知道，但是他并没有排除所有犯错的可能性。"即使您的耳朵是麻木迟钝的，但是，上述这种公开的、明显的可错主义难道不依旧是听上去错误的（wrong）吗？（Lewis 1996, 550）

虽然笔者不确定到底会有多少读者对类似（PF）所表述的可错主义刻画产生与刘易斯相同的不安感或不适感，但是，正如前述所展示的那样，在知识论的研究中，至少有一些哲学家对刘易斯的观点表示赞同。[1] 但是，为了更高效地展开当前的讨论（而不偏离主要论述线索），笔者在此以实用的方式假设（PF）听上去的古怪性显然不是由"S 知道 p"与"S 并未排除所有的犯错的可能性"之间的不一致（inconsistency）所产生的。

但是，由于科恩的论文在发表时间上远远早于刘易斯的论文和霍桑的专著，因此科恩没有在其论文中处理（PF）听上去的古怪性这一问题至少是可以理解的。而且据笔者所知，主张可错主义或认可（PF）的认知语境主义者也没有直接回应过相关挑战。但是，如果我们据此就断定语境主义无法应对"（PF）听上去的古怪性"，那么，我们的判断即使不是缺乏充分根据的，也至少是为时过早的。在下一节中，笔者将主要探讨：在知识归属的语境主义理论中，是否存在着关于"（PF）听上去的古怪性"的合理解释。如果我们可以通过诉诸关于知识归属的语境主义所提供的相关理论机制来合理地解释（PF）听上去的古怪性，那么关于知识归属的语境主义理论就确实对捍卫可错主义是有实质性帮助和支持的。否则，我们就不得不得出结论：鉴于本小节所指出的两种挑战，语境主义并不是捍卫可错主义的最佳理论框架。

6.4 关于（PF）听上去的古怪性的理论解释

在本节中，我们将主要考察：语境主义是否可以令人满意地解释为什么（PF）听上去是古怪的。由于关于知识归属的语境主义理论是一种关于"知道"的语义理论，因此语境主义者所寻求的解释应该主要诉诸"知道"的语境敏感性及其相关语义机制。如果通过语境主义以外的其他语义

---

[1] 例如，除了上述已经提到的刘易斯和霍桑之外，斯科特·索姆斯（Scott Soames）也指出，"我们通常会对如下的陈述感到十分不舒服：我知道 S，但考虑到我的证据，'非-S'是可能的（I know that S, but it is possible, given my evidence, that not S）"（Soames 2003, 22）。

学理论[1]（更不必说语用论理论）对（PF）听上去的古怪性做出了令人满意的解释，我们就不得不承认，关于可错主义的科恩式语境主义项目是失败的——语境主义无法为我们提供维系可错主义立场的理论方法。

接下来，让我们先来思考语境主义理论会如何解释（PF）听上去的古怪性。

6.4.1 关于（PF）听上去的古怪性的语境主义解释

由于语境主义者并没有明确提供关于（PF）听上去的古怪性的具体解释，因此，我们在这里不得不站在语境主义者的立场，设想他们可能为（PF）听上去的古怪性提供怎样的解释。为了达成这一目标，我们应当首先来回顾关于知识归属的语境主义理论的一些重要特征。

根据语境主义者的观点，知识归属语句的真值（truth-value，即"真"[truth]或"假"[falsehood]）会根据语境的不同而发生变化——特定的犯错的可能性就可能导致语境的变化，进而引发知识归属标准的变化。为了更具体地说明相关现象，我们不妨结合"斑马案例"来展开后续的讨论。我们将 S 识别面前的动物是斑马的初始的日常语境命标记为"Cz"（其中"z"是英文单词"zebra"[斑马]的首字母）——在 Cz 中 S 知道面前的动物是斑马。我们将随后提出 S 面前的动物是被巧妙伪装的骡子这种可能性的语境标记为"Cm"（其中"m"是英文单词"mule"[骡子]的首字母）——在 Cm 中 S 既不知道面前的动物不是被巧妙伪装的骡子，也不知道面前的动物是斑马。现在，我们可以评估以下可错主义陈述（Z）的真值了：

（Z）：S（可错地）知道面前的动物是斑马，但 S 并未排除所有犯错的可能性。

---

[1] 例如，理查德·费尔德曼（Richard Feldman）所发展的关于（PF）听上去的古怪性的语义解释，就完全独立于关于知识归属的语境主义理论。费尔德曼提出，（PF）听上去的古怪性是由（PF）中可能算子的辖域的歧义性（scope ambiguity）而产生的（参见 Feldman 1981，266-282；Feldman 2003，122-128）。关于费尔德曼对（PF）听上去的古怪性的语义处理方案的讨论，详见本章的附录 6.1。

根据语境主义化的可错主义的观点，在语境 Cz 中，陈述（Z）是真的，因为"S（可错地）知道面前的动物是斑马"和"S 并未排除所有犯错的可能性"在 Cz 中均为真。但是在语境 Cm 中，陈述（Z）是假的，因为在 Cm 中，陈述（Z）中的第一项合取支"S（可错地）知道面前的动物是斑马"是假的。因此，我们可以看到，陈述（Z）在某些语境中（例如 Cz 中）可以为真，而陈述（Z）在另一些语境中（例如 Cm 中）则为假。由于陈述（Z）是（PF）在"斑马案例"中的一个例示，因此语境主义者可以主张，（PF）听上去的古怪性是由语境的"歧义"产生的。也就是说，当我们被给予（PF）并对之进行评估的时候，相关的语境的信息并没有具体而明确地被给定，由于缺乏给定的语境信息，我们在断言（PF）的时候就会犹豫不决，因为陈述（PF）的殊例（tokens of PF）实际上是在某些语境中为真而在另一些语境中为假的，因此，我们不能在不加限定的情况下，一般性地断言（PF）。尤其需要注意的是，语境主义化的可错主义者还将强调，陈述（PF）的殊例的真值变化主要是由陈述（PF）中第一项合取支的殊例的真值变化产生的，因为陈述（PF）中第一项合取支包含了语境敏感词项"知道"；而与此形成鲜明对比的是，陈述（PF）中第二项合取支的殊例的真值则在不同语境中均保持不变（即总是为真的），因为陈述（PF）中第二项合取支没有包含任何语境敏感的词项，因而对语境的变化并不敏感。通过以上方式，语境主义化的可错主义者可以主张，（PF）听上去的古怪性是由知识归属的语境的不确定性所产生的。

尽管某些语境主义者（例如科恩等）认为语境主义和可错主义之间存在某种内在联系，但上述被设想的语境主义化的可错主义解释似乎并不令人满意，因为"提及一些未被排除的犯错的可能性就会自动提高知识归属的标准"这一"借口"似乎并不能很好地诊断和解释（PF）听上去的古怪性的根源。我们可以将相关的批评意见简要地总结如下：

一方面，上述关于（PF）听上去的古怪性的语境主义解释甚至对某些已经接受或持有语境主义立场的知识论学者而言也不具备理论吸引力，因为这样的语境主义解释可以被引申为指责那些拒斥可错主义立场的语境主义者并没有真正重视关于知识归属的语境变化所带来的可能的理论后果。

例如，上述关于（PF）听上去的古怪性的语境主义解释在引申的意义上批评刘易斯对（PF）表述的相关反应——作为语境主义者的刘易斯其实并没有真正意识到"知道"会随语境的变化而发生改变，而刘易斯所暗示的（PF）听上去的古怪性是由于他没有充分意识到（PF）中的第一项合取支在某些语境中为真而在另一些语境中为假，由于刘易斯缺乏对于上述涉及知识归属语句的真值随着语境变化而发生改变的充分认识，因此，他才会认为（PF）听上去的古怪性可以作为我们拒绝可错主义立场的理由。笔者认为，几乎没有任何非可错主义的语境主义者（更不用说那些恒定主义者）会认为上述的引申性说明是令人满意的，因为这样的引申解释无异于指责关于"知道"的语境主义者自身并不理解认知归属语句的语境敏感现象。而上述关于接纳可错主义立场的语境主义者与拒斥可错主义立场的语境主义者的相关对比，使我们有理由怀疑（PF）听上去的古怪性是否真的可以通过忽略与混淆语境的变化而加以合理地解释。

另一方面，我们也应该认识到，（PF）被认为是一种关于人类知识本质的相当一般性的理论主张，当（PF）被纳入语境主义框架时，应将其转化为元语言层次的表达。比如说，一种关于语境主义化的（PF）元语言层面的表述可以是：

（C-PF）：对任一给定的语境 C_i，S 在 C_i 中可错地知道 p，但是 S 在 C_i 中并没有排除所有犯错的可能性。

按照上述的刻画，（C-PF）并不涉及由于语境变化而产生的任何歧义现象或混淆状态。但是，笔者认为，当我们将（C-PF）呈现给诸如刘易斯、霍桑等知识论学者时，他们依旧会认为（C-PF）听上去也是古怪的。由于持有可错主义立场的语境主义者对（PF）听上去的古怪性的解释根本不拓展成为关于（C-PF）听上去的古怪性的解释，那么，（C-PF）听上去的古怪性在语境主义中就是缺乏解释的。当然，持有可错主义立场的语境主义者也许可以硬着头皮（bite the bullet）否认（C-PF）是听上去古怪的；但是，这样的做法一方面会导致这些接纳可错主义立场的语境主义者给诸如刘易斯这样拒绝接受可错主义立场的语境主义者扣上更多的也更严厉的"帽子"，并需要对刘易斯这样的语境主义者的所谓"错误"加以进一步的解释；另一方面，这些接纳可错主义立场的语境主义者的做法令我们感到他们所承诺的理论观点是神秘的，毕竟我们会好奇为何将（PF）转化为更准确的元语言版本（C-PF）之后，相关的"听上去的古怪性"就消失不见了呢？如果接纳可错主义立场的语境主义者对这两方面的批评意见未能做出有效且合理的回应，我们依旧可以坚持如下的观点：即使（C-PF）也被"听上去的古怪性"问题所困扰，而这一问题在接纳可错主义立场的语境主义者那里是没有有效解决方案的，至少他们关于（PF）听上去的古怪性的解释策略在面对（C-PF）时是无效的。

综上所述，语境主义者针对可错主义表述的听上去的古怪性问题相关解决方案并不真正奏效。在这种情况下，我们只能在其他理论领域寻找对于可错主义所表述的听上去的古怪性问题令人满意的解释。

6.4.2　关于（PF）听上去的古怪性的格赖斯式的（Gricean）解释

如上一小节所示，认知语境主义通过"知道"在语义层面的语境敏感性来解释（PF）听上去的古怪性的策略是失败的。如果（PF）本身不是自相矛盾的陈述的话，我们就应该寻求其他的理论策略来解释（PF）听上去的古怪性。一种颇为自然的想法是，我们可以诉诸语用论的理论方案来解释（PF）听上去的古怪性，因为我们在哲学研究的文献中已经看到相关例示了。[1]这种语用论的方法主要是利用语用层面格赖斯式的不恰切性（Gricean infelicity）来解释（PF）听上去的古怪性。我们将主要选取特伦特·多尔蒂（Trent Dougherty）和帕特里克·瑞秋（Patrick Rysiew）的理论观点为例来展开相关讨论（参见 Dougherty and Rysiew 2009）。

---

[1] 我们之所以在此说，诉诸语用论来解释（PF）听上去的古怪性的想法是自然的，是因为我们发现语用论在解释某些哲学论题表述的听上去的古怪性方面，已经存在十分经典的案例了。例如，通过语用论策略，我们可以解释"摩尔悖论"（Moore's Paradox）——即具有"p，但是我不相信p"（p, but I do not believe that p）这类语句形式的陈述——听上去的古怪性，而且，"摩尔悖论"陈述本身也被视为并非自相矛盾的。在这个意义上，（PF）听上去的古怪性与"摩尔悖论"相关陈述听上去的古怪性是十分相像的，所以，这自然会引发我们以语用论的方式来解决关于（PF）听上去的古怪性的尝试。

多尔蒂和瑞秋关于（PF）听上去的古怪性的语用论解释主要借助保罗·格赖斯（Paul Grice）语用理论中的"合作原则"（the Co-operative Principle）和"质量准则"（the Maxim of Quality）。"合作原则"主张，"在进行对话时，根据您参与的对话交流的公认的目的或目标来做出您所需要做出的对话性贡献"（Grice 1989，26）。而"质量准则"则进一步具体指明："不要说出您相信是假的那些东西""不要说出您缺乏充分证据的那些东西"（Grice 1989，27）。"质量准则"当然也可以表述为肯定的形式——"仅说出您相信是真的东西"，"只说出您有充分证据的东西"。但是，在我们将上述语用论原理应用于（PF）的相关讨论之前，我们需要再次强调，为了借助相关语用论理论来解释（PF）听上去的古怪性，我们需要首先说明（PF）本身不是假的陈述［当然（PF）本身更不能是自相矛盾的陈述］，否则关于（PF）听上去的古怪性便可以通过其"为假"或者"自相矛盾"的性质而被解释掉，那我们就不必再启动关于（PF）听上去的古怪性的语用论解释了。在做出上述澄清之后，我们才能准确地理解，（PF）听上去的古怪性为何可以通过关于（PF）的断言是会话上自我挫败的方式加以解释。

根据格赖斯式的语用理论，当对话参与者真诚地断言"S 知道 p，但是 S 并未排除所有犯错的可能性"时，她/他不仅真诚地断言了（PF）的两个合取支，而且会话者是以有信息的方式对上述合取支进行断言和交流的；否则，会话者将会违反合作原则。但是，会话者关于（PF）的第二项合取支的断言将会使未被排除的犯错可能性变得相对于会话者成为显著的，因此，通过将会话者的心理注意力转移到未被排除的犯错的可能性上，相关断言在语用上传达（convey）出了如下的隐含信息——未被排除的犯错的可能性是显著的。在这里，我们应该认识到，"S 并未排除所有犯错的可能性"本身在严格的字面意义上、在语义上并不表示"那些未被排除的犯错的可能性是重大的或者显著的"，尽管（PF）的第二项合取支确实通过对话交流在语用层面传达出了相关的信息。根据关于人类知识的可错主义的描述，那些未被排除的犯错的可能性对相关的认知主体 S 而言应该是不显著的或不重大的；否则，S 就不知道 p 了。换句话说，如果未被排除的犯错的可能性对 S 而言是显著的或重大的，则 S 不知道 p。[1] 因此，我们可以合理地认为，关于"S 并未排除所有犯错的可能性"的真诚断言将在语用层面传达出 S 毕竟不知道 p 的信息，因为关于"S 并未排除所有犯错的可能性"的真诚断言使得未被排除的犯错的可能性在对话中变得显著起来，从而在语用层面传达出"S 不知道 p"的信息。但是，另一方面，关于（PF）的第一项合取支的肯定性断言又表达和传递出了"S 知道 p"的信息。当我们将这两部分信息结合在一起时，我们就（因此）可以看到关于（PF）的真诚断言在会话交流中、在语用层面传递出了"S 知道 p"且"S 不知道 p"这种自相矛盾的信息。我们可以把上述思想清晰地刻画为如下"论证—分析"形式：

（PF）在语义上等价于以下的合取式：
（A_1）：（S［可错地］知道 p）&（S 并未排除所有的犯错的可能性）。

而关于（A_1）的断言将在相关会话交流中语用上传达出以下的合取信息：
（A_2）：（S［可错地］知道 p）&（未被 S 排除的犯错的可能性是显著的或重大的）。

如果无法排除的犯错的可能性是显著的或重大的时候，这些未被 S 排除的显著的或重大的犯错的可能性会阻止 S 知道 p，因此（A_2）会进而传达出如下的信息：
（A_3）：（S［可错地］知道 p）&（S 不知道 p）。

很明显，（A_3）所代表的相关信息是自我挫败的（self-defeating）或者自我破坏的（self-undermining），因此，当我们断言（PF）的时候，会发觉是听上去古怪的。

通过以上方式，多尔蒂和瑞秋对（PF）听上去的古怪性提供了成功的

---

[1] 我们在此给出的刻画是关于人类知识的一般性的可错主义者对"知道"与"犯错可能性"之间关系的一般性主张。相关的详细讨论参见 Fantl and McGrath 2009a, 62-64; Fantl and McGrath 2009b, 6-29。

语用论解释。[1]在这里我们有三个要点需要说明：（1）关于（PF）听上去的古怪性的这种语用论解释是由可错的知识的语义解释和格赖斯式的关于会话交流的语用理论两方面内容共同构成的。这种处理方法最有价值的优点之一，是保留了关于知识描述的直观上的恒定主义（invariantism）观点而不预设"知道"是语境敏感词项，因此，这种解释方案不会引起知识归属的语义层面的歧义问题，也不会引入不必要的语义的复杂性。（2）这种语用论的解释方案确实为我们理解一些哲学家对（PF）感到不适或古怪的根源提供了很好的指导性分析。这种解释方案严肃对待了（PF）听上去的古怪性问题，并指出（PF）听上去的古怪性问题根源于语用层面的不恰切（pragmatic infelicity），而不是语义上的不一致（semantic inconsistency）或者语义上的矛盾（semantic contradiction）。这种解释因此也符合刘易斯、霍桑等学者关于（PF）的判断——（PF）是听上去古怪的，但并不必然是不一致的或者自相矛盾的。（3）这种解释方案在关于知识归属的语义理论层面的设定更简单、更稳定，相关复杂性与"古怪性"现在被合理地划分到关于知识归属陈述的断言的语用机制层面，对于各种理论要素的理论地位的界定与和归属也是恰当的。

但是，一些哲学家可能会对上述关于（PF）听上去的古怪性问题的语用解释的可维系性表示质疑，因为根据格赖斯的语用理论，某些陈述所在语用层面传递出的会话意涵（conversational implicature）是可以通过添加明确的表达方式来进行取消的。换言之，会话意涵在格赖斯的语用理论中是可取消的（cancelable），而关于（PF）听上去的古怪性问题的语用论解释所给出的语用层面被传递出来的信息似乎并不满足相关的"可取消性测试"（the cancellability test）。这种批评意见可以按如下方式清晰呈现：

> 根据可错主义者的观点，"S 可错地知道 p"将意味着"未被 S 排除的犯错的可能性是不显著的或不重大的"。因此，我们可以将上述语句明确地导入（PF）中而不产生任何错误信息，那么被导入了相关

---

[1] 还有另一种（等效的）语用论的方式来解释（PF）听上去的古怪性，这一策略所关注的是（A_1）的第一项合取支的语用意涵。关于这种语用论解释方式的详细讨论参见本章附录 6.2。

语句的（PF）陈述则是关于可错主义观点的一种更为完整的（fuller）表述，我们将这种更完整的表述记为（F-PF）：

（F-PF）：S（可错地）知道 p，但是 S 并没有排除所有犯错的可能性，但是，这些未被 S 排除的犯错的可能性既不显著也不重大。

（F-PF）的语义形式是由以下三项合取支所构成的复合的合取式：

（A_1^*）：（S 可错地知道 p）&（S 并没有排除所有犯错的可能性）&（未被 S 排除的犯错的可能性既不显著也不重大）。

因此，根据格赖斯关于会话意涵（conversational implicature）是可取消的（cancelable）的主张，（A_1^*）不再能够在语用上传达（A_2），因为（A_1^*）的第三项合取支取消由（A_2）中的第二项合取式所表示的语用层面的会话意涵。由于（A_1^*）无法在语用上传达（A_2），因此（A_1^*）也将不会继续传达出由（A_3）所表示的自我挫败的或者自我破坏的信息。但是，没有任何令人信服的理由表明（PF）听上去的古怪性在以（F-PF）这种更详细的形式进行表达之后就消失了。换句话说，类似于（PF），（F-PF）同样是听上去古怪的。如果语用论的解释不适用于解释（F-PF）听上去的古怪性，那么相关语用论的解释也不能真正适用于解释（PF）听上去的古怪性。因此，如果多尔蒂和瑞秋所主张的格赖斯式的语用论解释不能很好地处理关于（F-PF）听上去的古怪性，那么，相关的语用论解释对（PF）听上去的古怪性的处理将是过于局限的，因而也是不能令人满意的。

乍看上去，上述批评似乎对格赖斯式的语用论解释提出了十分严峻的挑战。但是，笔者接下来将要论证，相关批评意见所能达成的批判力度并不像乍看上去那么强大。我们首先需要进一步澄清（A_2）的第二项合取支"未被 S 排除的犯错的可能性是显著的或重大的"——尽管我们将该合取支所传达的信息采取命题的形式加以表述，但此类信息不应该被仅仅视为纯粹与意义相关的信息，因而也不是格赖斯所说的那种可取消的会话意涵。（A_2）的第二项合取支"未被 S 排除的犯错的可能性是显著的或重大的"应当被恰当地理解为对参与对话的信息交流者的心灵状态或认知状态的明确描述。从这个意义上讲，（A_2）的第二项合取支"未被 S 排除的犯错的可能性是显著的或重大的"实际上描述了会话参与者如下的心灵状态或认知状态：会话参与者意识到了或关注到了那些未被 S 排除的犯错的可能性。而这种心灵状态或者认知状态时很难通过添加相关否定性陈述来在语用层面予以取消，因为相关会话的参与者一旦在心灵层面或者认知层面意识到了或关注到了那些未被 S 排除的犯错的可能性，通过添加"未被 S 排除的犯错的可能性既不显著也不重大"这样的陈述是不能让会话参与者对那些"未被 S 排除的犯错的可能性"采取忽略、无意识或者不关注的态度的。[1]换言之，（A_2）的第二项合取支"未被 S 排除的犯错的可能性是显著的或重大的"所扮演的角色不仅是信息层面的会话意涵的相关内容，还具有对相关以言取效行为及其后果（perlocutionary act and its effects）的刻画与描述的作用。而从时序效果上看，会话参与者在听到或者看到或者理解了（A_1^*）第二项合取支所传达的语用信息时，相关的古怪性的感受就已经产生了，而当会话参与者进一步获得关于（A_1^*）第三项合取支的信息时，相关的效果并非是取消由（A_1^*）第二项合取支所传达的语用信息——更可能的情况是，会话者会感到更古怪或困惑，因为（A_1^*）在语用层面表达信息以及起到的言语行动的效果其实是更不恰切或者不安的。在这个意义上，关于（A_1^*）的真诚断言会在语用－语言行动层面传达（A_2^*）：

> （A_2^*）：（S 可错地知道 p）&（未被 S 排除的犯错的可能性是显著的或重大的）&（未被 S 排除的犯错的可能性既不显著也不重大）。

毫无疑问，（A_2^*）是自我挫败的或者自我破坏的（甚至是自相矛盾的[2]），

---

[1] 这里的讨论不禁使我们联想到第二章 2.1 节讨论刘易斯理论中的"忽略"概念时的相关梳理和说明。笔者建议读者结合此处的讨论重新阅读和反思第二章 2.1 节关于刘易斯的理论刻画。

[2] 当然，在这里关于（A_2^*）更准确的解读应该是：（A_2^*）的第二项合取支在"语用-言语行动"层面使得会话参与者在心灵层面、认知层面意识到了或者关注到了那些未被 S 排除的犯错的可能性，而（A_2^*）的第三项合取支则要求相关会话的参与者在心灵层面、认知层面无意识或者不要关注到那些未被 S 排除的犯错的可能性，而这一要求对于会话参与者而言是很难实现的心灵操作或认知操作。因此，（A_2^*）可以被看作是在"语用-言语行动"层面无法满足的甚至是不可满足的。

因为（A_2^*）的第二项合取支和第三项合取支是不相容的。据此，（F-PF）听上去的古怪性完全可以由（A_2^*）在"语用—言语行动"层面所明确传达出来的自我挫败或者自我破坏的信息（或者不可满足性）来解释。

然而，那些对语用论策略提出批评意见的哲学家对笔者上述的解释感到不满，他们可能会抱怨说，笔者的回应意见仅仅是给出一种理论上的可能性，来证明某些情况下某些会话意涵可能是不可取消的；但是这一主张却明确地与格赖斯的相关主张相矛盾。在这个意义上，如果仅能够提供某种理论上的可能性来说明会话意涵有时是不可取消的，那么笔者所提供的上述说明的理论地位和理论力度是不充分的，我们还需要提供进一步的理论证据和理论支持。

实际上，针对上述抱怨，笔者希望进一步论证，本小节提供的相关回应策略不仅是以一种理论上的可能性来说明会话意涵有时是不易取消的，更是得到了心理学研究的独立证据的支撑。换言之，在涉及心理、认知等现象时，会话意涵、言语行为的效果并不是可取消的。在这里，我们将主要依赖詹妮弗·内格尔（Jennifer Nagel）的相关研究来进行说明和展示。内格尔（Nagel 2010b）曾详细研究过关于错误的思考（thinking about error）是如何产生相关的心理后果（psychological consequence）的。[1] 正如内格尔所指出的，许多哲学家并不否认我们在思考一些未被排除的犯错可能性时会产生不情愿（reluctant）进行相关知识归属的感觉，尽管这些哲学家并不认为相关的感觉可以构成我们建构关于知识归属的语义学理论的可靠的指导方针（guideline）。这些哲学家提出，我们在这里所涉及的不情愿的感受可以用心理偏差（psychological bias）理论来加以解释。例如，霍桑和威廉姆森等学者都曾经指出，相关的不情愿的感觉可以用一种被称为"可得性启发"（the availability heuristic）的心理偏差理论来进行解释。"可得性启发"是对人类风险判断的一种扭曲的心理影响，当我们能够（相对）轻易地回忆或想象出某一事件或某一状态时，我们就会倾向

---

[1] 尽管内格尔没有明确指出她的心理学理论可以用来捍卫关于（PF）听上去的古怪性的语用论解释，但是，笔者认为，内格尔的相关理论贡献可以被延伸或被借用来支持笔者在此的相关讨论，因为内格尔不仅与笔者的理论立场一致，而且我们对思考相关犯错可能性的心理后果也持有相似的看法。笔者将在随后的讨论中对此进行详细的解释。

于高估该事件或该状态的可能性。正如霍桑所言，"当某种情景变得生动时，人们感知到这种情景的风险的概率就可能会急剧地上升"（Hawthorne 2004，164）。威廉姆森也同样认为，当某些可能性的某些考虑对我们来说在心理上变得很突出时，我们通常会给予它们更多的权重；这就是为什么当未被消除的错误的可能性很突出时，我们会觉得不愿意把相关知识归属给相应的认知主体（参见 Williamson 2005，226）。但是，内格尔并不认为"可得性启发"可以令人满意地解释关于认知归属的相关的"不情愿"的感受，内格尔指出了两项重要原因来解释霍桑和威廉姆森的计划为何是失败的（参见 Nagel 2010b，291-301）。在内格尔看来，这两项主要的原因包括：（1）"可得性启发"并不总是稳定的——关于错误的思考并不总会导致对相关情况的概率的高估，有时也会产生低估现象。（2）"可得性启发"产生的心理效应，可以通过进一步说明对相关事件想象层面的容易性与判断事件的可能性之间的联系来进行操纵或者进行取消。细心的读者也许已经发现，关于"可得性启发"的相关讨论与我们关于（PF）听上去的古怪性的语用论解释中的可取消问题的讨论，在结构上是十分相似的；因此，我们可以从内格尔相关心理哲学的洞见中汲取重要的启示，从而深化对于（PF）听上去的古怪性的语用论解释的理解。

如果（PF）听上去的古怪性是真实的，就意味着我们不易同时真诚地持有（PF）中的两个合取支。当然，这一现象并不意味着（PF）本身是假的或自相矛盾的陈述，因为（PF）听上去的古怪性的程度和我们相应的不安感是通过心理偏差产生的，因此，（PF）听上去的古怪性以及我们相关的不安感也是不易取消的。内格尔认为，针对相关的心理偏差效应正确的理论解释是"认知的自我中心主义"（epistemic egocentrism）——这种心理偏差效应"损害了我们在评价他人的判断时抑制特权性的信息（privileged information）的能力"（Nagel 2010b, 301）。关于"认知的自我中心主义"最著名、最相关的例子就是"后见之明偏差"（hindsight bias）。"后见之明偏差"会使得"我们回忆自己过去信息量较少的心灵状态的能力被最近获得的信息——包括刚刚被提到的信息——所污染，而这些新的信息在我们回忆的那一时刻并不明显"（Nagel 2010b, 302）。在这个意义上，"认知的自我中心主义"代表着更广泛的心理偏差，这一心理偏差现象既会影响我们对自己的心理（和认知）状态的判断，也会影响我们对他人的心理（和认知）状态的判断。内格尔对此评论道：

> 认知的自我中心主义不仅影响到我们重建自己过去心灵状态的努力，也影响到我们判断信息较少的他人的心灵状态的努力：即使我们在面对相反的反馈信息的情况下，我们依旧会高估他人与我们共享信念、态度和关注的程度，我们甚至没有意识到自己高估的程度。
> （Nagel 2010b，302）

内格尔还进而指出，"认知的自我中心主义"（尤其是"后见之明偏差"）所产生的心理影响力极为强大，因此无法被很容易地取消（Nagel 2010b, 304）。我们借鉴内格尔的哲学洞见，就可以更好地支持我们关于（PF）听上去的古怪性的语用论解释，接下来，借助内格尔相关心理哲学的理论洞见，笔者将论证，（PF）中的让步子句［即（PF）的第二项合取支］所传达的语用上的会话意涵及其相关的言语行动效果是不能被轻松取消的。

通常说来，没有人会使用明显具备（PF）表述形式的陈述来进行相关的知识归属，即使是可错主义者也不会用类似（PF）表述形式的陈述来进行相关的知识归属。我们（作为可错主义者）通常是采取缩略的表述形式——"S（可错地）知道 p"——来进行相关知识归属的，此时，相关的让步子句——"S 并未排除所有的犯错的可能性"——没有被明确地说出来。由于让步子句的默认信息没有被明确地表达出来，所以我们通常不会思考相关的让步子句的内容与信息。然而，当让步子句被明确表达时，我们在心理上会认为"S（可错地）知道 p"与"S（可错地）知道 p，但是，S 并未排除所有犯错的可能性"这两条陈述在内容信息上是不等价的，尽管从可错主义的观点看，以上两条陈述在语义内容上是等价的。[1] 我们更倾向于认为，"S（可错地）知道 p，但是，S 并未排除所有犯错的可能性"这样的陈述提供了更多信息，因为让步子句明确提及那些未被 S 排除的错

---

[1] 仅仅从知识上的可错主义的定义来看，这里的两条陈述在语义内容上是等同的。

误的可能性。我们不仅要注意让步子句的语义内容和字面信息，而且要注意到该子句在语用层面传递出来的信息。从这个意义上讲，我们认为，当对可错主义者关于人类知识本质的相关主张进行充分阐述时，我们所拥有的信息比我们使用相关缩略表述所传递出的信息要丰富得多。由于"后见之明偏差"，我们无法克制自己不去添加相关（特权的）信息，因此我们无法真正悬置我们从会话意涵中获得的相关信息。正是在这种意义上，我们倾向于认为，未被 S 排除的犯错的可能性是显著的或重大的，因为相关信息是被明确表达出来的让步子句在语用层面传达出来的，而且这种信息还影响我们的心理和认知状态，具有言语行动意义上的后果。由于"认知的自我中心主义"（尤其是"后见之明偏差"）所产生的效应是很强健的（robust），因此，相应的会话意涵的信息及其相关言语行动意义上的后果也很强健，所以，这些内容或者对象是不能被（A_1^*）的第三项合取支所表达的陈述或断言进行取消的。这也解释了为什么（F-PF）仍在对话意涵的意义上传达一些自我破坏的（或者自我挫败的、不可满足的）陈述［即（A_2^*）］。因此，通过借鉴内格尔认知心理学哲学的相关洞见，笔者对（PF）听上去的古怪性的语用论解释立场进行了理论上的进一步强化与支撑。

尽管笔者认为，（PF）在语用层面所传达的相关会话意涵并不容易取消，但是，笔者在此还希望指明利用会话意涵可取消性所建构出的相关批评意见本身，依旧可以从语用的角度进行新的检视与讨论。换言之，即使我们在此做出妥协和让步，承认相关的可取消性的主张，接受（A_1^*）不再能够在语用层面传递出类似于（A_2）的表述；但是（A_1^*）在语用层面依旧是不恰切的断言，而这里语用上的不恰切性主要反映在对格赖斯语用的相关会话准则的违背上，所以，关于（F-PF）断言的语用的不恰切性，其根源在于违背了格赖斯的会话准则。例如，格赖斯的会话准则要求相关会话在信息量上要保持恰到好处的程度，既不要提供过多的信息，也不要提供不足的信息；同时，会话过程中的相关话语也要保持简洁，不要在没有必要的情况下言说十分复杂或者冗长的语句。在承认上述语用论会话准则的前提下，我们再来思考（A_1^*）的相关断言，（A_1^*）的第三项合取支是"未被 S 排除的犯错的可能性既不显著也不重大",而这一信息对于可错主义的会话者而言是彼此共享的且彼此都已经明确意识到的,因而是根本没有必要被明确断定的。换言之,由于"未被 S 排除的犯错的可能性既不显著也不重大",这些未被 S 排除的犯错的可能性也不会影响"S(可错地)知道 p"的断言的真(truth),那么相关会话者为何还需要明确提出关于(A_1^*)的第三项合取支的明确断言呢?换句话说,当(A_1^*)的第一项合取支——"S(可错地)知道 p"被真诚地断言的时候,会话者已经明确了解一定存在着某些尚未被 S 排除的犯错的可能性,而这些犯错的可能性是既不显著也不重大的,因此,当会话者通过断言(A_1^*)的第三项合取支将会话者都共享的信息明确地说出时,这位会话者其实同时违反了格赖斯的"数量准则"(the Maxim of Quantity,参见 Grice 1989,26)和"方式准则"(the Maxim of Manner,参见 Grice 1989,27),即:相关会话参与者实际上断定(A_1^*)在会话场景中既提供了过多的冗余信息,又采取了更为冗长的合取表达式。在这种意义上关于(A_1^*)听上去的古怪性的根源并不总是等同于关于(PF)听上去的古怪性的根源,我们甚至可以基于上述观察来指责那些反对关于(PF)听上去的古怪性进行语用论解释的哲学家混淆了关于不同类型古怪性的理解。

综上所述,对(PF)听上去的古怪性进行语用论的解释实际上是优于对(PF)听上去的古怪性采取语境主义的解释的。经过相关论证与分析,我们也可以合理地主张,没有令人信服的理由让我们将语境主义视为呈现或捍卫可错主义知识立场的首选理论框架。

6.5 语境主义与人类知识的可错性

通过本章关于语境主义和可错主义之间关系的详细考察,笔者在此得出结论,语境主义不能提供关于可错主义的最佳解释或者最佳辩护,因为认知语境主义理论既无法更好地刻画可错主义关于人类知识本质的相关主张,也无法有效解释可错主义在表述层面的古怪性。综合这两方面的判断，我们有理由认为，科恩等学者所主张的语境主义化的可错主义计划是失败的。

附录 6.1 可能性算子的辖域歧义与（PF）听上去的古怪性

理查德·费尔德曼（Richard Feldman）主张，（PF）的陈述等价于否定如下的陈述，即：

（F）：如果您知道 p，那么您就不可能是错误的。（If you know that p, then you cannot be wrong.）

而（PF）听上去的古怪性就源自于相关可能性算子在辖域上的歧义。根据费尔德曼的解释，语句（F）中的"不可能"（cannot）是由否定连接词"不"与模态可能算子"可能"共同构造出来的，而我们可以对相关可能算子采取宽的辖域与窄的辖域两种不同的解读。当我们对"可能"采取宽辖域的解读时（此时否定连接词"不"也是采取宽辖域），语句（F）实际上表达的是：

（F_1）：如下的情形是不可能的：（您知道 p，但是您是错误的）。
[It cannot be the case that（you know that p, but you are wrong）.]

而语句（F_1）相当于是在表达"如下的情形是不可能的：（您知道 p，但 p 为假）"。当然，在这种表述下，语句（F_1）是真的；而对"不可能"采取窄辖域的解读时，语句（F）表达的则是：

（F_2）：如下的情形不是真的：（您知道 p，但是您可能是错误的）。
[It is not the case that（you know that p, but possibly you are wrong）.]

而语句（F_2）相当于是在表达"如下的情形不是真的：（您知道 p，但 p 可能为假）"。与此相应，作为语句（F）的否定式而存在的语句（PF）也存在着两种不同的解读，即：

当我们对相关可能算子采取宽辖域解读的时候，语句（F）意味着：

（PF_1）：如下的情形是可能的：[（S 可错地知道 p）&（"非-p"为真）]（It is possible that [（S fallibly knows that p）&（not-p is true）]）;

当我们对相关可能算子采取窄辖域解读的时候，语句（F）意味着：

（PF_2）：（S 可错地知道 p）&（"非-p"可能为真）[（S fallibly knows that p）&（It is possible that not-p is true）]。

很明显，（PF_1）不是关于可错主义表述语句（PF）的正确诠释，因为正如费尔德曼所正确指明的，可错主义者既不是说"知识与真实的错误（actual error）相容"，也不是说"您可以知道不真的东西"（Feldman 2003, 124）。因为可错主义者实际上是在拒绝"知识需要绝对确定性（absolute certainty）的观点"（Feldman 2003, 124），因此，只有（PF_2）才应该被视为关于可错主义立场的真正表述。换句话说，只有对表述中的可能性算子的辖域采取窄范围的解读时，（PF）才是真正代表可错主义立场的。而在费尔德曼看来，（PF）听上去的古怪性可能是由于混淆了（PF_1）和（PF_2）之间的相关可能性算子的辖域而造成的。

尽管我们可以承认，费尔德曼做出的澄清确实是在可错主义的真实精神下进行的，但是如果我们严肃地思考和评估——"是否要采用费尔德曼的方法来解释可错主义表述听上去的古怪性"这一问题时，我们会发现费尔德曼的方法其实还是颇为尴尬、有限且间接的，因为费尔德曼的解决方案似乎暗示了诸如刘易斯、霍桑之类的哲学家仅仅是因为（PF_1）和（PF_2）之间可能性算子的辖域混淆而对可错主义立场感到困惑的，根据这种解读方案，我们似乎不得不承认，诸如刘易斯、霍桑之类的知识论学者其实并没有真正理解（PF）以及（PF）所表述的可错主义立场。但是，事实并非如此。根据我们在第六章关于（PF）的表述以及关于相应的可错主义立场的说明，我们可以发现，没有任何合理的证据或线索表明诸如刘易斯、霍桑之类的知识论学者关于可错主义表述听上去的古怪性的感受实际上源自对相关模态可能性算子辖域的混淆，或对（PF）语句的"逻辑—语义"形式分析层面的识别错误。当我们阅读这些知识论学者的相关陈述时，当他们指责可错主义立场听上去是古怪的时候，刘易斯、霍桑等学者似乎并没有犯下任何（明确的）可能性算子辖域混淆的错误，因为他们在整个讨论过程中，始终明确涉及的是犯错的可能性。换言之，这些学者所说的古怪性恰恰是指（PF_2）听上去是古怪的。此外，当我们坚持使用本章所给出的（PF）的标准表述形式时，我们实际上已十分明确地排除了相关可能性算子辖域混淆的情形，因此，笔者认为，费尔德曼关于可错主义相关表述听上去的古怪性的解读方法并不成功。

附录 6.2　另一种关于（PF）听上去的古怪性的语用论解释

正如我们在 6.4.2 小节中所看到的那样，附录 6.2 中给出的相关语用论解释同样也起始于将（PF）在语义上解读为（A_1）的操作，即（PF）在语义上等价于：

（A_1）：（S 可错地知道 p）&（S 并未排除所有犯错的可能性）。

关于（A_1）的断言同样在语用上传达出：

（A_2）：（S 可错地知道 p）&（未被 S 排除的犯错的可能性是显著的或重大的）。

由于（A_2）的第一项合取支表明"S（可错地）知道 p"，所以根据可错主义关于人类知识本质的相关主张，存在着一些尚未被 S 所排除的犯错的可能性，但是这些未被 S 排除的犯错的可能性既不是显著的也不是重大的。

因此，（A_2）在语用层面则可以进一步传达出：

（A_4）：（未被 S 排除的犯错的可能性既不是显著的也不是重大的）&（未被 S 排除的犯错的可能性是显著的或重大的）。

显然，（A_4）是一种自我挫败或自我破坏的陈述。因此，我们可以通过指明（PF）在会话意涵上会传达出类似于（A_4）这样自我挫败或者自我破坏的信息来解释（PF）听上去的古怪性。

上述这种关于（PF）听上去的古怪性的语用论解释与我们在 6.4.2 小节正文部分给出的解读是等效的。

第七章 结论与结语

　　在系统地考察、论证了与知识归属的语境主义相关的语言敏感性模型、语境主义和怀疑论、语境主义和认知封闭原则、语境主义和可错主义等理论问题之后，我们现在可以合理地得出全书最终的结论：认知语境主义对"知道"的语境敏感性没有为我们提供令人满意的关于知识归属的语义理论，也不能如其所宣称的那样为解决知识论中的一系列重大问题提供实质性的哲学洞见，因此，我们可以合理地断定，关于知识归属的认知语境主义理论是不成功的。为了有力地论述上述观点，笔者从两个重要的理论层面考察了认知语境主义的理论立场。从第一个理论层面来看，我们已经证明，关于知识归属的语境主义理论并没有为该理论所声称的"知道"的语境敏感性提供合理且有效的语言模型，无论"知道"被看作二元的索引性关系、可分等级的谓语，还是被看作三元的对比主义关系，相关的语言模型都存在着不能令人满意的后果。从第二个理论层面来看，当我们把认知语境主义置于当代知识论研究领域之中时，我们会发现认知语境主义理论并没有为我们提供任何真正有力的理论工具，来帮助我们解决该理论声称能够解决的那些重要的知识论问题。因此，笔者最终得出的结论是，我们不需要接受关于"知道"的认知语境主义理论，因为该理论与其竞争理论

（例如，关于"知道"的恒定主义）相比，并没有显示出任何实质性的理论优势。

在本章中，笔者将简要重申认知语境主义与其竞争理论之间的比较，而不再重复我们在之前章节所逐一确立的相关结论。在笔者看来，我们接下来所提供的关于认知语境主义与其竞争理论之间的比较将成为对认知语境主义而言的"压垮骆驼脊背的最后一根稻草"。这些简要的对比将揭示认知语境主义在哲学方法论层面存在的严重缺陷，进而从根本上撼动和推翻认知语境主义的理论根基。通过之前章节关于认知语境主义的相关讨论，我们不难发现，认知语境主义者在哲学方法论层面总是希望通过构建一系列思想实验案例的方式，引出关于"知道"的语境敏感性的所谓直觉，进而主张相关思想实验案例中所展示出的现象只有通过语境主义理论才能被合理地解释。通过这种方法，认知语境主义者认为，他们所持有的理论是极具理论吸引力的。笔者在本章中希望能够展示出，认知语境主义所提供的思想实验案例并不能在方法论层面真正有效地支持语境主义理论；由于认知语境主义在哲学方法层面的不足与缺陷，认知语境主义最终是失败的。我们正好以此作为全书最终的总结与结语。

正如本书第二章 2.4 节和 2.5 节所示，有三种与认知语境主义形成竞争关系的重要的理论立场，即：实验哲学[1]、诉诸语用论的关于知识归属的恒定主义、诉诸心理理论的关于知识归属的恒定主义。这三种理论针对我们在第二章 2.4 节所给出的（LS-NA）和（HS-A）案例[2]都提出了与认知语境主义不同的理论解释。我们可以结合（LS-NA）和（HS-A）案例来展示上述三种理论立场与认知语境主义立场之间的差异，这些理论间的区别清楚地展示在表 7.1 之中：

---

[1] 准确地说，第二章所讨论的实验哲学立场，既不是严格的知识论理论，也不是关于"知道"的语义理论，在这个意义上，实验哲学不应该被置于与诉诸语用论的关于知识归属的恒定主义、诉诸心理理论的关于知识归属的恒定主义相并列的地位上。实验哲学在本书相关讨论中主要展示的是，实验哲学所进行的经验研究及其所汇总的实验数据与认识论语境主义的主张存在着实质的张力。

[2] 关于（LS-NA）与（HS-A）的详细讨论，参见本书第二章 2.4 节。

表 7.1　结合（LS-NA）与（HS-A）案例对四种理论之间的比较

	"基思知道该银行会在明天（即星期六）开门"	
	真（TRUE）	假（FALSE）
（LS-NA）	认知语境主义 语用恒定主义 心理恒定主义 实验哲学	（没有任何一种理论持有此种立场）
（HS-A）	语用恒定主义 实验哲学	认知语境主义 心理恒定主义

表 7.1 明确显示，上述四种理论对（HS-A）案例中"基思知道该银行会在明天（即星期六）开门"这一陈述的真值分别做出了不同的判定。根据实验性哲学的相关呈报，大多数被试者认为，在（HS-A）案例中基思仍然知道该银行会在明天（即星期六）开门；诉诸语用论来解释基思在（HS-A）案例中做出相关知识断言是语义上不恰切的关于知识归属的恒定主义者同样认为，"基思知道该银行会在明天（即星期六）开门"这一陈述在（HS-A）案例中也是真的，只不过基思在语用上是不适宜在（HS-A）案例中做出上述知识断言的。与此相应，无论是认知语境主义还是诉诸心理学的关于知识归属的恒定主义者，都认为在（HS-A）案例中基思不知道该银行会在明天（即星期六）开门。但需要注意的是，认知语境主义与心理恒定主义之间存在显著区别：认知语境主义者认为，相关目标知识归属语句在（HS-A）案例中为假的现象表明，"知道"是语境敏感的词项；但是，心理恒定主义则主张，当基思意识到他在（HS-A）案例中处于高风险状态，且他的妻子又明确提出了诸如"银行变更营业时间"的替代选项的情况下，基思奠基于相关证据基础之上的关于该银行星期六会开门的"完全的信念"（outright belief）就被破坏了，由于相关信念丧失，基思进而也就不知道该银行是否会在明天（即星期六）开门，诉诸心理学的关于知识归属的恒定主义者认为，（HS-A）案例并没有提供令人信服的证据表明"知道"是具有语境敏感性的。

根据上述对于四种理论立场的对比性刻画，我们还可以按照某一理论是否会因为（HS-A）案例中基思相关的知识陈述在真值上的不同判定而认可"知道"是语境敏感的这一主张，将上述四种理论清晰地列入表 7.2 之中：

表 7.2　仅结合（HS-A）案例对四种理论之间的比较

	在（HS-A）案例中，基思知道该银行会在明天（即星期六）开门	
	真（TRUE）	假（FALSE）
认可"知道"是语境敏感的	（没有任何一种理论持有此种立场）	认知语境主义
拒斥"知道"是语境敏感的	语用恒定主义 实验哲学	心理恒定主义

在之前的章节中，我们曾经将认知语境主义分别与实验哲学、诉诸语用论的关于知识归属的恒定主义、诉诸心理理论的关于知识归属的恒定主义进行过对比，然而表 7.1 与表 7.2 所示的更为综合性的比较表明，四种理论之间的分歧比我们先前进行逐一对比的时候所展现出来的差异要更为普遍，也更为深刻。这里的关键点不仅在于四种理论在关于"知道"是否是语境敏感的词项上持有彼此不同的观点，不同的理论其实在同一个（HS-A）案例中对于基思是否具备相关目标知识也是存在争议的。换言之，不同的理论对于（HS-A）案例中"基思知道该银行会在明天（即星期六）开门"这一陈述的真值也有不同的判定。特别值得一提的是，实验哲学和心理恒定主义对（HS-A）案例中的基思关于目标命题的知识主张的真值也做出了截然不同的判断，尽管这两种理论都十分重视经验数据、经验研究手段与方法。这种情况意味着，对认知语境主义而言，最为紧迫的工作不是捍卫该理论对"知道"的语境敏感性的语义分析或语言模型，而是首先要确保相关思想实验所呈现出来的被假定的现象不可被破坏掉或者消失掉，因为这些被假定的现象是用来支持"知道"是语境敏感性词项的相关"数据材料"（data）。一旦这些所谓的现象是可被破坏掉或者可消失的，那么

认知语境主义所宣称的关于"知道"的语境敏感性的直觉也就变得不可维系了。

上述思考实际上是在对原本据称是有利于认知语境主义的思想实验案例的潜在的重构方法上，引入了一系列更为严格的限制。第一，正如第二章 2.5 节和第六章 6.4.2 小节所示，如果詹妮弗·内格尔提出的心理机制是正确的，那么认知语境主义者就无法在案件中单凭对相关案例的想象而引入认知语境主义者希望引入的预设或限制条款，这将使得认知语境主义者在面对相关思想实验案例遭遇的批评时，不再能够通过修改案例的表述而轻松地逃避反驳与批评。例如，德罗斯最初建构其"银行案例"的时候，在关于（HS-A）案例的刻画中明确地要求案例中的基思"[保持]像之前那样确信"该银行会在星期六开门（参见 DeRose 1992，913），通过这种方式，德罗斯认为，他可以排除心理恒定主义关于（HS-A）案例所做出的信念—心理学的相关解释。但是，我们现在发现，德罗斯所做的这类预设恰恰是不合法的。因为如果内格尔关于信念修正的心理学理论是正确的话，引入德罗斯相关预设的思想实验案例将成为在心理上不真实的（unrealistic）案例，而这种心理上不真实的思想实验案例即使对认知语境主义有利，其对认知语境主义的起效方式也只能是特例化的（ad hoc）。因此，如果认知语境主义者希望诉诸关于"银行案例"等思想实验的重构来捍卫自己的理论（假定相关案例的重构是可能的），那么他们必须有能力证明自己重构出来的思想实验案例至少不是不真实的。换言之，认知语境主义者需要证明他们所精心设计、重新建构出来的思想实验案例（至少）没有明确违反心理学理论或其他经验学科中的规则。

第二，认知语境主义者必须明确提供一系列被认为会影响相关知识归属语句真值的语境因素列表。但是大多数实验哲学家所提供的数据表明，无论是实际利害关系还是仅仅提及犯错的可能性都不会自动剥夺我们的知识归属。如果认知语境主义者认为，除了实际利害关系、犯错的可能性之外，还存在其他的一些因素可以影响认识归属语境，并进而影响认知归属语句的真值，那么他们必须明确指出这些因素究竟是什么，而不能总是满足于对相关思想实验案例所涉及的相关知识归属语句真值的直觉的判定。

如果说实际的利害关系或者提及某种错误的可能性会以某种具体的、特定的方式来作用于所谓的认知归属语境，进而影响相关的知识归属语句，那么，认知语境主义者有义务明确地为我们指明和刻画相关影响机制是如何起效或者如何运作的。此外，认知语境主义者必须证明，作为有能力的语言使用者，我们如何在给定的重构的思想实验案例中成功解码相关语境要素（或者是被假定的相关因素的共同）起作用的方式。语境主义者不能满足于将相关的被重构出的思想实验案例作为"黑匣子"来支持关于知识归属的语境主义理论——因为这种所谓的"黑匣子"式的思想实验案例并不会总是成为支持认知语境主义的相关素材，它们同样可以用来支持那些非语境主义的知识归属理论（假定这些理论可以有机地与语用论、信念理论、心理学理论等相结合）。从这个意义上讲，在没有对思想实验中的相关因素及其相应的起效方式进行详细说明的情况下，认知语境主义者就不能仅仅诉诸重构出更为复杂、更为微妙的思想实验案例的方式来挽救或支撑他们关于"知道"是语境敏感性的被假定的相关直觉。上述思考可以为我们评估德罗斯的如下操作提供有益的借鉴。德罗斯构建了一个更为复杂的思想实验案例，包括一系列的场景，涉及在不同会话场景中对不同认知主体关于同一目标命题的知识归属语句的评估（DeRose 2009，4）：

案例设置（Case Set-Up）：

办公室。西尔玛（Thelma）、路易丝（Louise）和莉娜（Lena）是在同一间办公室工作的朋友。今天是她们的休息日，但是，在她们一起去吃晚餐（an early dinner）之前，她们决定步行到办公室去领取各自的薪水。西尔玛和莉娜想知道她们的某个同事约翰是否在上班，因为她们与其他一些同事在进行一场小型的办公室打赌——赌一赌经常缺席的约翰今天是否会出现在办公室里。当她们经过约翰个人办公室的门口时，她们看到约翰的帽子挂在走廊的钩子上，根据她们的长期经验，这肯定是约翰实际上在工作的信号。她们还听到一个正在工作的同事向另一位同事大喊说："你为什么不在送信之前赶快跟约翰核对清楚呢？"西尔玛和莉娜都对约翰在工作这件事情感到满意，因为她们都下注赌约翰今天是在办公室工作的,西尔玛和莉娜随后就可以向其他的那些同事收取自己赢得的赌金。于是,这三位朋友拿起各自的薪水支票,一起出去吃饭,然后分道扬镳,西尔玛去当地的小酒馆和其他朋友见面,路易丝和莉娜则各自朝着不同的方向回家了。

小酒馆内的西尔玛(Thelma at the Tavern):

在小酒馆中(假定此时支配相关会话的认知标准是特别低的),西尔玛遇到了她的一位朋友,她的这位朋友打赌约翰今天不会在办公室工作,所以这位朋友欠了西尔玛2美元的赌金。西尔玛于是对这位朋友说,"嘿,约翰今天在工作。付钱吧,笨蛋!"当她的朋友询问说:"你是怎么知道的?"西尔玛回答说:"我今天下午去办公室取工资支票。约翰的帽子就挂在他办公室门外的大厅里,我听到弗兰克(Frank)叫人赶快去跟约翰核对一些东西,然后再把信函发走。"她的朋友对西尔玛的证据感到满意,于是就付了赌金。然后,这位朋友出于想知道莉娜是否知道去找另一位同事追讨相关的赌金,西尔玛的这位朋友又问道:"莉娜知道约翰在办公室工作吗?"西尔玛回答说:"是的,她当时和我在一起。她也知道。"与此同时……

路易丝与警察(Louise with the Police):

路易丝在回家的路上被警察拦住了。他们正在对一些可怕的犯罪行径进行极其重要的调查,为此,他们正在设法确定约翰今天是否在办公室工作。看起来他们有一定的理由认为约翰在办公室工作,而且他们没有理由怀疑这一点(除了约翰经常不上班,这一点路易丝已经知道了),但由于这件事对案件非常重要,他们正在设法核实约翰是否在办公室上班。当警察问路易丝是否能证明约翰在办公室工作时,路易丝回答说:"嗯,不,我并未见到他。我可以证明的是,我看到他的帽子挂在大厅里,这是一个非常可靠的信号表明约翰在他的办公室工作。而且我还听到弗兰克·默瑟(Frank Mercer)叫人去跟约翰核对什么东西,看起来约翰好像是在办公室里工作的。但是,我想约翰也可能是前一天回家的时候把帽子遗留在大厅里的钩子上了。虽然说弗兰克不知道约翰是否在工作有点奇怪——尤其是那天都这么晚了,但我猜测他可能只是假设约翰在那里，因为约翰是被安排在那里工作的——并且因为约翰的帽子挂在大厅里。你应该去问一问弗兰克。他至少看上去好像知道约翰是在办公室工作的。"当警察向路易丝询问莉娜是否可能知道约翰在办公室工作时，路易丝回答说："不，她只是和我一起在办公室待了很短的时间，她也没有见到约翰。她和我具有同样的理由认为约翰在办公室工作，但是，和我一样，她也不知道约翰是否在办公室工作。"

毫无疑问，上述的案例无论是在细节层面，还是在会话信息的丰富性方面，或者是所涉及的认知主体的数量方面，再或者是相关知识命题的自我归属或者认知主体间的相互归属等方面，都极大地超越了我们在本书之前的章节中看到的那些思想实验案例（例如，"斑马案例""银行案例"等）。但是，笔者认为，上述复杂的案例并不能真正帮助德罗斯成功确立他所宣称的关于"知道"的语境主义理论，因为我们实际上对所谓的语境因素到底是什么尚未形成有效的直觉判断或者达成某些可靠的共识。因此，上述更为复杂的思想实验的案例设定与其说是为认知语境主义提供更强有力的支持性证据，毋宁说是进一步复杂化、晦涩化我们需要进行的相关讨论。

第三，如果还有其他因素（或者相关因素以某种共同作用的方式）影响了我们关于相关知识归属语句的判定，认知语境主义者还必须证明这些因素及其相应的运作方式确实是真实地影响了"知道"的语义机制，而不是影响了关于知识归属的相关的语用学机制或者心理学机制。笔者十分怀疑，认知语境主义者是否能够成功排除作为理论竞争对手的语用论的、言语行为理论的、信念—心理学的相关解释。正如本书之前章节所展示的那样，围绕知识归属展开的相关信念形成机制在心理学层面的表现其实是十分复杂的。正如美国著名的实用主义哲学家和心理学家威廉·詹姆斯（William James）指出的，我们在信念形成方面有双重的认知目标——"相信真理"和"避免错误"（参见 James 1896，24）。"相信真理"的认知目标与"避免错误"的认知目标有时会处于彼此竞争的状态。[1] 当"相信

---

[1] 关于这方面的细致讨论可以参见 Cross 2010，35-39。

真理"的认知目标占据主导地位时,我们会渴望将相关知识归于相应的认知主体。而另一方面,当"避免错误"的认知目标占据优势位置时,我们又会变得不情愿将相关知识归于相应的认知主体。从这个意义上讲,即使语境主义者关于我们在进行相关知识归属过程中出现的有时情愿、有时不情愿的感受的情境性描述是正确的,我们依旧可能无法确定这些感受是否构成了所谓的"知道"语义语境敏感性的辨识标志或识别信号——相关的现象也许是不同的认知目标(即到底是"相信真理"还是"避免错误"占据更为主导的地位)所要求的不同的信念操作所引发的。

第四,认知语境主义者为了更有效地捍卫关于知识归属的认知语境主义立场,还必须排除在相关的知识归属案例中可能存在的、可以促发相关心理偏差的心理学效应[例如,框架效应、启动效应、(LS-NA)和(HS-A)案例呈现的先后顺序、进行相关判定的时长差异,等等)[1]的相关影响因素。

第五,即使假定知识在我们的推理实践中扮演着极其重要的角色并因此在某种程度上响应于认知主体所处的实践环境,认知语境主义者也必须保持相应知识归属陈述的最低限度的客观性,从而使我们日常的知识归属的相关陈述的真值不会受到利害关系、实践利益或语境因素的过分随意的影响。在这个意义上,当语境主义者重新构建他们的思想实验案例时,他们应该牢记,对于知识归属的标准,应该有"一种针对'语境改变认知标准的方式'起到稳定作用的机制",这样,"知识在推理实践中的作用才能保证知识的标准不会发生很大的或很疯狂的变化"(Greco 2010,122)。但是,正如约翰·格雷科(John Greco)正确地指出的那样,上述这种偏好将"使语境主义丧失其反怀疑的力量"(Greco 2010,122),因为当一些怀疑论的考虑因素在发挥作用时,知识的标准其实也不会立即上升到异常高的位置。笔者认为,格雷科在这里的评论与我们在第五章5.3.2和5.3.3小节中关于对比主义和二元的语境主义的批判是类似的、平行的。笔者在那里是借助语境主义在其认知谦逊、反怀疑的策略以及对封闭原则的维

---

[1] 关于这些心理效应的讨论可以参见本书第二章2.5节中的相关内容。

持——这些都可被视为关于知识的一般规范性的刻画——之间存在着不可调和的紧张关系做出论证的。这里的关键点是：即使假定认知语境主义所谓的反怀疑论策略是有吸引力的，如果认知语境主义者在面对相关理论挑战或者理论批评的时候，不得不以某种方式减少（甚至放弃）其所谓的反怀疑论的理论力度，那么由此产生的"新的"认知语境主义理论在知识论中的吸引力也会大打折扣。

从以上的思考我们可以最终得出合理的结论：认知语境主义者在构建本应有利于他们关于"知道"的语境敏感性的思想实验案例时，面临着严峻的理论挑战和实质的批评意见。在这个意义上，语境主义最紧迫的任务首先是拯救现象。正如笔者一再强调的那样，认知语境主义者建构相关思想实验案例的本意是用来支持关于"知道"的所谓的语境敏感性的语义直觉，这也是认知语境主义者所应用的重要的哲学方法论策略之一。如果这种哲学方法论策略存在着严重的缺陷，那么认知语境主义理论基本上是注定要失败的。

通过本书前述诸章节关于认知语境主义所做出的相关哲学论证与理论批判，结合本章关于认知语境主义在方法论层面相关缺陷的揭示，当我们从更广阔的视角鸟瞰本书所呈现出的理论地貌时，最终能够得出如下的系统性结论：认知语境主义不仅在理论构建上存在着问题与不足，而且在其通过思想实验案例来提出所谓的初始现象的可靠数据上也是模糊不清的。认知语境主义在解决相关哲学问题方面展现出的不足表明，我们不应将认知语境主义视为一种有前途的关于知识归属的语义学理论，因此，对该理论应当采取拒斥的态度。

参考文献

Audi, Robert. (1988). *Belief, Justification and Knowledge: An Introduction to Epistemology*, Belmont, CA: Wadsworth Publishing Company.

Bach, Kent. (2005). "The Emperor's New 'Knows'," in [Preyer & Peter (eds.) 2005], 51-89.

Baumann, Peter. (2004). "Lotteries and Contexts," *Erkenntnis*, Vol. 61, No. 2-3, 415-428.

―――. (2005)."Varieties of Contextualism: Standards and Descriptions," *Grazer Philosophische Studien*, Vol. 69, 229-245.

―――. (2008a). "Contextualism and the Factivity Problem," *Philosophy and Phenomenological Research*, Vol. 76, No. 3, 580-602.

―――. (2008b). "Contrastivism Rather than Something Else? On the Limits of Epistemic Contrastivism, " *Erkenntnis*, Vol. 69, No.2, 189-200.

―――. (2010). "Factivity and Contextualism," *Analysis*, Vol. 70, No. 1, 82-89.

―――.(2011). "PS: Response to Schaffer's Reply," in [Tolksdorf (ed.) 2011], 425-431.

Binnick, Robert I., Alice Davison, Georgia M. Green & Jerry L. Morgan. (eds.) (1969). *Papers from the Fifth Regional Meeting of the Chicago Linguistics*

Society (April 18-19, 1969), Chicago, IL: University of Chicago.

Blome-Tillmann, Michael. (2009). "Contextualism, Safety and Epistemic Relevance," *Philosophical Studies*, Vol. 143, No. 3, 383-394.

Brown, Jessica. (2005). "Adapt or Die: the Death of Invariantism?" *The Philosophical Quarterly*, Vol. 55, No. 219, 263-285.

―――――. (2006). "Contextualism and Warranted Assertibility Maneuvers," *Philosophical Studies*, Vol. 130, No. 3, 407-435.

Brueckner, Anthony L. (1985). "Skepticism and Epistemic Closure," *Philosophical Topics*, Vol. 13, No. 3, 89-117.

Buckwalter, Wesley. (2010). "Knowledge Isn't Closed on Saturday: A Study in Ordinary Language," *Review of Philosophy and Psychology*, Vol. 1, No. 3, 395-406.

Burge, Tyler. (1973). "Reference and Proper Names," *The Journal of Philosophy*, Vol. 70, No. 14, 425-439.

Campbell, Joseph Keim., Michael O'Rourke & Harry S. Silverstein. (eds.)(2010). *Knowledge and Skepticism*, Cambridge, MA: The MIT Press.

Cappelen, Herman. & Ernest Lepore. (2005). *Insensitive Semantics: A Defense of Semantic Minimalism and Speech Act Pluralism*, Malden, MA: Blackwell Publishing Ltd.

Cappelen, Herman. & John Hawthorne. (2007). "Locations and Binding," *Analysis*, Vol. 67, No. 1, 95-105.

―――――. (2009). *Relativism and Monadic Truth*, New York, NY: Oxford University.

Cohen, Stewart. (1988). "How to Be a Fallibilist," *Philosophical Perspectives*, Vol. 2, 91-123.

―――――. (1999). "Contextualism, Skepticism and the Structure of Reasons," *Philosophical Perspectives*, Vol. 13, 57-89.

―――――. (2000). "Contextualism and Skepticism," *Philosophical Issues*, Vol. 10, 94-107.

Cross, Troy. (2010). "Skeptical Success," in [Gendler & Hawthorne(eds.) 2010], 35-62.

David, Marian. & Ted A. Warfield. (2008). "Knowledge-Closure and Skepticism," in [Smith(ed.) 2008], 137-187.

Davidson, Donald. (1967). "The Logical Form of Action Sentences," in [Rescher(ed.) 1967], 81-95. Reprinted in [Davidson 1980], 105-148.

―――. (1980). *Essays on Actions and Events*, New York, NY: Oxford University Press.

DeRose, Keith. (1992). "Contextualism and Knowledge Attributions," *Philosophy and Phenomenological Research*, Vol. 52, No. 4, 913-929.

―――. (1995). "Solving the Skeptical Problem," *The Philosophical Review*, Vol. 104, No. 1, 1-52.

―――. (1999). "Contextualism: An Explanation and Defense," in [Greco & Sosa (eds.) 1999], 187-205.

―――. (2002). "Assertion, Knowledge and Context," *The Philosophical Review*, Vol. 111, No. 2, 167-203.

―――. (2004). "Sosa, Safety, Sensitivity and Sceptical Hypotheses," in [Greco(ed.) 2004], 22-41.

―――. (2009). *The Case for Contextualism: Knowledge, Skepticism and Context*, VoL. 1, New York, NY: Oxford University Press.

Dougherty, Trent. & Patrick Rysiew. (2009). "Fallibilism, Epistemic possibility and Concessive Knowledge Attribution," *Philosophy and Phenomenological Research*, Vol. 78, No. 1, 123-132.

Douven, Igor. (2004). "The Context-Insensitivity of 'Knowing More' and 'Knowing Better'," *Canadian Journal of Philosophy*, Vol. 34, No. 3, 313-326.

Dretske, Fred I. (1970). "Epistemic Operators," *The Journal of Philosophy*, Vol. 67, No. 24, 1007-1023.

―――. (1981). *Knowledge and the Flow of Information*, Cambridge, MA:

The MIT Press.

———— . (2005a). "The Case against Closure," in [Steup & Sosa(eds.) 2005],13-26.

————. (2005b). "Reply to Hawthorne," in [Steup & Sosa(eds.) 2005], 43-46.

Fantl, Jeremy. & Matthew McGrath. (2009a). "Advice for Fallibilists: Put Knowledge to Work," *Philosophical Studies*, Vol. 142, No. 1, 55-66.

————. (2009b). *Knowledge in an Uncertain World* (New York, NY: Oxford University Press, 2009).

Feldman, Richard. (1981). "Fallibilism and Knowing that One Knows," *The Philosophical Review*, Vol. 90, No. 2, 266-282.

————. (1999). "Contextualism and Skepticism," *Philosophical Perspectives*, Vol. 13, 91-114.

————. (2003). *Epistemology*, Upper Saddle River, NJ: Prentice Hall.

Feltz, Adam. & Chris Zarpentine. (2010). "Do You Know More When It Matter Less?" *Philosophical Psychology*, Vol. 23, No. 5, 683-706.

Gendler, Tamar Szabó. & John Hawthorne. (eds.)(2005). *Oxford Studies in Epistemology*, Vol. 1, New York, NY: Oxford University Press.

————. (eds.)(2010). *Oxford Studies in Epistemology*, Vol. 3, New York, NY: Oxford University Press.

Gettier, Edmund L. (1963). "Is Justified True Belief Knowledge?" *Analysis*, Vol. 23, No. 6, 121-123.

Gillies, Anthony S. (un.) "Shifty Epistemology" [unpublished manuscript].

Goldman, Alvin I. (1976). "Discrimination and Perceptual Knowledge," *The Journal of Philosophy*, Vol. 73, No. 20, 771-791.

Greco, John. (ed.)(2004). *Ernest Sosa and His Critics*, Malden, MA: Blackwell Publishers Inc.

————. (ed.)(2008). *Oxford Handbook of Skepticism,* New York, NY: Oxford University Press.

————. (2010). *Achieving Knowledge: A Virtue-Theoretic Account of*

Epistemic Normativity, New York, NY: Cambridge University Press.

Greco, John. & Ernest Sosa. (eds.). (1999). *The Blackwell Guide to Epistemology*, Malden, MA: Blackwell Publishers Inc.

Grice, Paul. (1989). *Studies in the Way of Worlds*, Cambridge, MA: Harvard University Press.

Hawthorne, John. (2004). *Knowledge and Lotteries*, New York, NY: Oxford University Press.

―――. (2005). "The Case for Closure," in [Steup & Sosa(eds.) 2005], 26-43.

Hintikka, Jaakko. (1962). *Knowledge and Belief: An Introduction to the Logic of the Two Notions*, Ithaca, NY: Cornell University Press.

Horn, Laurence R. (1969). "A Presuppositional Analysis of *Only* and *Even*," in [Binnick, Davison, Green & Morgan(eds.) 1969], 98-107.

James, William. (1896). "The Will to Believe," reprinted in [James 1979], 13-33.

―――. (1979). *The Will to Believe and Other Essays in Popular Philosophy*, Cambridge, MA: Harvard University Press.

Kelp, Christoph. (2007) "The Case Against Contrastivism," unpublished draft of paper presented at the International Conference on Linguistics and Epistemology, University of Aberdeen (May 2007).

―――. (2011). "A Problem for Contrastivist Accounts of Knowledge," *Philosophical Studies*, Vol. 152, No. 2, 287-292.

Kenesei, Istvan. & Robert M. Harnish. (eds.)(2001). *Perspectives on Semantics, Pragmatics and Discourse: A Festschrift for Ferenc Kiefer*, Amsterdam, the Netherlands: John Benjamin's Publishing Co.

Kennedy, Christopher. (1999). *Projecting the Adjective: The Syntax and Semantics of Gradability and Comparison*, New York, NY: Garland Publishing, Inc.

King, Jeffrey C. & Jason Stanley. (2005). "Semantics, Pragmatics and the Role of Semantic Content," in [Szabó(ed.) 2005], 111-164.

Klein, Peter D. (1995). "Skepticism and Closure: Why the Evil Genius

Argument Fails," *Philosophical Topics*, Vol. 23, No. 1, 213-236.

―――. (2002). "Skepticism," in [Moser(ed.) 2002], 336-361.

―――. (2004). "Closure Matters: Academic Skepticism and Easy Knowledge," *Philosophical Issues*, Vol. 14, No. 1, 165-184.

―――. (2009). "Skepticism," in [Zalta(ed.) 2009], http://plato.stanford.edu/archives/spr2009/entries/skepticism/.

Knobe, Joshua. & Shaun Nichols. (eds.)(2008). *Experimental Philosophy*, New York, NY: Oxford University Press.

Kripke, Saul A. (1977). "Speaker's Reference and Semantic Reference," *Midwest Studies in Philosophy*, Vol. 2, 255-276.

―――. (2011a). "On Two Paradoxes of Knowledge," in [Kripke 2011b], 27-51.

―――. (2011b). *Philosophical Troubles: Collected papers*, Vol. 1, New York, NY; Oxford University Press.

Kruglanski, Arie W. & Donna M. Webster. (1996). "Motivated Closing of the Mind: 'Seizing' and 'Freezing'," *Psychological Review*, Vol. 103, No. 2, 263-283.

Kvanvig, Jonathan L. (2008). "Closure and Alternative Possibilities," in [Greco(ed.) 2008], 456-483.

Larkin, William S. (un.) "Assertion, Knowledge and Invariant Standards" [unpublished manuscript].

Larson, Richard. & Garbriel Segal. (1995). *Knowledge of Meaning*, Cambridge, MA: The MIT Press.

Lewis, David K. (1973). *Counterfactuals*, Cambridge MA: Harvard University Press.

―――. (1979). "Scorekeeping in a Language Game," *Journal of Philosophical Logic*, Vol. 8, No. 1, 339-359.

―――. (1996). "Elusive Knowledge," *Australasian Journal of Philosophy*, Vol. 74, No. 4, 549-567.

Ludlow, Peter. (2005). "Contextualism and the New Linguistic Turn in

Epistemology," in [Preyer & Peter (eds.) 2005], 11-50.

Luper, Steven. (2009). "The Epistemic Closure Principle," in [Zalta (ed.) 2009], http://plato.stanford.edu/archives/spr2009/entries/closure-epistemic/.

Marti, Luisa. (2006). "Unarticulated Constituents Revisited," *Linguistics and Philosophy*, Vol. 29, No. 2, 135-166.

May, Joshua., Walter Sinnott-Armstrong, Jay G. Hull & Aaron Zimmerman. (2010). "Practical Interests, Relevant Alternatives and Knowledge Attributions: an Empirical Study," *Review of Philosophy and Psychology*, Vol. 1, No, 2, 265-273.

Moser, Paul K. (ed.)(2002). *The Oxford Handbook of Epistemology*, New York, NY: Oxford University Press.

Nagel, Jennifer. (2008)."Knowledge Ascriptions and the Psychological Consequences of Changing Stakes," *Australasian Journal of Philosophy*, Vol. 86, No. 2, 279-294.

————. (2010a). "Epistemic Anxiety and Adaptive Invariantism," *Philosophical Perspectives*, Vol. 24, 407-435.

————. (2010b). "Knowledge Ascriptions and the Psychological Consequences of Thinking about Error," *The Philosophical Quarterly*, Vol. 60, No. 239, 286-306.

————. (2011). "The Psychological Basis of the Harman-Vogel Paradox," *Philosophers' Imprint*, Vol. 11, No. 5, 1-55.

Neta, Ram. (2008). "Undermining the Case for Contrastivism," *Social Epistemology: A Journal of Knowledge, Culture and Policy*, Vol. 22, No. 3, 289-304.

Nozick, Robert. (1981). *Philosophical Explanations*, Cambridge, MA: Harvard University Press.

Oakley, I. T. (2001). "A Skeptic's Reply to Lewisian Contextualism," *Canadian Journal of Philosophy*, Vol. 31, No. 3, 309-332.

Partee, Barbara H. (2004), "Comments on Jason Stanley's 'On the Linguistic

Basis for Contextualism'," *Philosophical Studies*, Vol. 119, No. 1-2, 147-159.

Predelli, Stefano. (2005). *Contexts: Meaning, Truth and the Use of Language*, New York, NY: Oxford University Press.

Preyer, Gerhard. & Georg Peter. (eds.)(2002). *Logical Form and Language*, New York, NY: Oxford University Press.

————. (eds.)(2005). *Contextualism in Philosophy: Knowledge, Meaning and Truth*, New York, NY: Oxford University Press.

Pritchard, Duncan. (2005). *Epistemic Luck*, New York, NY: Oxford University Press.

————. (2010). "Contextualism, Skepticism and Warranted Assertibility Maneuvers," in [Campbell, O'Rourke &Silverstein (eds.) 2010], 85-103.

Recanati, François. (2002). "Unarticulated Constituents," *Linguistics and Philosophy*, Vol. 25, No. 3, 325-326.

Reed, Baron. (2009). "A New Argument for Skepticism," *Philosophical Studies*, Vol. 142, No. 1, 91-104.

————. (2010). "A Defense of Stable Invariantism," *Noûs*, Vol. 44, No. 2, 224-244.

————. (manuscript). "Contextualism and Reported Knowledge Attributions."

Rescher, Nicholas. (ed.)(1967). *The Logic of Decision and Action*, Pittsburgh, PA: The University of Pittsburgh Press.

Rysiew, Patrick. (2001). "The Context-Sensitivity of Knowledge Attributions," *Noûs*, Vol. 35, No. 4, 477-514.

————. (2007) "Speaking of Knowing," *Noûs*, Vol. 41, No. 4, 627-662.

Schaffer, Jonathan. (2004). "From Contextualism to Contrastivism," *Philosophical Studies*, Vol. 119, No. 1-2, 73-103.

————. (2005). "Contrastive Knowledge," in [Gendler & Hawthorne(eds.) 2005], 235-271

————. (2007). "Closure, Contrast and Answer," *Philosophical Studies*, Vol.

  133, No. 2, 233-255.

―――――. (2011a). "What Is Contrastivism?" in [Tolksdorf (ed.) 2011], 353-356.

―――――. (2011b). "Contrastive Knowledge," in [Tolksdorf (ed.) 2011], 357-394.

―――――. (2011c). "Contrastive Knowledge: Reply to Baumann," in [Tolksdorf (ed.) 2011], 411-424.

Schiffer, Stephen. (1996). "Contextualist Solutions to Scepticism," *Proceedings of the Aristotelian Society*, Vol. 96, 317-333.

Siegel, Harvey. (1997). *Rationality Redeemed? Further Dialogues on an Educational Ideal*, New York, NY: Routledge Publishing Ltd.

Smith, Quentin. (ed.)(2008). *Epistemology: New Essays*, New York, NY: Oxford University Press, 2008.

Soames, Scott. (1986). "Incomplete Definite Descriptions," *Notre Dame Journal of Formal Logic*, Vol. 27, No. 3, 349-375.

―――――. (2003). *Philosophical Analysis in the Twentieth Century*, Vol. 1(The Dawn of Analysis), Princeton, NJ: Princeton University Press.

Sosa, Ernest. (2000). "Skepticism and Contextualism," *Philosophical Issues*, Vol. 10, 1-18.

―――――. (2007). *A Virtue Epistemology: Apt Belief and Reflective Knowledge*, Vol. 1, New York, NY: Oxford University Press.

―――――. (2011). *Knowing Full Well*, Princeton, NJ: Princeton University Press.

Stalnaker, Robert C. (1999). *Context and Content: Essays on Intentionality in Speech and Thought*, New York, NY: Oxford University Press.

Stanley, Jason. (2000). "Context and Logical Form," *Linguistics and Philosophy*, Vol. 23, No. 4, 391-434.

―――――. (2002a). "Making it Articulated," *Mind and Language*, Vol. 17, No. 1-2, 149-168.

―――――. (2002b). "Nominal Restriction," in [Preyer & Peter (eds.) 2002], 365-

388.

———. (2004). "On the Linguistic Basis for Contextualism," *Philosophical Studies*, Vol. 119, No. 1-2, 119-146.

———. (2005a). *Knowledge and Practical Interests*, New York, NY: Oxford University Press.

———. (2005b). "Semantics in Context," in [Preyer & Peter(eds.) 2005], 221-253.

Stanley, Jason. & Timothy Williamson. (1995). "Quantifiers and Context-Dependence," *Analysis*, Vol. 55, No. 4, 291-295.

Stanley, Jason. & Zoltán Gendler Szabó. (2000). "On Quantifier Domain Restriction," *Mind and Language*, Vol. 15, No. 2-3, 219-261.

Steup, Matthias. & Ernest Sosa. (eds.)(2005). *Contemporary Debates in Epistemology*, Malden, MA: Blackwell Publishing Ltd.

Stine, Gail C. (1976). "Skepticism, Relevant Alternatives and Deductive Closure," *Philosophical Studies*, Vol. 29, No. 4, 249-261.

Stroud, Barry. (1984). *The Significance of Philosophical Scepticism*, New York, NY: Oxford University Press.

Szabó, Zoltán Gendler. (2000). *Problems of Compositionality*, New York, NY: Garland Publishing Inc.

———. (2001). "Adjectives in Context," in [Kenesei & Harnish(eds.) 2001], 119-146.

———. (ed.)(2005). *Semantics versus Pragmatics*, New York, NY: Oxford University Press.

Thalberg, Irving. (1974). "Is Justification Transmissible through Deduction?" *Philosophical Studies*, Vol. 25, No. 5, 347-356.

Tolksdorf, Stefa. (ed.)(2011) *Conceptions of Knowledge*, Berlin, Germany: Walter de Gruyter GmbH & Co. KG.

Warfield, Ted A. (2004). "When Epistemic Closure Does and Does Not Fail: a Lesson from the History of Epistemology," *Analysis*, Vol. 64, No. 1, 35-41.

Weatherson, Brian. (2005). "Can We Do Without Pragmatic Encroachment?" *Philosophical Perspectives*, Vol. 19, 417-443.

Weinberg, Jonathan M., Shaun Nichols & Stephen Stich. (2001). "Normativity and Epistemic Intuition," *Philosophical Topics*, Vol. 29, No. 1-2, 429-460.

Williamson, Timothy. (2000). *Knowledge and Its Limits*, New York, NY: Oxford University Press.

―――. (2005). "Contextualism, Subject-Sensitive Invariantism and Knowledge of Knowledge," *The Philosophical Quarterly*, Vol. 55, No. 219, 213-235.

Zalta, Edward N. (ed.)(2009). *The Stanford Encyclopedia of Philosophy* (Spring 2009 Edition), http://plato.stanford.edu/archives/spr2009.